我が国の経済外交

2021-22

外務省経済局

「我が国の経済外交2021-22」の刊行に当たって

　「我が国の経済外交」は、日本の経済外交を包括的に把握できる資料として、2017年から刊行されています。経済界、論壇の皆様や関係省庁の幹部にも寄稿いただき、日本の経済外交の取組を、国民の皆様にわかりやすい形でお届けする書籍です。

　近年、国際社会はグローバル化の負の側面が表れ、保護主義の台頭、貿易紛争の頻発、多国間主義の動揺といった課題に直面しています。さらに、新型コロナが、経済活動の抑制を通じて、世界的に急速な景気の悪化をもたらしました。IMFによれば、2020年の世界全体の成長率は前年比マイナス3.1％となり、リーマンショック時を上回る落ち込みとなりました。世界全体の物品・サービスの貿易量は前年比マイナス8.2％となり、多くの国がマスクなどの医療品や食品の輸出規制を導入しました。21年・22年には回復基調が見込まれているものの、引き続き、新型コロナの感染状況や世界経済・貿易取引への影響を注視する必要があります。

　このような中、日本は、自由で公正な経済圏の拡大を推進し、ルールに基づく多角的な貿易体制を促進し、新たなルール作りを主導する経済外交を進めてきました。特に、TPP11、日EU・EPA、日米貿易協定の相次ぐ発効、新型コロナ下でも日英EPAやRCEP（地域的な包括的経済連携）協定の発効に至ったのは大きな成果だったと考えています。これらにより世界のGDPの8割をカバーする自由貿易圏が日本をハブとする形で形成されつつあります。

　WTOを中心とする多角的貿易体制の維持・強化も大変重要です。日本は、新型コロナ下でとられた輸出規制措置の透明性の向上や、電子商取引を始めとする各種ルールのアップデート、さらに紛争解決制度改革など、WTO改革に向けて積極的に議論に参加しています。現下において一層重要性が増しているデジタル経済に関しても有志国間での交渉が進められており、我が国は共同議長国として、「信頼性のある自由なデータ流通（Data Free Flow with Trust）」の推進のための新しいルール作りに向けた取組を進めています。

　我が国の経済力の維持・強化のため、経済外交が果たすべき役割は更に大きくなっていると考えます。外務省としても、海外市場に向けてビジネスを展開する多くの企業の支援のため、官民連携の推進、インフラや農林水産物・食品の輸出促進、日本産食品等の輸入規制の撤廃・緩和、投資促進、観光客の国内への呼び込み・回復、資源エネルギー外交、捕鯨を含む漁業外交の推進等に全力で取り組んでまいります。

　また、近年、革新的技術の出現などにより、安全保障と経済を横断する領域で様々な課題が顕在化しています。外務省としても、経済安全保障を重視しており、安全保障政策や国際法を所管する立場から、同盟国・同志国との連携強化や新たな課題に対応する規範の形成を含め積極的に取り組んできています。

　本年の「我が国の経済外交」では、特に、G7、日英EPA等の経済連携協定、WTOにおける進展、デジタル貿易のルール作り、日本産食品の輸入規制撤廃等について「特集」で紹介しています。また、ニュースの見出しには出てこないことの多い実務レベルの交渉当事者等からの特別寄稿も織り交ぜました。経済外交に関わった様々な関係者の思いを紹介しており、経済外交の動きをより身近に感じながらお読みいただけるのではないかと思います。さらに、引き続き巻末の参考資料に厚みを加えることで資料的価値を高める工夫もしました。

　本書が日本経済の成長を下支えすべく外務省や経済外交が果たしている役割について皆様の理解を深める一助となることを期待しています。

令和4年2月

外務大臣　林芳正

目　次

表紙写真：Lee Seung Hun／アフロ

第 1 章

総論：自由で公正かつ無差別な貿易・投資環境の実現に向けて

自由で公正かつ無差別な貿易・投資環境の実現に向けて

1 流動化する国際経済秩序

　国際社会においては、政治・経済・軍事の各分野における国家間の競争が顕在化する中、パワーバランスの変化がより加速化・複雑化するとともに、既存の国際秩序をめぐる不確実性が高まっている。そのような中、2019年末以降、中国から世界に広がった新型コロナウイルス感染症（以下、新型コロナ）は、世界的な感染拡大を見せ、2020年3月に感染の中心がイタリアなど欧州へ、4月以降は米国、6月から8月にかけてインド、ブラジル、南アフリカなど新興国や開発途上国に拡大した。2021年12月末時点で、世界の感染者数は約2億8000万人（日本国内約173万人）、死亡者数約540万人（同約1.8万人）を超えた。

　新型コロナの感染拡大により世界経済は大きな打撃を受け、国際通貨基金（IMF）が2021年10月に公表した見通しによると、2020年の世界の実質経済成長率はマイナス3.1%と、統計が開始された1980年以降で最も低い成長率を記録。2021年は反動を見込んで5.9%の成長予想としたものの、新型コロナ・デルタ株の流行等により、4月時点の6.0%から下方修正された。今後、22年末までにほとんどの国でワクチンが広く普及すると仮定し、22年の世界経済は4.9%の成長を見込んでいる。アジアの経済成長率も同年4月予想の7.6%から6.5%へ下方修正されるな

ど、ワクチン格差等により各国の経済状況のばらつきが拡大しており、依然として世界経済の先行きに不透明感が漂っている。新型コロナの感染拡大は世界の経済活動停滞や需要の急減、人の移動の制限といった形で世界経済を押し下げ、グローバル・サプライチェーンは世界各地で分断され、特定の物品を特定の国やサプライヤーに供給を依存するリスクを浮き彫りにした。

　経済面における世界的な保護主義的な動きは新型コロナの感染拡大以前から表面化していたが、新型コロナの感染拡大により、その傾向が一層顕著となっており、世界貿易機関（WTO）の統計によれば、2020年には世界の貿易量が前年比5.3%の減少となり、自由貿易体制に対する懸念が拡大した。

　また2020年の需要急減による世界的な物価の下落の後に、反動による需要の回復や労働市場における雇用回復の遅れ、コロナ禍で膨らんだ政府債務、海運を始めとする物流コスト増、エネルギーやコモディティ価格の上昇、半導体不足など様々な要因に起因するインフレリスクを孕んでおり、一部の国・地域では中央銀行による金融資産購入の縮小（テーパリング）や利上げの動きも見られ、世界経済成長の行く末は以前に増して複雑かつ不透明なものとなっている。

　このような状況の中、日本経済再生に資す

る国際経済環境を創出し、それによって日本経済の力強い成長を達成するために、多角的自由貿易体制の維持・強化、日本企業の海外展開支援や包括的かつ高いレベルの経済連携の推進、資源の安定供給確保などの経済外交に取り組むほか、重要な懸案事項である東日本大震災及び東京電力福島第一原子力発電所事故に伴う各国の輸入規制の完全撤廃に向けて働きかけを継続している。

2 日本の経済外交戦略

日本は経済連携協定の推進や多角的貿易体制の維持・強化といった「自由で開かれた国際経済システムを強化するためのルール作りや国際機関における取組」、「官民連携の推進による日本企業の海外展開支援」及び「資源外交とインバウンドの促進」を柱として、経済外交推進の取組を行ってきた。

（1）まず、「自由で開かれた国際経済システムを強化するためのルール作りや国際機関における取組」に関しては、世界的な保護主義が高まる中、ルールに基づく包括的かつ高いレベルの経済連携協定及び自由貿易協定（EPAやFTA）の交渉を推進し、経済面での「法の支配」を推進し、公平・公正かつ安定的・予見可能性の高い経済活動が可能な、自由で公正な経済圏の拡大に取り組んでおり、国際フォーラムにおける議論を日本経済の成長・発展につなげている。

日本はこれまでに24か国・地域との経済連携協定（EPA）を発効または署名済みであり、2020年に日英包括的経済連携協定（日英EPA）の締結、地域的な包括的経済連携（RCEP）協定の署名に至り、これにより、既に発効している日米貿易協定、環太平洋パートナーシップ協定（TPP11協定）、日EU経済連携協定（日EU・EPA）と併せて世界のGDPの8割をカバーする自由な経済圏が形成されている。

こうした中、TPP11協定、日EU・EPA及び日英EPAの着実な実施、RCEP協定の完全な履行の確保など、各種経済連携協定交渉を戦略的に推進している。TPP11に関しては、2021年に日本が議長国を務め、市場アクセスに限らずルール面においても高いレベルのTPP11の着実な実施に向けて議論を主導してきたところである。

同時に多角的貿易体制の維持と強化は、日本の経済外交の柱であり、世界貿易機関（WTO）を通じての自由貿易の推進の重要性は不変である。一方でWTOについては、紛争解決手続きの機能不全、補助金などの通報が適切に行われていないなどの機能不全が問題視されている。こういった状況への懸念から、G7、G20、APEC等の様々な国際的フォーラムにおいてもWTO改革について議論が交わされている。また、2020年は、新型コロナの感染拡大により、特に医療物資を中心として輸出の規制の動きが見られ、WTOによれば、新型コロナに関連する輸出

APEC首脳会談（2021年11月／写真提供：内閣広報室）

禁止や制限措置を執った国・関税地域は80にのぼり、途上国を中心に医療関連品が不足する事態となった。このような中、アゼベド前WTO事務局長の後任として、2021年3月、ナイジェリアのオコンジョ＝イウェアラ氏が就任した。日本はオコンジョ事務局長が率いるWTO事務局を支援し、新型コロナの影響下で未だ途上にある世界経済の回復及び喫緊の課題であるWTO改革の実現に向けた国際的な取組を主導していく考えである。

　また、日本は今後ともデジタル分野での主導力を発揮し、「信頼性のある自由なデータ流通」（DFFT：Data Free Flow with Trust）の実現に向けて、G20大阪サミットの機会に立ち上げた「大阪トラック」の下、WTO電子商取引交渉等でのデータ流通の共通ルール作りを主導し、OECD等の場においても、国際的なルール作りの中心的な役割を果たしていく。

　更に、分野横断的な政策協調とルール形成において、OECDとも連携し、OECDの取組への積極的な参加を通じ、経済社会分野におけるルール形成やOECDスタンダードの普及にも貢献している。

　上記に加え、日本は世界の主要国が集まるG7・G20における積極的な取組を通じて国際秩序の維持・強化に取り組んでいる。2020年はG7首脳会議（3月、4月）及びG20首脳会議（3月、11月）が史上初めてテレビ会議にて開催された。2021年6月には新型コロナの世界的な感染拡大以降、初めて対面でG7サミットが英国コーンウォールにて開催され、G7として協力して新型コロナに打ち勝ち、より良い回復を成し遂げ、国際協調や多国間主義に基づき、民主的で開かれた経済と社会を推進することで一致した。また、同年10月にローマで開催されたG20サミットでは、2日間にわたり、世界経済のより良い回

G7コーンウォールサミット（2021年6月／写真提供：内閣広報室）

復と持続的かつ包摂的な成長の実現に向け、新型コロナ対策を含む保健、気候変動、開発等の重要課題について議論がなされ、総括としてG20ローマ首脳宣言が発出された。

　（2）第二の柱である「官民連携の推進による日本企業の海外展開支援」について、諸外国の成長を日本の成長に取り込んでいくため、官民連携の下、日本企業の海外展開やインフラシステムの輸出を推進するほか、農林水産物を始めとする日本産品の輸出促進に取り組んでいる。2015年設置された官民連携推進室の下、中堅・中小企業を含む日本企業の海外展開をこれまで以上に推進するほか、トップセールスによるインフラシステムの海外展開を始めオールジャパンの経済外交を推進し、成長戦略の実施に貢献する。2020年末には、2021年から5年間の新目標を掲げた「インフラシステム海外展開戦略2025」を策定し、2025年のインフラシステム受注額の政府目標として新たに34兆円が掲げられている。また投資協定、租税協定の戦略的拡充等を通じたビジネス環境整備にも従事するほか、日本企業等の安全対策に万全を期している。

　また200以上にのぼる在外公館のネットワークを最大限に活用し、ほぼ全ての在外公

館に日本企業支援担当官を設置し、「世界一開かれた公館」を目指して、日本企業に対する各種の情報提供や相談の受付（法規制、裁判、税制、知的財産権保護に関するものを含む）及び外国政府への働きかけなどを行っており、ここ数年は5万件以上にのぼる企業支援件数を数えるに至っている。上記の日本企業支援担当官に加え、日本企業支援担当官（食産業担当）、インフラプロジェクト専門官、外国公務員贈賄防止担当官を設置しているほか、在外公館において日本の弁護士によるアドバイスの提供、日本の製品などのプロモーションのための在外公館施設利用などを行っており、JETROやJICA等の関係機関と連携の上、日本企業の海外進出や現地での活動支援を行っている。

　（3）第三の柱である「資源外交とインバウンドの促進」について、日本はエネルギー源の大半を海外からの輸入に依存しており、東日本大震災以降、日本の発電に占める化石燃料の割合は原子力発電所の稼働停止に伴い、震災前の約60％から2012年には90％に達した。石油、天然ガス、石炭などのほぼ全量を海外からの輸入に頼る日本の一次エネルギー自給率（原子力を含む）は、震災前の20％から2014年には6.4％に大幅に下落し、2018年には11.8％まで持ち直したものの、依然としてOECD諸国と比較して低い水準となっている。特に原油輸入の約9割が中東諸国からとなっており、LNGや石炭については、その多くをアジアやオセアニアからの輸入に頼っている。

　日本は2020年10月、2050年までに温室効果ガスの排出を実質ゼロにし、脱炭素社会の実現を目指す旨表明したほか、2021年4月の気候サミットにおいて2030年度までに温室効果ガスを2013年度比で46％削減する旨を発表している。このような中、日本経済にとって必要な資源の安定的かつ安価な供給の確保に向けて、再生可能エネルギーや水素、CCUS[1]、アンモニア等の推進を含む、エネルギー・鉱物資源・食料の安定供給に関するグローバルな課題の解決に貢献するとともに、資源国との相互利益の強化に引き続き取り組んでいる。

　一方で新型コロナ感染拡大による市場の不安定化を受けて、エネルギー・鉱物資源の安定供給の重要性は高まっており、我が国では、エネルギー・鉱物資源専門官制度の活用や、関係国際機関・フォーラムへの積極的な参加を通じて対応している。特に、新型コロナからの経済回復の中で石油製品需要が回復する中、原油先物価格が高騰しており、我が国は消費国とも連携しつつエネルギー市場安定化の重要性について産油国に働き掛けを行っている。

　加えて、世界の人口増加や経済発展による食生活の変化に起因して、食料需要が増加している。世界の飢餓人口は長年減少が続いた後、経済の停滞や気候変動の影響等により増加傾向に反転した。また、新型コロナの感染拡大に伴うサプライチェーンの途絶等の影響により、食料供給の一部が途絶する等、食料システムの脆弱性が明らかとなった。このような中、2021年9月には「持続可能な開発目標（SDGs）」の達成に向けた食料システムの変革を議論する国連食料システムサミットがオンラインで開催された。我が国からは菅総理大臣がビデオメッセージの形式で出席し、(1)イノベーションやデジタル化の推進及び科学技術の活用による生産性の向上と持続可

---

1) CCUS：Carbon Capture, Utilization and Storage（炭素の回収・利用・貯留）

国連食料システムサミットにおける菅総理大臣メッセージ
（2021年9月／写真提供：内閣広報室）

能性の両立、(2)恣意的な科学的根拠に基づかない輸出入規制の抑制を含む自由で公正な貿易の維持・強化、(3)各国・地域の気候風土や食文化を踏まえたアプローチを重視しながら、世界のより良い「食料システム」の構築に向けて取り組む旨を表明した。2021年12月には、「東京栄養サミット2021」を開催し、世界の貧困と飢餓の撲滅、人々の栄養改善に向けて、国際的な取組をリードした。引き続き、食料供給の多くを輸入に依存する日本として、世界の食料生産性向上、安定的な農産物市場・貿易システムの形成、鯨類を含む海洋生物資源等の持続可能な利用の確保、IUU（違法・無報告・無規制）漁業対策、関係国際機関との協力強化等により、日本と世界の食料安全保障の強化を図っていく。

2025年には大阪・関西万博が開催される予定であり、「いのち輝く未来社会のデザイン（Designing Future Society for Our Lives）」をテーマとし、2030年の持続可能な開発目標（SDGs）の達成に向けた取組を加速させる機会とすることを目指している。大阪・関西万博は世界の多くの国や国際機関

からの参加が見込まれ、大阪のみならず日本各地を訪問する海外からの観光客の増加が期待される。インバウンドによる日本の成長戦略を後押しするとともに、ARやVR等を活用し、来場できなくても様々な出会いと発見を得られ、世界にアイデアを発信できる仕組みを計画していく。

2020年12月には農林水産物・食品の輸出拡大実行戦略が決定された。在外公館等を活用した広報活動等を通じ、和食を始めとする日本の食文化や地方の魅力の発信を強化し、農林水産物・食品等の輸出を促進していく。

第1章で記載する、東日本大震災後に諸外国・地域が導入した日本産食品等に対する輸入規制措置の撤廃及び風評対策は、政府の重要課題の一つである。未だ規制を維持する国・地域に対して、総理、外務大臣、大使、外務省幹部等から、あらゆる外交機会を捉え、規制撤廃の働きかけを重層的に実施し、また、日本産食品の安全性・魅力をPRする等、取り組みを根本的に強化してきた。その結果、2020年にはフィリピン、モロッコ、エジプト、UAE、レバノンが規制措置を撤廃した。また、震災から10年の節目となった2021年にはイスラエル、シンガポール、米国で規制措置が完全撤廃され、EUで規制措置が緩和されるなど着実な進展を得ることができた。これにより、東日本大震災後に規制を導入した55ヵ国・地域[2]のうち、41か国・地域が規制措置を撤廃したこととなる。被災地の復興を支援すべく、全ての国の輸入規制が撤廃されるよう今後も政府一丸となって取り組んでいく。

2)　従来はEU27か国と英国は原発事故後に一体として輸入規制を設けていたため、一地域としてカウントし、54か国・地域としていたが、2021年9月にEUが規制緩和を公表したことでEUと英国の規制措置が異なることとなったため、英国を分けてカウントし55か国・地域としている。

東京電力福島第一原発事故を受けた諸外国・地域の輸入規制（撤廃の動向）（2021年10月末現在）

撤廃年	国・地域名（撤廃月）
2011年	カナダ（6月）、ミャンマー（6月）、セルビア（7月）、チリ（9月）
2012年	メキシコ（1月）、ペルー（4月）、ギニア（6月）、ニュージーランド（7月）、コロンビア（8月）
2013年	マレーシア（3月）、エクアドル（4月）、ベトナム（9月）
2014年	イラク（1月）、豪州（1月）
2015年	タイ（5月）、ボリビア（11月）
2016年	インド（2月）、クウェート（5月）、ネパール（8月）、イラン（12月）、モーリシャス（12月）
2017年	カタール（4月）、ウクライナ（4月）、パキスタン（10月）、サウジアラビア（11月）、アルゼンチン（12月）
2018年	トルコ（2月）、ニューカレドニア（7月）、ブラジル（8月）、オマーン（12月）
2019年	バーレーン（3月）、コンゴ（民）（6月）、ブルネイ（10月）
2020年	フィリピン（1月）、モロッコ（9月）、エジプト（11月）、ア首連（12月）、レバノン（12月）
2021年	イスラエル（1月）、シンガポール（5月）、米国（9月）

計41か国・地域が規制を撤廃

3 今後の日本の経済外交

　新型コロナの世界的な感染拡大以降、我々の生活は大きく変化した。日常生活のみならず、外交活動に関しても大きな制約が課されることとなり、感染防止拡大の観点から、多くの国際会議や協議が開催時期の延期、オンライン形式への変更を余儀なくされ、外交業務の態様も変化せざるを得ない状況となった。こうした急激な変化の中においても、日本は包括的かつ高いレベルの経済連携の推進を通じた国際経済体制のルールメイキング、WTOなどの国際機関との協調・議論、在外公館を活用した日本企業の海外展開支援、日本産品の輸出促進、質の高いインフラ輸出の後押しといった取組を継続してきた。

　ポスト・コロナにおいて、デジタル化、気候変動問題、経済安全保障、ビジネスと人権などの様々な要因が絡み合って一層複雑化した状況下において、国際的課題に対応できるような国際経済秩序の構築に貢献することこそが日本の経済外交の進むべき道であることは変わらない。貿易・投資の自由化促進は、日本経済はもとより世界経済の持続的成長のためにも不可欠である。保護主義の抑制とともに、国際貿易に法的安定性と予見可能性をもたらすべく、引き続き米欧やASEANなどの有志国・パートナーとの連携により、地域及びグローバル規模で自由で公正な経済秩序・経済圏の構築を進め、国際的な議論を主導していく。

特別寄稿

『。新成長戦略』とサステイナブルな資本主義

十倉雅和

一般社団法人日本経済団体連合会会長

　行き過ぎた資本主義は、格差の拡大・固定化、地球温暖化などの生態系の崩壊、地政学リスクの高まりなどをもたらし、新型コロナウイルスの世界的な感染拡大は、こうした本質的な課題を一層深刻化させている。

　自由で活発な競争環境の確保、効率的な資源配分の実現、イノベーションの創出など、資本主義／市場経済は、我が国の経済活動の大前提である。しかしながら、我々は、ここで一度立ち止まり、これまでの資本主義の路線を見直す時期に来ていると考える。

　経団連は、2020年11月、これまでの成長戦略の路線に一旦終止符「。」を打つ新たな構想である「。新成長戦略」を公表し、新しい資本主義の形として「サステイナブルな資本主義」の確立を掲げた。

　我々は、サステイナブルな資本主義の確立に向けて、「社会」というものに目を向ける必要がある。世界的な経済学者宇沢弘文先生の言葉で言えば「from the social point of view」、つまり、市場経済の中に社会性の視座を持つことが求められている。

　経団連は、政府とともに、多様な個人のwell-beingの実現と社会全体の最適化を両立させるインクルーシブな社会像としてSociety 5.0 for SDGsを以前から掲げてきた。サステイナブルな資本主義の確立に向けて、Society 5.0 for SDGsもまた欠くことのできないコンセプトである。

　一方で、地球温暖化や新型コロナウイルスといった課題は、一国だけでは解決することはできない。課題解決に向けて、今ほど国際協調が求められている時代はないと考える。我が国は、自由、民主主義、人権、法の支配といった価値観を共有する国・地域との連携をより一層強化していかなければならない。

　米中対立に見られる価値観の違いが存在する中、企業は多様な市場と向き合いながら、サプライチェーンの強靭化といった課題に取り組まなければならない。そのためには、官民一体で我が国の経済安全保障を適切な形で確保しながら、基本的な価値観を共有する欧米をはじめとする国・地域や、近隣のアジア諸国との連携・協力を推進していくことが我が国の外交には求められる。

　無論、価値観が異なる国との連携も決して不可能ではない。価値観が異なろうとも、オールオアナッシングの議論を避け、国際協調が求められる課題の解決に向けて、競争と協調の姿勢をベースに、連携を模索すべきである。

　また、自由で開かれた国際経済秩序を再構築し、貿易・投資を再び拡大へと導くことも急務である。自由貿易の恩恵を受ける形で発展してきた我が国は、世界の通商秩序の基盤であるWTOの多角的自由貿易体制の機能回復への関与、CPTPPに代表される経済連携協定や投資協定の拡大と質の向上を通じて、それに貢献する大きな責務を有している。

　最後に、次の世代により良い社会を継承していくことは、我が国のみならず世界共通の課題である。サステイナブルな資本主義の確立と、Society 5.0 for SDGsの実現は、まさに今日のグローバル社会が必要としているビジョンであり、その実現に向け、官民の様々なレベルで諸外国を含むあらゆるステークホルダーとの対話を推進していくことが欠かせない。経団連は、民間経済外交を積極的に展開し、サステイナブルな資本主義の確立に向けて、民間レベルでの機運醸成と規範形成を図っていく所存である。

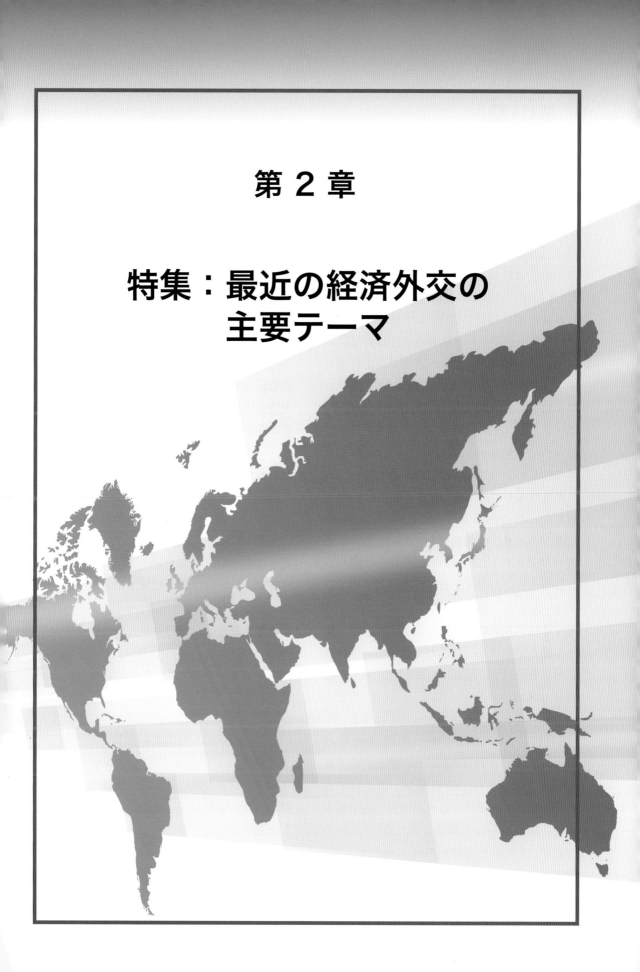

第2章

特集：最近の経済外交の
主要テーマ

G7の結束強化

2020年には新型コロナの感染拡大を受け、3月と4月の2回にわたりG7首脳テレビ会議が行われたが、通常のG7サミットは新型コロナの影響で延期され、最終的に開催が見送られることとなった。世界が新型コロナのパンデミックの最中にある2021年には、新型コロナに打ち勝ち、より良い回復を成し遂げ、ポスト・コロナの国際秩序づくりを主導していくべく、基本的価値を共有するG7が結束することがかつてないほど求められていた。

2021年のG7議長国である英国は年初から積極的に会合を開催し、G7プロセスの活性化を試みた。2月19日にはG7首脳テレビ会議が開催され、G7首脳は、民主的で開かれた経済と社会の強みと価値を生かしていくことで一致した。菅総理大臣は、新型コロナに対するワクチンの公平な普及や将来の感染症への備えに向けた国際協力などについて日本の考えを発信し、議論に貢献した。世界の諸問題への対応のため、G7が一層の団結を強化する契機となる会議であったと言える。

6月11日から13日まで、英国南西部のコーンウォールにてG7コーンウォール・サミットが開催され、G7首脳が一堂に会することとなった。新型コロナの世界的感染拡大以後、初めて対面で開催されたG7サミットであり、2年ぶりの対面のサミットとして、世界の注目を集めた。G7が自由、民主主義、人権、法の支配といった普遍的価値のもとに結束し、多国間主義にコミットすることを明確に世界に対して示した会議であった。

サミットでは、議長のジョンソン英首相が掲げた「より良い回復」という全体テーマの下、G7の中心的議題である世界経済・貿易や外交・安全保障について、G7首脳間で率直な議論が行われた。また、新型コロナ対応を含む国際保健、気候変動、生物多様性及び基本的価値に関する議論については、アウトリーチ国や国際機関からの参加も得て議論が行われた。

菅総理大臣は、一部のセッションでリード・スピーカーを務めるなど重要課題について積極的にG7の議論に貢献し、首脳間の率直な議論をリードした。

各セッションの概要は以下のとおり。

第1セッション：新型コロナからのより良い回復

本セッションでは、「より良い回復」を達成する上で不可欠な要素である、経済回復及びジェンダー平等について議論が行われた。

（ア）経済回復

菅総理大臣からは、「グリーン」と「デジタル」が「より良い回復」を実現する上での鍵であり、就任以来、改革を推進してきたことを述べた。

また、「より良い回復」を成し遂げるため、WTO改革を進め、多角的貿易体制を推進する重要性を強調した上で、市場歪曲的な措置、デジタル保護主義、重要技術の窃取と

いった諸課題は、G7の価値観とは相容れず、重要なサプライチェーンの脆弱性は問題であるとして、G7が協調し戦略的に取り組むことの必要性を強調した。

議論の結果、G7として経済の強靱性向上に向け、重要鉱物や半導体のような重要なサプライチェーンに係るリスクに対処する必要性等について一致した。

（イ）ジェンダー平等

議長国英国が中心的テーマに据えたトピックであり、女子教育支援の一環として「教育のためのグローバル・パートナーシップ（GPE）」にG7全体として今後5年間で27.5億ドルの支援を行うことを発表した。

第2セッション：より強靱な回復

本セッションでは、より強靱な回復に向けた方策をめぐって議論が行われた。議論の中で、日本を含む複数の国から中国に関する発言があり、G7として、世界経済の公正性や透明性を損なう非市場主義政策及び慣行への共同のアプローチについて協議を継続すること、中国に対して、特に新疆ウイグル自治区や香港について、人権や基本的自由を尊重するよう呼びかけていくこと、気候変動、生物多様性等の国際課題において協力していくことを確認した。また、東シナ海及び南シナ海における状況を引き続き深刻に懸念し、現状を変更し、緊張を高めるあらゆる一方的な試みに強く反対すること、台湾海峡の平和と安定の重要性を強調するとともに、両岸問題の平和的解決を促すことで一致した。

菅総理大臣からは、東シナ海・南シナ海における一方的な現状変更の試み、香港情勢や新疆ウイグル自治区における人権状況について深刻な懸念を表明し、自由で公正な経済システムを損なう慣行について提起し、これらについて、G7が強いメッセージを出すこと

が必要である旨述べた。

第3セッション：外交政策

本セッションでは、国際社会が直面するインド太平洋、ミャンマー、北朝鮮といった外交政策上の課題について議論が行われた。

第4セッション：保健

本セッションでは、G7として、2022年にパンデミックを終結させるために、世界中の人口の少なくとも60％がワクチンを接種する必要があることを認識し、活動を強化する方向性で一致した。また、ACTアクセラレータへの支持を再確認し、我が国が共催した「COVAXワクチン・サミット」開催が歓迎されたほか、G7として少なくとも8億7千万回分のワクチンを来年にかけて現物供与することや、資金及び現物供与を通じて10億回分に相当する支援を行うことにコミットした。

菅総理大臣は、リード・スピーカーの一人として冒頭に発言し、「COVAXワクチン・サミット」において、我が国による8億ドルの追加プレッジを含めた計10億ドルの拠出を表明し、COVAXが「18億回、途上国の人口30％分」のワクチンを供給するために必要とされる83億ドルの資金目標を大きく上回る資金を確保できたこと、また、台湾に対しワクチン供与を行ったことや、環境が整えば、しかるべき時期に、我が国で製造するワクチン3,000万回分を目途として、COVAXなどを通じ、各国・地域に対して供給を行っていく考えを紹介した。また、我が国としては、総額約31億ドルの新型コロナ感染症対策に関する途上国支援を実施しており、COVAXファシリティへの追加プレッジ8億ドルとあわせ約39億ドルの支援を行っていく予定である旨述べた。

さらに、菅総理大臣は、新型コロナが引き

起こした栄養不良も大きな課題であることを指摘し、日本は、この問題に対処するため2021年12月に東京栄養サミットを主催するなど、人間の安全保障の考え方に立って、ユニバーサル・ヘルス・カバレッジの達成に向けて貢献し、世界の保健システムを強化していくことを述べた。

第5セッション：開かれた社会

　本セッションでは、G7の基本的価値を世界に広げていくことの重要性が確認された。

　菅総理大臣は、インターネットの遮断、ランサムウェア、偽情報の拡散など、民主主義の根本を脅かす問題により基本的価値が挑戦を受けていることについて問題提起し、各国の連携が重要であると述べた。

　また、菅総理大臣は、データ保護の課題に対処しながら価値あるデータ主導型技術の潜在力を活用するため、信頼性のある自由なデータ流通（DFFT）を推進する重要性を指摘するとともに、基本的価値を共有する国々が、インド太平洋地域へのコミットメントを明確にすることが重要であり、特にASEANと連携しつつ、協力を推進すべきと述べた。

第6セッション：気候変動・自然

　冒頭、デビッド・アッテンボロー卿からプレゼンテーションがあり、これを受けて各首脳が、気候変動や生物多様性等のテーマについて議論を行った。遅くとも2050年までにネット・ゼロ目標を達成するための努力にコミットし、各国がその目標に沿って引き上げた2030年目標にコミットすることを確認した。

　また、国内電力システムを2030年代に最大限脱炭素化すること、国際的な炭素密度の高い化石燃料エネルギーに対する政府による新規の直接支援を、限られた例外を除き、可能な限り早期にフェーズアウトすること、国内的に、NDC及びネット・ゼロのコミットメントと整合的な形で、排出削減対策が講じられていない石炭火力発電からの移行を更に加速させる技術や政策を急速に拡大すること、排出削減対策が講じられていない石炭火力発電への政府による新規の国際的な直接支援の年内の終了にコミットすることについて、G7として一致した。

　菅総理大臣からは、就任以来、気候変動対策を最優先事項に掲げてきたことを強調し、2050年にカーボンニュートラルを目指す決意や日本の技術力を生かしたイノベーションと地域での取組を推進していくことを表明した。また、先進国が高い目標を掲げるだけでなく、他の国、特に大きな排出国に更なる取組を求めていく重要性を指摘した上で、途上国に対しては、その固有の事情を踏まえ、多様なエネルギー源・技術を活用しつつ、脱炭素社会に向けた現実的な移行を包括的に支援していくことを述べた。さらに、真に支援を必要とする途上国に対しては支援を惜しむべきではないとして、日本は2021年から2025年までの5年間において、6.5兆円相当の支援を実施することと、適応分野の支援を強化していく考えを表明し、G7としても、2025年までの国際的な公的気候資金全体の増加及び改善にコミットした。

　また、2030年までに生物多様性の損失を止めて反転させるという任務を支える「G7 2030年自然協約」をG7として採択した。同協約においてG7各国は、国内の状況に応じて2030年までにG7各国の陸地及び海洋の少なくとも30％を保全又は保護すること、「大阪ブルー・オーシャン・ビジョン」を基礎として、プラスチックによる海洋汚染の深刻化に対処するための行動の加速化等にコミットした。

第2節

日米経済関係

（1）　総論

日米経済関係は、安全保障、人的交流と並んで日米同盟を支える三要素の一つである。2020年以降、新型コロナの拡大により世界規模の往来の制限や外交交渉の頻度の低下が余儀なくされているが、2020年1月1日に発効した日米貿易協定、日米デジタル貿易協定をはじめ、2019年から最大の対米投資国、また英国に次ぐ第二の米国雇用創出国となるなど、日米経済の紐帯はより強くなっている。また首脳・外相といった政府ハイレベルに加え、民間部門やグラスルーツ等、様々なレベルにおいて日米間の交流が強化されてきている。

米国では、2021年1月に発足したバイデン政権が「中間層のための外交」を標榜し、これまでグローバル化による利益を必ずしも裨益してこなかった中間層（労働者）に焦点を当てた。

内政では新型コロナの流行により落ち込んだ国内の経済を回復し、「より良い回復（Build Back Better）」を達成すべく複数の財政政策を打ち出した（中間層に給付金を支給する米国救済計画法及び、道路・港湾等のインフラ投資等を推進するインフラ投資・雇用法は成立、気候変動対策や教育、子育て支援等を盛り込んだ気候変動・社会投資法案は2022年1月現在、議会審議中）。

外交面では、競争力強化のための国内への投資（労働者の能力強化等）を行うまでは新たな貿易協定を結ばないとする通商方針を打ち出しており、これまでに新たな貿易協定は結ばれていない。また、党派を問わず重視されている中国との競争を最重要課題と位置づけており、トランプ前政権下で実施された中国による各種の追加関税措置はレビューが必要としつつも撤廃しておらず、経済安全保障の分野ではサプライチェーンの強靭化に取り組んでおり、中国への対応において、同盟国との連携重視も明言している。

2021年4月、菅総理大臣は世界の首脳に先駆けてワシントンDCを訪問し、バイデン大統領にとって初となる対面での首脳会談を行った。この日米首脳会談の機会に「日米競争力・強靭性（きょうじんせい）（Competitiveness and Resilience（CoRe））パートナーシップ」が立ち上げられた。これは国際社会が直面するグローバル課題について、日米のみならず国際社会全体の新型コロナからの「より良い回復」を日米でリードし、明るい未来像を国際社会に提示すべく立ち上げられたもので、①競争力・イノベーション、②コロナ対策・グローバルヘルス、③グリーン成長・気候変動の三本柱の下で、具体的かつ包括的な協力を推進していくこととしている。12月にフェルナンデス国務次官が訪日し、この関連で本パートナーシップにおける協力の加速や、日米両国の競争力・強靭性を高めることの重要性を確認した。

11月にはレモンド商務長官とキャサリ

ン・タイ通商代表が訪日し、松野内閣官房長官、林外務大臣、萩生田経産大臣とそれぞれ表敬・会談を行った。レモンド商務長官との間では、米国通商拡大法第232条に基づく米国による日本の鉄鋼・アルミ製品に対する追加関税措置の問題の解決に向けた協議を開始することで一致し、タイ通商代表との間では、日米が共有する様々な国際通商面の課題に協力して取り組むための局長級の「日米通商協力枠組み」立ち上げを歓迎した。

(2)　具体的な協力の進捗

エネルギー分野の協力としては、従来の日米戦略エネルギーパートナーシップ（JUSEP）をもとに、クリーンエネルギー分野での協力に、より焦点を当てる形で「日米クリーンエネルギーパートナーシップ（JUCEP）」を立ち上げた。これによりインド太平洋地域及び世界中の国々が、脱炭素化に向けた努力を加速できるよう支援するとともに、クリーンで安価かつ安全なエネルギー技術を実装して、エネルギー安全保障と持続可能な成長を促進することとなった。2021年6月及び12月に会合を開催、①再生可能エネルギー、②電力網の最適化、③原子力エネルギー、④脱炭素化技術が中心となる協力分野として特定されている。

デジタル分野の協力としては、従来の日米戦略デジタル・エコノミーパートナーシップ（JUSDEP）の協力関係を拡大し、安全な連結性や活力あるデジタル経済を促進させる枠組みとして日米「グローバル・デジタル連結性パートナーシップ（GDCP）」を立ち上げた。2021年5月及び10月に専門家レベル作業部会を開催し、インド太平洋地域、アフリカ、ラテンアメリカ等の第三国における協力、多国間の枠組みにおける協力、5GやBeyond 5Gなどに関する両国の取組などの

推進について議論した。

また、11月に開催された第12回インターネットエコノミーに関する日米政策協力対話（日米IED）では、第三国におけるOpen RANの推進やサイバーセキュリティのキャパシティ・ビルディング等に関する連携、日米二国間における5Gベンダーの多様化やBeyond 5Gなどに関する協力、マルチのフォーラムにおけるAI、DFFTなどに関する更なる協力、グリーン成長・復興に貢献するICTの活用など、日米両国間でインターネットエコノミーに関する幅広い事項について議論した。

(3)　米国による日本産食品の輸入規制撤廃

米国政府は、2011年の東京電力福島第一原子力発電所の事故発生時より、日本産食品の輸入規制を継続してきた。そのため、日本政府は、2021年4月の日米首脳会談を含む様々な機会を通じて米国政府に対して本規制の撤廃を強く働きかけるとともに、日米当局間による科学的根拠に基づく協議を続けてきた。その結果、2021年9月の総理訪米に先立ち、米国による規制が撤廃された。

同盟国である米国のこの決定は、被災地の復興を後押しするものであり、日本政府として歓迎する旨の発表を行った。

(4)　日米間の投資と雇用創出

2020年、米国内の直接投資残高で日本は2年連続で世界最大の対米投資国となった（6,790億米ドル、米国商務省統計）。また、対米直接投資は日本企業による米国での雇用創出という形でも米国経済に貢献しており、2019年には約100万人の雇用を創出した（英国に次ぐ2位）。特に製造業では約53万人の雇用を創出しており、同業種では世界第1位である。また、R&D分野（企業の研究開発

特別寄稿

食を通じたグラスルーツからの日米関係強化

山野内勘二
在ニューヨーク総領事・大使

　ニューヨークでは、2020年３月から４月にかけて、新型コロナの感染爆発が起こり、社会生活のほぼ全ての面に制約が課されていました。その後、感染状況に応じて徐々に制約は解除されていきましたが、最後まで制約が残り、深刻な影響を被った業界の一つがレストランでした。

　厳しい競争に晒される食の都ニューヨーク。近年の日本食の人気と評価は素晴らしく、もはや単なるブームではありません。先達の努力・苦労が実った訳ですが、そこを新型コロナが襲った訳です。目下の問題はコロナ禍の苦境をサバイブすることにありました。其々の経営者は知恵を絞って対処しています。総領事館として何が出来るのか？　支援したいという「思い」を適切な「形」にしなければなりません。

　そこで、在ニューヨーク総領事館がニューヨーク日本食レストラン協会と入念な調整を行って始めたのが「お弁当プロジェクト」でした。基本的骨格は次のとおりです。まず、総領事館がニューヨーク日本食レストラン協会に全部で約千個の弁当を発注します。レストラン協会は、協会に加盟している日本食レストランの評判、味、生産能力、経営状況等を総合的に勘案して15軒のレストランを選択します。其々のレストランが指定されたタイミングで数十個の弁当をつくります。そして総領事館はニューヨーク日系人会に委嘱して、その弁当をニューヨーク市内で、新型コロナ対策で日々奔走しているエッセンシャル・ワーカーに感謝の気持ちとして届けるのです。

　2021年２月から３月にかけて，毎週１回、警察署、消防署、病院、学校、市衛生局等に届けました。メニューは其々のレストランの得意料理です。いなり寿司、焼き魚、カリフォルニア・ロール等々です。中にはミシュラン・スターを獲得した料理人がつくった弁当もありました。実は、僕自身も２月18日、マンハッタンのアッパー・ウエストのニューヨーク市警察第24分署にお弁当を届けました。署長以下数十人の警察官が歓迎してくれました。屈強の警察官が箸を上手に使い、『本当美味しい』と言いながら頬張っている姿は本当に印象深かったです。複数のメディアにも取り上げていただき、レストランだけでなく、在留邦人を含めた各方面からこのプロジェクトへの賛同や感謝の声が総領事館に届きました。

　このプロジェクトは、日本食レストランを支える目的で始めましたが、実は「一石四鳥」の意義がありました。第１に、日本食レストランの売り上げへの直接貢献。第２に、コロナ禍で市民生活を支えているエッセンシャル・ワーカーに対する日本コミュニティーの感謝の意の伝達。第３に、弁当配布による日本食・日本文化の啓蒙。第４に、日本食材の調達を通じて日本国内の業者の輸出機会の提供、です。また、このプロジェクトは、令和２年度の外務省北米第二課所管の北米グラスルーツ支援予算を活用したもので、その予算目的も達成することができました。

　さらに、より大きな文脈において、厳しさを増す国際情勢の下、日本の平和、安定、繁栄を確保するため米国との同盟、友好協力関係が不可欠です。また、日米間の首脳、政府、軍・自衛隊、ビジネス等々の重層的関係の強化が重要です。このように、米国最大の都市ニューヨークでの「お弁当プロジェクト」には、グラスルーツからの日米関係強化の意義がありました。

活動）の投資額は2018年に続き2019年も100億ドルを超え世界第1位となるなど、こうした活発な投資や雇用創出を通じた重層的な関係強化が、これまでになく良好な日米関係の基礎となっている。

(5)　民間部門間の対話の促進

日本の企業や経済団体と米国の幅広い関係者との間では、対話や要人往来が積極的に行われており、日米経済関係の強化・発展に多大な役割を果たしている。

毎年開催されている代表的な会合の例として、日米財界人会議は、2020年10月27日から28日まで、「パンデミック下における日米産業界の優先事項を再定義する」というテーマの下、オンライン形式にて第57回会合を開催した。日本政府からは茂木外務大臣がビデオ・メッセージを発出し、日米経済関係の多岐にわたる分野について議論した。同会議は第58回会合が2021年10月にも開催され、「持続可能な未来を築く：日米リーダーシップに向けた青写真」というテーマの下、議論が行われた。開会式ではレモンド商務長官から、「日米コア・パートナーシップ」に基づく更なる協力の深化や、日米相互投資継続の重要性に関して発言があった。また、2021年10月には第43回南東部会がオンラインで実施され、鷲尾外務副大臣から、米国に進出している日本企業が投資・雇用のみならず、グリーンプロジェクトや人材育成、新型コロナ対策支援等の分野で積極的に活動している旨紹介するとともに、同会議が約半世紀にわたり日本と米国南東部7州との関係の緊密強化に貢献してきたことに敬意を表した上で、今後も様々な分野での日米協力が数多く生まれるよう全力で取り組みたい旨のビデオ・メッセージが発出された。

(6)　グラスルーツからの日米関係強化

2017年、日本企業の雇用創出や、日本の文化・伝統に対する理解の裾野を広げ、良き企業市民としての企業活動をさらに支援すべく、「グラスルーツからの日米関係強化に関する政府タスクフォース（「各地各様のアプローチ」）」を立ち上げた。同タスクフォースでは日本企業の地域貢献をふまえた事業から、日本の文化行事まで、規模も少人数のものから大規模イベントまで、幅広く実施し、それぞれの地域の特性にふさわしい事業を展開する「各地各様のアプローチ」に基づく行動計画を採用しており、2020年には79件の取組が実施され、延べ約5.2万人の参加者を得た。

2020年の取組の具体例として、コネティカット州への投資促進に向けた会議をオンラインで開催した。同州への日系企業の投資促進を図るべくJETRO・ニューヨークと共催で実施し、州政府の政策立案者に直接投資の効果と自治体レベルのプロモーションの重要性について説明した。また、サンフランシスコにおいては米国進出を目指す日系スタートアップ企業がシリコンバレーのビジネス関係者に向けてプレゼンを行うシンポジウムを開催し、日本のスタートアップ企業の活動促進を行った。

2021年においては、バイデン政権発足も踏まえ、同政権の重点政策（労働者・中間層重視、コロナ対策、気候変動・エネルギー、イノベーション・科学技術）に沿った新たなアプローチを目指す「行動計画2.0」を取りまとめた。今後も、広大で多様性に富む米国の各地域の特徴や訴求対象の関心に応じた「テイラー・メイド」のアプローチをオールジャパン（官民連携）で強化していく。

特別寄稿

新型コロナ下の日系企業支援・経済広報

竹内みどり
前デンバー総領事

　新型コロナ感染に伴う2020年3月の緊急事態宣言から、仕事も生活も一変した。厳しい自宅待機令により、必要不可欠な業務以外は出勤できず、しかも5割以下の人員にする措置が2ヶ月。直ちに体制を組んで、領事メールによる情報提供を最優先した。

　デンバー市とコロラド州政府が合同で、領事団を対象に2週間に一度金曜日に1時間、情報共有のウェブ会議を直ちに設けてくれたので、自宅待機奨励令への変更、その後の制度設計や対応について確実な情報を得て意見交換できたのはありがたかった。

　コロラド日米協会の主催により8月にコロラド州の上位対日輸出品、牛肉に関するウェブセミナーを開催し、2020年から発効した日米貿易協定について広報することができた。11月には、デンバーに拠点を置く米国食肉輸出連合会の会長兼最高経営責任者、フィリップ・セング氏に対し、日米交流及び相互理解の促進並びに日本への食料の安定供給に寄与による叙勲が実現した。同月、ウェブでの開催となったコロラド日米協会主催のビジネス・セミナーには、四方経済局長からビデオメッセージをお送りいただいた。

　2021年1月中旬から米国のコロナ新規感染者数が減少。制限も徐々に緩和され、4月から予防接種が希望者すべてを対象とするようになり、私も2回目の接種を終えたので、ユタバレー大学からの招待に応じてコロナ後初めて、実に1年1ヶ月ぶりにユタ州に出張した。副知事、州上院議員、日系人に加えてユタ州のFBI事務所を訪問してアジア系に対するヘイト・クライムの状況について情報を収集し、日本人社会に対する保護を依頼した。

　この機会に日系企業の訪問も企画した。コロラド州にはロッキーマウンテン日系企業会（JBAR）があり、ニューメキシコ州には名誉領事が任命されているので、日系企業関係者とも連絡を取り合っていた。しかし、ユタ州出張では州政府、連邦議会、貿易投資促進団体、大学、日系人関係、日本語補習校を優先して、日系企業訪問は未着手だった。新型コロナ下ではさぞご苦労があったことだろう。ところがなかなか連絡がとれない。会社の代表番号に電話しても、自宅勤務が常態化していれば誰も出ない。総領事館として日系企業と顔が見える関係を構築し、メールアドレスを更新していく重要性を痛感した。

　訪問に応じてくれた企業からは、ユタ州所在の日系企業と交流する機会がないので、是非総領事館が音頭をとってほしいと要望された。日系企業調査に協力頂いている企業情報の精査から始めた。その過程で、日本の本社に連絡して担当者を紹介頂き、その方が知り合いの駐在員達を紹介下さったことは大変有り難かった。参加します、予防接種済みです、貴重な機会なので感染症対策も喜んで協力しますとの反応が心強かった。連絡が取れない会社と報道で知り得た企業には手紙を送った。2社から返信があった。9月2日に12社と補習校から出席を得て25人の会合が成立し、有益だった。今年度4回目となるユタ州対象の当館主催安全対策協議会にもご案内して当館の企業支援等が強化されることを願っている。

第二章

第3節

日中経済関係及び米中経済関係

1 日中経済関係

（1）　緊密な貿易・投資関係

　日中間の貿易・投資などの経済関係は、非常に緊密である。それゆえに、中国における新型コロナの感染拡大、それに伴う武漢の2か月半に及ぶ都市封鎖を始めとする中国政府による対応は日中経済に大きな影響を与えた。特に、医療物資、自動車部品などは中国を製造拠点としているものも多く、日本国内でのマスクなどの医療物資の不足や自動車の減産などにもつながった。また、新型コロナの世界的な拡大により、日中間のビジネス関係者の往来も大きく制約されることとなった。

　こうした中でも、日中間の経済活動は持続し、2020年の貿易総額（香港を除く。）は、約3,048億米ドルであり（前年比0.3％増）、中国は、日本にとって14年連続で最大の貿易相手国となった。また、日本の対中直接投資は、中国側統計によると、2020年は約33億7,400万米ドル（前年比9.3％減（投資額公表値を基に推計）と、中国にとって国として第3位（第1位はシンガポール、第2位は韓国、第4位はオランダ、第5位は米国）の規模となっている。

（2）　2020年、2021年の主要な進展

　新型コロナの感染拡大の影響でハイレベルを含む往来が制限される中でも、日中間の経済対話は引き続き行われた。2020年11月には、第14回日中経済パートナーシップ協議（次官級会合）がオンライン形式で開催され、両国経済の現状、人的往来・観光、医療・ヘルスケア、環境・省エネ、農産品貿易などを含む日中間の今後の課題・協力や、開発・資金協力や債務問題、WTOやRCEPなどの貿易・投資分野を含む多国間の課題・協力について幅広く意見交換を行った。日本側からは、特に知的財産の保護、産業補助金や強制技術移転、サイバー・データ関連規定、輸出管理法を含め、日本企業の正当なビジネス活動や公平な競争条件の確保につき中国側に提起したほか、日本産食品に対する輸入規制措置の撤廃を改めて強く求めた。

　同月に東京で行われた日中外相会談では、経済分野に関し、農産品貿易、人的往来・観光、環境・省エネなど、双方の関心や方向性が一致している分野において協力を共に進めていくことで一致した。また、茂木外務大臣からは、日本企業のビジネス活動を守り、公平な競争条件を確保することを改めて要請した。2021年4月に行われた日中外相電話会談においても、両外相は日中経済に関し、真に公平・公正かつ安定的なビジネス環境の構築を含め、引き続き議論していくことを確認した。

　2021年10月に行われた日中首脳電話会談

日中外相会談（2020年11月24日／写真提供：外務省）

では、両首脳は両国間の経済・国民交流を後押ししていくことで一致した。11月に行われた日中外相電話会談では、両外相は、日中経済に関し、対話と実務協力を適切な形で進めていくことを確認した。また、同月には第15回日中経済パートナーシップ協議（次官級会合）が前年に続きオンライン形式で開催され、両国経済の現状、ビジネス環境、農産物貿易、知的財産、環境・省エネ、医療・ヘルスケア等を含む日中二国間の課題・今後の協力や、気候変動、開発金融・債務問題、WTOを含む国際場裏における課題・協力について幅広く意見交換を行った。日本側からは、日本企業の正当なビジネス活動や公平な競争条件の確保等について改めて提起した他、日本産食品に対する輸入規制の早期撤廃を改めて強く求めた。また、日中双方は、日中経済に関し今回の協議を踏まえつつ、引き続き対話と実務協力を適切な形で進めていくことを確認するとともに、明年の日中国交正常化50周年を契機に経済・国民交流を後押しすることで一致した。

（3）　日本産食品輸入規制問題

　中国政府による日本産食品・農産物に対する輸入規制については、2020年2月の日中外相会談を始め、同年7月の日中外相における

電話会談、同年11月の日中外相会談や王毅国務委員兼外交部長による菅総理大臣表敬、2021年4月の日中外相電話会談、同年11月の日中外相電話会談など、あらゆる機会を通じて、中国側に対して日本産食品輸入規制の早期撤廃を働きかけてきた。特に上記（2020年）11月の日中外相会談では、茂木外務大臣から王毅国務委員兼外交部長に対し、2021年3月に東日本大震災から10年目の節目を迎えることも踏まえ、輸入規制の早期撤廃を改めて強く求め、この問題の解決に向けた協議を加速するべく、「日中農水産物貿易協力メカニズム」を立ち上げることで一致した。

（4）　民間経済交流

　民間レベルの経済交流としては、2020年12月（第6回）及び2021年12月（第7回）に日中企業家及び元政府高官対話（日中CEO等サミット）がオンライン形式で開催され、2021年の第7回には岸田総理、林外務大臣、萩生田経産大臣、山際経済再生担当大臣からビデオメッセージを発出した。

（5）　日中間の人的交流の現状

　新型コロナに関する水際対策の一環として、日本政府は2020年2月から、湖北省、浙江省及び中国全土を順次上陸拒否対象地域に指定した。中国も3月から日本に対する査証免除措置を停止した。この結果、日中間の人的往来は大幅に落ち込み、中国からの訪日者数は過去最高を記録した2019年の約959万人から、2020年は約107万人（日本政府観光局（JNTO））となった。日本政府は、2020年11月1日から中国に対する上陸拒否対象の指定を解除し、また同月30日からビジネストラックとレジデンストラックの運用が開始されたが、同措置は2021年11月現在、一時停止中である。人的往来の再開は、日中経済の

第二章

再活性化に資するとともに、相互理解の促進にもつながることが期待される。

2 米中経済関係

米中間では、2019年に続き、通商問題や先端技術をめぐる競争、2020年3月以降には新型コロナ対応など様々な分野で厳しく対峙し、それは政治、外交、軍事・安全保障、メディア、教育など多方面にも及び、相手国への非難や制裁が頻発した。米国連邦議会では、6月に「ウイグル人権政策法」、7月に「香港自治法」が成立するなど中国に対する厳しい制裁を含む対応を求める声が高まったほか、安全保障や人権上の懸念などを理由に、多くの中国企業に対して輸出入や投資の規制が強化された。また、2021年1月には、米国は、新疆ウイグル自治区における人権状況を「ジェノサイド（集団殺害）」と判断し、バイデン政権発足後の3月には、EU、英国、カナダとともに新疆ウイグル自治区の人権侵害を理由に中国への制裁措置を発表した。10月には、トランプ政権での「第一段階合意」の履行確保や、中国の不公正な貿易慣行の是正等、バイデン政権における対中通商政策を発表した。

一方、中国は、2021年6月に、中国に対して差別的措置が講じられた場合に、入国制限や資産凍結、中国企業との取引禁止・制限等の措置をとることを可能とする「反外国制裁法」を公布、施行し、7月には同法に基づき、米国の一部個人・組織に対して制裁を行った。

バイデン政権発足後も米国は、一部の措置を見直しつつも、中国の不公正な経済慣行等には厳しい姿勢を維持する一方で、気候変動等の分野では、中国とも協力する余地があるとの立場をとっている。4月には、ジョン・ケリー米気候変動問題担当大統領特使が訪中して、解振華・中国気候変動問題特使らと協議し、米中両国は気候危機に対応するとの共同声明を発表した。ケリー特使は9月にも再訪中し、気候変動対応について中国側と協議を行った。また、英国グラスゴーで開かれた国連気候変動枠組み条約第26回締約国会議（COP26）期間中の11月10日、米中両国は、2020年代の重要な10年において、各々の加速化された行動を通じて、またUNFCCC（気候変動に関する国際連合枠組条約）プロセスを含む多国間プロセスにおける協力を通じて取り組むことにコミットする米中共同宣言を発表し、主要な温室効果ガスのひとつであるメタンガス削減に向けた取組などでの協力強化などを盛り込んだ。

世界第1位、第2位の経済大国である米中両国間をめぐる動きは、日本のみならず、国際社会全体に関わる問題であることから、引き続き今後の動向が注目される。

第4節
経済連携協定（日英EPA及びRCEP協定）

日本は、世界的に保護主義や内向き志向が強まる中、日本がこれまで推進してきた自由で公正な経済圏の拡大や、ルールに基づく多角的貿易体制の維持・強化に引き続き取り組んでいる。この観点から、経済連携協定（EPA）や自由貿易協定（FTA）は重要な枠組みであり、日本は今後も、TPP11協定、日EU・EPA及び日英EPAの着実な実施、RCEP協定の完全な履行の確保を目指すとともに、各種経済連携交渉を戦略的に推進していく。

1　日英包括的経済連携協定（日英EPA）

（1）　意義

2021年1月1日、日英包括的経済連携協定（日英EPA）が発効した。英国のEU離脱に際し、英EU間の離脱協定で設定された2020年12月末までの移行期間終了とともにこの協定が発効したことにより、日EU・EPAの下で日本が英国との間で得ていた利益は継続し、日系企業のビジネスの継続性を確保することが可能となった。また、この協定における高い水準の規律、ルールの下で、日英間の貿易・投資の更なる促進につながることが期待される。

英国は、自由、民主主義、人権、法の支配といった基本的価値を我が国と共有するグローバルな戦略的パートナーであるとともに、日系企業が約1,000社進出し、欧州事業の統括や研究開発拠点、欧州へのゲートウェイとなってきた。同協定は、良好な日英関係を更に強化し、深化させていくための重要な基盤となる。

（2）　日英EPAの概要

日英EPAは、日EU・EPAを基礎とし、全24章から構成されている。同協定は、主に物品貿易を規定する部分と、貿易・投資に関するルールを幅広く規定する部分から構成されている。物品貿易について、日本から英国へ輸出する際の関税率は、基本的に日EU・EPAと同様の低税率を維持しつつ、鉄道車両や自動車部品など一部品目の関税が新たに即時撤廃となった。農林水産品に関しては、英国からの輸入に対する関税は日EU・EPAと同水準とし、関税割当枠は設けないなど、日EU・EPAの範囲内での合意となっている。

また、電子商取引、金融サービスなどの一部分野で日EU・EPAよりも先進的なルールを新たに規定した。さらに、日本が結ぶEPAの中で初めて、貿易による利益を女性が十分に得られるよう二国間で協力することを規定する、貿易及び女性の経済的エンパワーメント章も設けた。

（3）　発効に至る経緯

ア　英国のEU離脱（BREXIT）

英国は、2016年6月の国民投票の結果を受け、EUからの離脱を決定したが、英国内において離脱協定案の審議に時間を要し、政権交代等を経て、2020年1月31日、英国はEUを離脱した。その後、英EU間では貿易協力協定の交渉が開始され、同年12月24日、英EUは貿易協力協定に合意した。

日本政府は、英EU間のサプライチェーンが維持され、英国やEU加盟国で経済活動を展開する日系企業への悪影響が最小化されるよう、英国・EU双方に対してしかるべき対応をとるよう働きかけをし、英国のEU離脱に関する政府タスクフォース等を開催し、政府一体となって情報集約・分析を行うとともに、日系企業等に対する情報提供を行ってきた。

イ　日英EPA交渉

日英間では、英国のEU離脱に際する移行期間の終了までに日EU・EPAに代わる新たな貿易・投資の枠組みを構築しなければ、日英間の貿易・投資に大きな影響が出てしまうという時間的制約があったため、早急に交渉に取り組む必要があった。

2020年6月9日、茂木外務大臣とトラス英国国際貿易相のテレビ会議により日英EPA交渉が開始されると、新型コロナが拡大する中であったため、通常対面で行われる交渉はテレビ会議を最大限活用して行われた。しかし、交渉の重要な局面では対面の協議が不可欠であったため、新型コロナの感染拡大後初の外国訪問として茂木外務大臣が8月5日に訪英し、丸2日間、トラス国際貿易大臣と交渉した結果、主要論点の一致に至った。その後、9月11日に両大臣間の再度のテレビ会議により大筋合意が確認された。10月23日にはトラス国際貿易相が訪日して署名式を実施し、2021年1月1日、日英EPAは発効した。

ウ　日英EPAの実施

2021年1月の発効後、本協定は順調に運用されており、今後、1回目となる合同委員会、専門委員会及び作業部会を開催していく予定である。日本政府としては、日英EPAの着実な実施を確保していくとともに、英EU間の貿易協力協定の履行状況を注視しつつ、英国やEU加盟国で経済活動を行っている日系企業の円滑な経済活動を確保すべく、情報提供を含め、引き続き必要な支援を行っていく。

2　地域的な包括的経済連携（RCEP）協定

（1）　意義

RCEP協定は、東南アジア諸国連合（ASEAN）諸国と日本、オーストラリア、中国、韓国及びニュージーランドの計15か国が参加する経済連携協定である。RCEP協定参加国のGDPの合計、参加国の貿易総額、人口はいずれも世界全体の約3割を占める。また、日本とRCEP協定参加国との貿易額は、日本の貿易総額の約5割を占める。RCEP協定は、物品・サービスの市場アクセスを改善するとともに、知的財産、電子商取引などのルールを、WTOにおけるルールを上回るものも含めて整備し、地域の貿易・投資の促進及びサプライチェーンの効率化を促すことを目的としたものである。この協定により、日本と世界の成長センターである地域とのつながりがこれまで以上に強固になり、日本の経済成長に寄与することが期待される。

特別寄稿

日英包括的経済連携協定交渉記

松浦博司

駐英国日本大使館特命全権公使／首席交渉官（当時）

　2020年年初、外務本省大臣室でのこと。「よし、この交渉、俺がやろう」

　茂木外務大臣のこの一言が、日英交渉の命運を決めた。しかしこの時点では、この一言がどんな効き目と重みを持つことになるか、誰も分かっていなかった。

　ともかくも方針が決まり、首席交渉官である私と私のチームが走り始める。まずは英側スコーピング・ミッション（交渉の大枠を定める協議のために派遣された代表団）を東京に迎え、日英双方がこの交渉に何を期待し、何を期待していないか、問題意識をぶつけ合うところからスタートである。幸い、コロナ禍による移動制限が始まる前の2月にスコーピング会合は実現した。

　日本とイギリスの間で新しい自由貿易協定が必要になったのは、イギリスのEU離脱が目前に迫っていたからである。多くの日本企業は英国内工場で生産した製品を広くEU市場で販売することで収益を上げてきたが、その基盤は、日英、英EU、日EUという交易の三角形の3辺がいずれも特恵交易を認められてきたことであった。中でも英EU間貿易が、共通市場・関税同盟という国内同然の取扱いであったことはビジネスモデルの根幹であった。これは英EU間で交渉するしかない（2020年12月24日に妥結したが、結果は共通市場でも関税同盟でもなく、関税ゼロの自由貿易協定）。

　一方、日英間、日EU間はいずれも日EU経済連携協定（EPA）が特恵扱いを保証したが、離脱により日EU・EPAは日英間に適用がなくなってしまう。なんとか離脱の移行期間が終了する2020年末日までに新協定を締結してギャップを回避することが使命であった。しかし日EU間の交渉結果である日EU・EPAをそのまま継続させるだけではいかにも能がない。EUの政策から自由になったイギリスに、自由貿易国家としての本領を発揮してもらおうではないか。イギリスは、これ以前にすでに30カ国以上と、EUとの通商協定をそのまま継続させる協定を妥結してきていたが、日本の熱意にほだされ、初めて継続協定から一歩踏み出す交渉をする決意を固めた。これを日英交渉関係者は「日EUプラス」と呼んだ。

　スコーピング会合を通じて、デジタル貿易、金融サービスなど、「日EUプラス」に希望が持てそうな分野を大まかに特定できた。いずれも、TPP交渉以来、日本が中小企業の海外進出を支援する分野として重視してきた分野である。

　さて、交渉を始めようとしたところに襲ったのがコロナ禍である。態勢を立て直すのに数ヶ月を要したが、6月初旬に茂木大臣と英側トラス国際貿易大臣（現外務開発大臣）のテレビ会議で交渉を立ち上げ、本交渉はオンライン交渉でスタートした。8月に茂木大臣率いる日本側交渉団が訪英し1日半対面交渉をしたのを除き、9月下旬の交渉妥結まですべての交渉がオンラインである。これは日本にとっても英にとっても初めてのことに違いない。オンライン交渉は、交渉会合と交渉会合の間隔を縮められるので効率的である一方、交渉者間の信頼関係を作

第二章

日英包括的経済連携協定の署名（2020年10月／写真提供：外務省）

りにくい、余人を排した「ささやき」といった交渉技術を使いにくいなど難点もある。また日英間の時差は変えられないので、有利不利が固定しやすい。英側朝8時、日本側夕方5時開始で、3時間以内程度の交渉ならよいが、これが10時間続くと、日本は明け方3時なのにイギリスはまだ夕方6時。疲れ方に違いが出る。振り返れば、いろんな難条件を双方の努力で克服した3ヶ月半だった。

　8月のロンドンにおける大臣交渉は今交渉のハイライトであった。茂木・トラス両大臣の交渉を前後6回行い、論点を数点の最難問に絞り込み、解決の方向性について大まかな見通しを立てるところまで進むことが出来た。茂木大臣の「俺がやる」があってこその成果だが、出発前に大臣自ら関連全省庁と打ち合わせを重ね、総理や関係閣僚とも綿密に調整しているので、交渉の粘りと柔軟性の威力が違う。

　しかし残った数点の難問度もまた激しく高かった。最大のポイントは、日本の農産品の市場アクセスを日EU・EPAの範囲内に収めること。農水省、財務省に、これまでの発想を大幅に超える柔軟な制度運用を発案してもらい、これをなんとか英側に納得してもらうことで最終決着にたどり着けたが、交渉期限を何度か延長して危うい綱渡りを繰り返しながらの到達だった。ここでも茂木大臣が自ら各省調整、対国会調整に乗り出していただいたことで隘路の先の解決策に手が届いた。「俺がやる」の有り難みがまたもや誰にも実感された。

　こうして交渉は無事妥結し、10月にトラス大臣が訪日して茂木大臣とともに署名。両国の国会手続きを経て、2021年1月1日に、日英包括的経済連携協定は英EU新協定と同日発効した。ビジネスの継続性は確保されたのである。しかしこの協定の重要性はビジネス継続性の確保にとどまらない。いまや自由貿易協定は当事国の協力関係に基礎を提供する基本協定である。イギリスほど重要な国との間が貿易無協定時代を迎えることなく一層の協力強化に向かって踏み出すことが可能になった。現在、日本の議長の下、CPTPP（いわゆるTPP11）へイギリスが加入する交渉が始まろうとしている。日英間の協定はそのための「論理的踏み石」となった。折しも2021年3月イギリスは「インド・太平洋地域への傾斜」を外交・国防方針として発表し、この夏空母エリザベス二世号を中心とする艦隊のインド・太平洋訪問、米英豪新安全保障枠組「AUKUS」の発表等でそれを具体化した。イギリスがEU離脱後の国家像を「グローバル・ブリテン」に求めアジアへの関与を強化していく流れに先鞭を付け、日本がイギリスを呼び込むことにより自由民主主義諸国のアジアにおける連携を一層強める跳躍台の役を果たす交渉となったのだった。

(2)　経緯

RCEP協定は、約8年にわたって交渉が行われた。2012年11月に、プノンペン（カンボジア）で開催されたASEAN関連首脳会合の際、RCEP交渉立ち上げ式が開催されて以来、4回の首脳会議、19回の閣僚会合及び31回の交渉会合が開催され、2020年11月15日の第4回RCEP首脳会議（テレビ会議形式）の機会に署名に至った。日本は、菅総理大臣立ち会いの下、梶山経済産業大臣が他の14か国の代表とともに協定に署名した（茂木外務大臣は別途署名を行い、日本については、両大臣の連署となっている）。

インドは、交渉開始当初からの参加国であったが、2019年11月の第3回首脳会議において、以降の交渉への不参加を表明し、RCEP協定への署名にも参加しなかった。しかしながら、RCEP協定署名の際、署名国は、同協定がインドに対して開かれていることを明確化する「インドのRCEPへの参加に係る閣僚宣言」を発出し、インドの将来的な加入円滑化や関連会合へのオブザーバー参加容認などを定めた。この閣僚宣言の発出は、日本が発案し、議論を主導したものである。

(3)　市場アクセス交渉の結果
ア　物品市場アクセス

物品市場アクセスに関し、RCEP協定参加国全体での関税撤廃率は91％（品目数ベース）となった。日本の関税撤廃率は、ASEAN構成国・オーストラリア・ニュージーランドに対して88％、中国に対して86％、韓国に対しては81％（いずれも品目数ベース。以下、本項目について同じ。）となった。

これに対し、他のRCEP協定参加国の日本に対する関税撤廃率は、ASEAN構成国・オーストラリア・ニュージーランドが86％

〜100％、中国が86％、韓国が83％となった。

日本市場へのアクセスについては、農林水産品は、重要5品目（米、麦、牛肉・豚肉、乳製品、甘味資源作物）について、関税削減・撤廃から全て除外することとし、関税撤廃率については、ASEAN構成国等とは日本が締結済みのEPAの範囲内の水準（61％（TPPは82％））、中国及び韓国とはそれよりも低い水準（対中国56％、対韓国49％）に抑制した。工業製品については、RCEP協定により、関税撤廃率がASEAN構成国に対して98.5％（日・ASEAN包括的経済連携協定の関税撤廃率）から99.1％、中国に対して47％から98％、韓国に対して47％から93％に最終的に上昇する。化学工業製品、繊維・繊維製品等については、関税を即時又は段階的に撤廃する。

日本から他のRCEP参加国市場へのアクセスについては、農林水産品は、初めて同一のEPAに参加することとなる中国及び韓国との間で、輸出関心品目について、関税撤廃を獲得した。具体的には、中国からは、パックご飯等、米菓、ほたて貝、さけ、ぶり、切り花、ソース混合調味料等について、韓国からは、菓子（キャンディー、板チョコレート）等について、関税撤廃を獲得した。また、酒類については、中国及び韓国から、清酒等の関税撤廃を獲得した。また、ASEANとの間では、インドネシアの牛肉、醤油などで関税撤廃を獲得した。工業製品については、他の14か国全体で関税撤廃率92％を獲得した。中国及び韓国につき、RCEP協定により、工業製品の無税品目の割合が、中国について8％から86％に、韓国について19％から92％に上昇する。中国については、具体的品目として、自動車部品について約87％の品目を関税撤廃したほか、鉄鋼製品や、家電、繊維製品等についても関税撤廃を獲得。韓国につ

いては、具体的品目として、自動車部品について約78％の品目を関税撤廃したほか、化学製品、繊維製品等についても関税撤廃を獲得した。

イ　物品以外の市場アクセス

　サービスの貿易及び投資に係る市場アクセスについても、RCEP協定において各国が行った約束には、サービスの貿易に関する一般協定（WTO・GATS）や、これまでに日本との間で締結済みのEPA及び投資関連協定にはない約束が含まれており、これらをRCEP協定において規定することにより、日本企業の海外展開における法的安定性や予見可能性が高まることが期待される。

ウ　ルール分野の概要

　ルールについては、以下の分野が全20章及び17の附属書において規定されている。

　冒頭の規定及び一般的定義、物品の貿易、原産地規則、税関手続及び貿易円滑化、衛生植物検疫措置、任意規格、強制規格及び適合性評価手続、貿易上の救済、サービス貿易（金融サービス、電気通信サービス、自由職業サービスを含む。）、自然人の一時的な移動、投資、知的財産、電子商取引、競争、中小企業、経済協力及び技術協力、政府調達、一般規定及び例外、制度に関する規定、紛争解決、最終規定

　ルールについては例えば、知的財産について、著名な商標が自国や他国で登録されていないこと等を理由として保護の対象から外すことを禁じる規定が盛り込まれた。また、投資について、特定措置の履行要求の禁止にロイヤリティ規制や技術移転要求を盛り込むなどの具体的成果が得られた。その他、電子商取引について、情報の越境移転の制限の禁止、コンピュータ関連設備の設置要求の禁止といった電子商取引を促進するための規定が盛り込まれた。

　RCEP協定は、現在は規定されていない一部のルールについて、今後も締約国間で議論を行うことも定めている。例えば、電子商取引については、ソース・コードの開示要求の禁止等について、協定発効後に締約国間にて、協議を行うこととなっている。また、投資について、投資家と投資受入国との間の紛争解決手続（ISDS）条項は、公正・中立的な投資仲裁に付託できる選択肢を与えることによって国外に投資を行う日本の投資家を保護する上で有効な規定であり、日本の経済界が重視している規定でもあることから、交渉の場においても我が国としてこれを規定することを支持してきたが、交渉の結果、本条項は盛り込まれず、協定発効後に改めて締約国による討議を行うこととなった。なお、日本は、全てのRCEP協定署名国との間で、ISDS条項を含む投資関連協定を既に締結している。

（4）　今後の展望

　RCEP協定においては、ASEANの構成国である署名10か国のうち少なくとも6か国、及びASEANの構成国ではない署名5か国のうち少なくとも3か国が批准書、受諾書または承認書を寄託者であるASEAN事務局に寄託した後60日で、寄託を行った署名国について発効すると規定されている。

　日本は、2021年6月25日、ASEAN日本政府代表部を通じ、RCEP協定の受諾書を寄託者であるASEAN事務局長に寄託した。各国もそれぞれの国内手続を終えて寄託し、2022年1月1日に発効した。日本としては、RCEP協定の完全な履行の確保を通じ、自由で公正なルールに基づく経済活動を地域に根付かせるべく、関係各国と緊密に連携しながら取り組んでいく。

特別寄稿

RCEP交渉妥結と我が国の取組

吉田泰彦

独立行政法人経済産業研究所理事／前外務省経済外交担当大使・経済局審議官

　2020年11月、地域的な包括的経済連携（RCEP）協定が署名された。この署名は、2012年11月に交渉開始に合意してから8年、2007年6月に我が国が提唱した東アジア包括的経済連携構想（CEPEA「セピア」、ASEAN＋6）の民間研究開始から考えれば13年超を経て実現した。

　詳細は本編に譲るが、我が国は、全体として高いレベルの自由化・ルール形成を実現するべく、交渉を積極的にリードした。先進国から後発開発途上国までを含む経済協定であるものの、日ASEAN経済連携協定など既存の域内協定では実現していなかった関税引き下げや重要な規律を盛り込んだ。また、中国及び韓国との間では初めての経済連携協定であり、WTOで約束されている両国の関税水準から関税を大幅に引き下げ、WTOルールにない規律を新たに確保するものとなった。

　また、インドについては、2019年11月のRCEP首脳会合において、モディ首相から、最も弱い者、最も貧しい者の顔を思い浮かべ、それらの者の役に立っているかを問いなさい（recalling the face of the weakest and the poorest and then ask if the steps are of any use to them）、というマハトマ・ガンディー翁の言葉を引きつつ、未解決の問題があるとしてRCEP協定に参加しない決定をしたことが明らかにされた[1]。それでも、署名に当たっては、戦略的な重要性の観点から、インドが希望すればRCEP協定加入交渉をスムースに行うためのメカニズムを我が国のイニシアチブによって署名国間の合意として確保した。

　貴重な寄稿の機会をいただいたので、交渉の実際の様子について少し記しておきたい。

　我が国は、外務省に加えて、経済産業省、財務省、農林水産省が密接に協力する体制を機能させ、各省の数多くのポストでそれぞれ何人もの関係者がバトンを継いで関わって交渉にあたり、我が国の国益を反映した交渉の妥結を導いた。

　RCEP交渉全体としてみると、RCEPはASEAN中心性を認めており、ASEANの中でRCEP調整国とされたインドネシアが交渉中一貫して首席交渉官会合の議長を務め、また、ASEAN事務局が交渉の事務局役を果たした。

　市場アクセス交渉では、物品、サービス、投資の各分野について、16か国で120、15か国でも105に及ぶ二国間交渉の組み合わせでそれぞれの関心品目等を出し合い関税引き下げ等の自由化に向けて交渉を進めた。我が国も、交渉参加国それぞれとの間で交渉を繰り返し行い、一つ一つ合意を積み上げていった。例えば関税について言えば、引き下げ後の最終的な関税水準のみならず、実現までの期間（協定発効即時又は発効後x年）や、引き下げ期間中の年毎の関税水準（ステージング）を国毎に定めていった。

　ルール分野の交渉では、知的財産権、電子商取引、投資、税関手続及び貿易円滑化等に関して様々な規律を定めた。原産地規則についても個別品目ごとに詳細を定めた品目別規則（PSR）を定めた。各国ごとに関心分野やセンシティビティ、柔軟性が異なる中で、我が国は

全参加国で合意できる規律をできるだけ高いものとすることに腐心した。

　私自身はRCEP交渉における我が国の首席交渉官としてRCEP交渉にかかわり、オンライン会議で参加15か国それぞれが署名するという特別な署名式を迎えることができた。2019年7月の着任直後から11月初めにかけて、公式の会合だけでも、中国鄭州での首席交渉官交渉会合、同北京での中間閣僚会合（閣僚レベルの会合には我が国からは経済産業大臣が参加。）、タイ・バンコクでの閣僚会合、ベトナム・ダナンでの首席交渉官交渉会合、タイ・バンコクでの中間閣僚会合、同バンコクでの閣僚会合、首脳会合が行われ、全体会合だけでなく、個別国とのバイ交渉も繰り返し行いながら、猛スピードで合意形成を進めていった。

　2020年に入ると、新型コロナ感染症のパンデミックの影響で2月半ばには対面の国際会議が困難となり、RCEP 交渉もオンライン会議によって行われるようになった。オンライン会議としては難度の高いマルチの交渉であったが、上に述べたインドのRCEP協定への将来的な参加に関する取扱を含めて交渉終盤に残されていた困難な論点を一つ一つ解決して交渉妥結に導くことができた。

　各国のカウンターパートは交渉相手であるが、RCEP協定の実現という目的は共通しており、数々の体験を共有することとなった。日夜を問わずメールやメッセージを交わしながら、時に全体会合で、また時に有志国と個別に綿密に連携し（全体会合中に同じ会議室の中でメッセージを送りあって連携し進行中の議論をリードすることも）、また、意見の異なる国を個別に粘り強く説得して、最終的には、幸いにも署名にたどり着く局面に携わるという得がたい経験をさせていただいたことに心から感謝している。8年にわたる交渉に関わったすべての関係者、指導いただいた上司、そしてRCEP協定の実現を後押しいただいた経済界や有識者の皆様のご尽力、サポートに改めて御礼を申し上げたい。

　我が国の通商戦略は、マルチ、リージョナル、バイそれぞれの様々な取組を重層的に進め、地域戦略、安全保障戦略と相乗効果を生んでいかなければならない。RCEP協定がそうした通商戦略の重要な一翼を担っていくことを期待している。

1) Transcript of Media Briefing by Secretary（East）during PM's visit to Thailand（November 04, 2019）（印外務省ウェブサイト（2021年11月16日閲覧））
https://www.mea.gov.in/media-briefings.htm?dtl/32007/Transcript_of_Media_Briefing_by_Secretary_East_during_PMs visit_to_Thailand November_04_2019

RCEP協定テキスト（含む附属表）（正文の英文で約15,000頁）

第5節

WTO改革と新事務局長誕生

　天然資源に乏しい日本が、目覚ましい経済成長を遂げることができたのは、自由貿易体制のおかげであり、戦後、日本は、GATT[1]（関税および貿易に関する一般協定）、WTO[2]（世界貿易機関）を礎とする多角的貿易体制の最大の受益者として現在の繁栄を実現してきた。多角的貿易体制の維持と強化は、わが国の全貿易額に占めるEPA[3]（経済連携協定）/FTA[4]（自由貿易協定）署名・発効済国との貿易額が約80％となった現在も日本経済外交の柱であり、WTOを通じた自由貿易の維持・推進の重要性は不変である。一方で、WTOは世界経済の構造的な変化の中で、現在その改革の必要性が叫ばれている。本章では、WTOの機能と課題、そしてそれらに対する日本及び国際社会の対応を紹介し、最後に2021年3月のオコンジョ＝イウェアラ事務局長の就任についても触れたい。

1　WTOの機能と課題

（1）　ルール交渉機能

　世界経済はWTO設立後25年の間に様々な変化を経験した。例えば、2001年にWTOに加盟した中国を始めとする新興国が経済発展を遂げ、先進国の貿易に占める割合は相対的に低下している。また、WTOが設立された1995年当時には想定されていなかった速度でインターネットを介した貿易、デジタル化が進展しており、国際貿易が扱う分野・範囲は拡大している。しかしながら、加盟国が164まで増える中で、多くの加盟国が複雑な交渉について、コンセンサス方式で合意を形成することへのハードルは高くなっている。

WTO発足後のこうした国際経済の構造的変化に対応するための新たなルール作りが課題のひとつとされている。

　WTOの歴史は、WTO発足後約2年毎に開催されてきた閣僚会議（Ministerial Conference, MC）とともに歩んできた。2001年にドーハで開かれた第4回閣僚会議（MC4）でドーハ・ラウンド交渉（DDA：ドーハ開発アジェンダ）が開始され、精力的に交渉が行われたが、2008年7月の交渉決裂以降は膠着状態に陥った。これを受けて、2011年12月には、ジュネーブで開催された第8回閣僚会議（MC8）で、部分合意等の可

1) General Agreement on Tariffs and Trade
2) World Trade Organization
3) Economic Partnership Agreement
4) Free Trade Agreement

WTO漁業補助金貿易交渉委員会閣僚級会合への参加（2021年7月／写真提供：外務省）

能な成果を積み上げる「新たなアプローチ」の採用を決定。交渉のてこ入れが図られ、2013年2月には「貿易円滑化に関する協定」が採択され、新たにWTO協定の一部として加わることとなった（2017年発効）。この協定はWTO設立以降初めて追加された、全加盟国を拘束する多角的協定である。

この他にも、2015年12月にナイロビで開催された第10回閣僚会議（MC10）では、日本が主導し、53の加盟国による、情報技術分野201品目の関税撤廃を実現する情報技術協定（ITA）の品目拡大交渉が妥結するなど、一定の成果が得られた。

また、ドーハ・ラウンド交渉の一分野であった漁業補助金交渉については、2015年に持続可能な開発のための目標（SDGs）において「過剰漁獲能力・過剰漁獲につながる補助金を禁止し、違法・未報告・無規制（IUU）漁業につながる補助金を撤廃し、同様の新たな補助金の導入を抑制する」という目標が定められて以降、交渉が活発化している。

(2)　協定の履行監視機能

多くの協定（附属書）から成るWTO協定だが、ルールは作られるだけではなく遵守されることで意味をもつ。各国の貿易政策が高い透明性と予見可能性の下で執行されることは、自由で公正な貿易の実現に不可欠な要素である。WTOでは、貿易政策検討制度（TPRM）の下で、各国の貿易政策について定期的に加盟国間でレビューを行っている。この他にも、WTO協定は、加盟国に対し貿易関連措置の通報を義務付けている。通報で得られた情報等をもとに、委員会や理事会の場で加盟国間での議論が行われることもWTOの有している重要な機能の一つである。

一方で、透明性を支え、議論の前提となる通報が必ずしも十分な形でなされていないケースが見られることが問題となっている。日本は、協定の履行監視機能強化に向けた通報制度の改革提案を米国、EU等と共に提出するなど、積極的に議論を主導している。提案の主導国として他の有志国と共に提案の趣旨・目的を丁寧に説明することで、加盟国の支持を集め、早期に改革を実現することを目指している。

協定の履行監視は、新型コロナウイルス感染症に対する各国の措置に対しても行われている。新型コロナの拡大後、マスク等医療関連物資への貿易制限措置がみられ、こうした製品の多くを輸入に頼っている国々では、医療関連品が不足する事態となった。日本を含むWTOの有志国で構成する「オタワ・グループ」では、医薬品などの貿易制限措置をとる際のルール等について議論を開始（「貿易と保健イニシアティブ」）。議論の結果、やむをえず輸出規制をする場合であっても対象や期間をできるだけ限定することや、WTOへの通報、税関での手続をスムーズにすること等を加盟国に求めることを柱とする共同提案をまとめている。

また、新型コロナ対策に関連して、ワクチ

特別寄稿

新型コロナウイルス感染症、世界経済の回復、そしてWTO　ンゴジ・オコンジョ＝イウェアラ

WTO事務局長

　新型コロナウイルス感染症のパンデミックにより、経済成長率や貿易量が急激に減少し、世界経済は第二次世界大戦以来の大きな打撃を受けています。

　国際通貨基金（IMF）の発表によると、2020年の世界経済は3.1％のマイナス成長を記録しました。これは、2008年から2009年の世界金融危機の際の2倍を遥かに超える下げ幅です。世界貿易は、2020年3月と4月に発生した世界的なロックダウンの際に、過去最大の落ち込みを記録し、また、2020年第2四半期の物品貿易量は年率で前年同期比15％減、サービス貿易量は同30％減となりました。

　このパンデミックによる人命や生活への影響は甚大です。新型コロナウイルス感染症により550万人近くの死亡が確認されていますが、実際の死亡者数はその3倍近くになるとも言われています。世界銀行の推計によると、1億人以上の人々が極度の貧困に追いやられています。国際労働機関（ILO）の推計によれば、2019年の最終四半期以降、1億3000万人以上の雇用が失われています。そして、数億人の子どもたちの教育が中断されています。

　同時に、強力な財政・金融支援により、2020年後半から経済成長率と貿易が大きく回復しました。しかし、この回復は非常に不均衡なものであり、結果として、脆弱なものとなっています。新型コロナウイルスのワクチンへのアクセスや財政・金融支援の能力に関する国家間の不均衡が、K字型の回復をもたらしています。

　IMFによると、世界の経済成長率は、2021年に5.9％、2022年に4.9％と予測されています。その内、先進国の経済成長率はそれぞれ5.2％、4.5％と予測されています。一方で、サブサハラ・アフリカの経済は、それぞれ3.7％、3.8％の拡大にとどまると予想されており、世界で最も貧しい地域はさらに遅れをとっています。貿易においても、同様の差がみられます。WTOの推計によると、パンデミック前の2019年から2022年の最終四半期までの間に、アジアの物品輸出は18.8％、北米と欧州は約8％上昇するのに対し、南米は4.8％、中東は2.9％、アフリカは1.9％の上昇にとどまっています。インフレ圧力に直面している富裕国の金融引き締めは、低所得国からの資本流出を引き起こし、成長見通しをさらに低下させる可能性があります。

　ワクチンの不平等は、ワクチンへのアクセスが不十分な国における人々の生命や生活を脅かすだけではありません。新たな変異種であるオミクロン株の出現が示すように、あらゆる場所で保健と経済の回復に対する脅威となっています。低所得国では4％、アフリカでは8％の人々しかワクチン接種が完了していないように、世界の多くの人々がワクチンの接種がままならない状況が続く限り、私たち全てがウイルスの新たな変異という高いリスクにさらされることになります。

　貿易は復興のために重要であり、既にパンデミックの中で食料や医療品にアクセスするための生命線となっています。新型コロナウイルスのワクチンやその他の対策用品を生産・流通さ

せるためには、多国間のサプライチェーンが不可欠となっています。

　WTOでは、ワクチンの生産や流通に影響を与える貿易上の制限やその他のサプライチェーンにおけるボトルネックを明らかにするために、大手のワクチンメーカーやその他のステークホルダーと協力してきました。このような努力の結果、具体的な成果が得られています。パンデミックに関連した輸出規制の数は、最大で119件も存在していましたが、45件にまで減少しました。また、WTO事務局は、いかにしてワクチンの貿易を促進できるかを加盟国に示すためのロードマップを作成しました。

　ワクチン接種の範囲を拡大することは、大きな経済効果をもたらします。IMFは、2022年半ばまでに全ての国で70%の人々がワクチンを接種することで、2025年までに世界経済成長が9兆ドル増加すると予測しています。換言すれば、現在各国間でみられる不均衡な経済回復は、貿易によって、全ての国で分かち合うことが可能になるのです。WTOの予測によると、2021年の世界の物品貿易量は10.8%の成長が見込まれており、国際市場が予想通り引き続き開かれた状態であれば、低成長の途上国は、外需を成長のための重要な原動力とすることになるでしょう。

　結論として、WTO加盟国は、まず、①「WTOによるパンデミックへの対応」について合意し、さらに、②「世界中で引き続き物品やサービスの円滑な移動を確保する」ことで、新型コロナウイルス感染症からの経済回復に貢献することができます。オミクロン株の影響により、2021年末に予定されていたWTO第12回閣僚会議が延期されたことを受け、各国政府は、知的財産権に関連する問題での現実的な妥協を含め、①の「WTOによるパンデミックの対応」に合意するため、2022年の年初から始動する必要があります。加えて、WTOにおいて更なる成果を上げることができれば、各国政府が貿易の分野で協力する意欲を示すこととなり、②の目標達成に貢献できるでしょう。

カナダ主催WTO少数国閣僚会合「オタワ・グループ」（2021年3月／写真提供：外務省）

ンの知的財産権を巡る議論も注目を集めている。2020年10月、インドと南アフリカは、新型コロナに対応するために、ワクチンを含む医療品を対象に、WTOのTRIPS協定（知的所有権の貿易関連の側面に関する協定）[5]上の知的財産保護義務を、コロナの予防・封じ込め・治療に関する限り免除すべきとの提案を行った。これに対し、2021年5月、米国は、コロナワクチンに係る知的財産保護免除の支持及びWTOでの交渉に積極的に参加する旨発表し、6月には、EUが、TRIPS協定における強制実施許諾関連規定の使用に係る

5) Agreement on Trade-Related Aspects of Intellectual Property Rights

合意に関する提案を行った。公衆衛生と知的財産を巡る課題は複雑であり、引き続き議論は続いている。日本としては、どのような対応や措置が実際にワクチンの国際的な生産拡大や公平なアクセスの確保につながるか、よく検討することが重要であるとの考えのもと、本件の議論に建設的に関与している。

（3）　紛争解決制度

WTO紛争解決制度は、加盟国間でWTO協定を巡る貿易紛争を解決するためのルールを定めたものであり、紛争当事国間での協議やその都度設置されるパネル、常設の上級委員会や履行監視措置等について定めている。GATTの下での紛争案件数が1948年から1994年の間に314件（年平均6.7件）であったのに比べ、WTOの下では、1995年から2021年（12月現在）までの26年間で607件（年平均23.3件）に増加し、その役割に寄せられる期待は増している。

しかし、制度の重要性が高まるにつれ、制度に対する加盟国の批判も強まっており、特にWTOの紛争解決制度で上訴審の役割を担ってきた上級委員会に対しては、同委員会が本来の権限を越えた判断を行っている（「オーバーリーチ」）といった不満が加盟国から上がってきた。こうした批判を背景に、2017年以降上級委員の選任手続について加盟国間での合意が得られておらず、任期を迎える委員の後任を選任できない状態が続いている（2021年12月現在）。これに対し、2019年12月のWTO一般理事会において上級委員の機能について解決案が示されたが、コンセンサスには至らず、上級委員会は、同年12月10日をもって、案件の審理に必要な委員の定数を満たすことが出来ず、審理が事実上不可能な状況となった。

持続的・恒久的な紛争解決制度の実現は、日本を始め全加盟国にとって喫緊の、かつ重要な課題である。多角的貿易体制の礎であるWTOが、現在の世界経済の課題に対応し、国際社会の繁栄と安定を築くうえで、十分に機能する紛争解決制度が不可欠であり、日本は紛争解決制度改革に引き続き積極的に取り組んでいく。

2　オコンジョ゠イウェアラ事務局長の就任

2021年3月、第7代WTO事務局長にオコンジョ゠イウェアラ氏が就任した。前年の5月にアゼベド前事務局長が、任期を1年繰り上げ8月末での退任を表明したことを受け、8人の候補者による約3か月間のプロセスを経て選出された。

オコンジョ゠イウェアラ氏は、ナイジェリア出身で、前職は新型コロナを含む感染症対策に取り組むGaviワクチンアライアンス理事会議長を務めていた。この他にも、同氏は、世界銀行の専務理事をはじめ、ナイジェリア国内でも財務相や外務相を務めた経験豊

林外務大臣とオコンジョ゠イウェアラWTO事務局長とのテレビ会談（2022年11月／写真提供：外務省）

特別寄稿

国際貿易秩序の再構築に当たっての日豪協力

山上信吾

駐オーストラリア特命全権大使

はじめに　20年ほど前、世紀の変わり目にジュネーブに在勤した。Chemin des Finsという細い通りを隔てて日本政府代表部と向かい合っていたのが豪州政府代表部。ウルグアイ・ラウンド交渉時から当時にかけての豪州は、ケアンズ・グループのリーダーとして日本の農業市場の開放を声高に求める立場。いささかも気の抜けない交渉相手であり、貿易秩序の担い手としては、彼岸にある感の強い国であった。時代は変わった。その豪州と日本が色々な局面で協力を深める時代を迎えている。

ルールの実施・遵守　協力の一つの舞台は、WTOルールに従った貿易紛争の解決である。5Gからのファーウェイ排除を打ち出し、コロナの国際調査を呼びかけた豪州は、大麦、ワイン、石炭、牛肉、木材、ロブスターといった対中国主要輸出品目についてダンピング防止措置の発動、輸入手続遅延、検疫強化等、種々の貿易制限措置に晒されてきた。

　一昨年のモリソン首相訪日時に作成された日豪共同声明は、「貿易は政治的圧力をかけるための道具として決して使われてはならない。」と明記。揺らぐことのない両政府の座標軸である。かつて尖閣諸島問題を巡って中国によるレアアースの対日輸出規制措置への対応に苦慮してきた日本にとって、豪中貿易紛争は決して他人事ではない。

　昨年5月に設立された大麦についてのパネルに続き、10月にはワインについてもパネルが設立された。WTOルールの遵守とWTO手続に従った紛争解決を主張してきた日本としては、上記パネルへの第三国参加によって、主張すべき正論をしっかりと主張していく必要がある。

WTO改革　同時に、第二審に当たる上級委員会が機能していない現状では、紛争解決手続が完結せず、最終的解決がおぼつかないことも確かである。WTOの下での多角的自由貿易体制の維持・強化を主導すべき日豪として、この面でも協働していく余地が大きい。

経済統合の促進とルール作り・拡大　協力のもう一つの舞台は、経済統合を促進し、ルール作りを進めることである。APECを主導した日豪は、今やTPPを支え、拡大する立場にある。かつて欧州経済共同体に参加するために豪州、NZを「見捨てた」と評されてきた英国がTPPのドアを叩く時代になった。英国の加入作業部会では、日本が議長を務め、豪州が副議長を務める。

　ASEAN主導のRCEP交渉の妥結に当たり、貿易自由化とルール作りの双方の観点から質を高めるべく貢献したのも、日本と豪州であった。共にクアッド（日米豪印）メンバーとして、中長期的にはインドの加入を促していくべき立場にもある。

OECDでの協力　協力のフロンティアは、パリにも及んでいる。国際経済・貿易分野での世界最高のシンクタンクと称されてきたOECDにおいて、インド太平洋地域からの初めての事務総長として豪州の有力政治家であるコーマン氏が就任した。その後、補佐する次長には、日本の武内良樹氏が就任。こうした面でも、日豪の協力は進んでいる。

おわりに　長らく日本の経済外交は、米国さらにはEUフロントに集中しがちであった。国益の増進を図る観点から、他の同志国を巻き込んだ複合的な戦略が求められる時代である。筆頭に来るのが、基本的価値と戦略的利益を日本と共有する豪州であることは間違いない。

かな政治家である。今回の選出により、初のアフリカ出身かつ女性の事務局長誕生となった。

　就任のスピーチでは、「WTOは世界に取り残されている」としてWTOが直面する危機を指摘した上で、「それでも希望はある」と様々な課題への加盟国の積極的な関与を呼びかけた。最重要課題として掲げる新型コロナへの対応をはじめとして、漁業補助金交渉や電子商取引等の新しいルールづくり、通報・透明性の強化、途上国・先進国間の対立等、対処すべき問題に加盟国と一体となって取り組んできている。

3　第12回WTO閣僚会議の延期

　2021年11月末にジュネーブで開催が予定されていた、第12回WTO閣僚会議（MC12）は、会議開催直前に、コロナウイルス感染症の拡大（オミクロン株）に伴い、急遽延期された。

　閣僚会議では、WTOの最高意思決定機関として、その果たすべき役割等を示す政治文書である閣僚宣言を採択するのが通例であり、パンデミックへの対応を中心とした成果に向けて調整が行われてきていた。また、漁業補助金交渉についても、閣僚が集う機会を交渉の好機とするべく、鋭意交渉が行われていたところであるが、2021年12月現在、延期後の開催時期は未定である。

第二章

特別寄稿

WTOの課題と行方

山﨑和之

特命全権大使・在ジュネーブ国際機関日本政府代表部常駐代表

　世界貿易機関（WTO）は、貿易をモニターし、政府間のルールを作り、個別の貿易紛争を解決することを使命とするジュネーブにある国際機関です。前身のGATT（関税と貿易に関する一般協定）は、主要国間のブロック経済の形成が第二次大戦に繋がったとの反省から、多国間での貿易ルール作りや貿易自由化交渉を行うため戦後、間もなく生まれ、それが発展し、1995年に正式な国際機関としてのWTOとなりました。

　WTOは、2001年に中国、2012年にロシアの加盟を経て、現在、164のメンバー（台湾や香港も独立した関税地域として加盟）を擁する組織です。

　そのWTOは、大きな挑戦と困難に直面しています。

　WTOのルール作りや市場開放の包括的な交渉は、1994年に終了したウルグアイ・ラウンド（UR）以来、四半世紀以上、加盟メンバー間で合意ができない状況が続いています。

　その背景として、加盟国数が増え、途上国メンバーも多様化し、意思決定がコンセンサスであるため、合意形成が非常に難しいことが、まず挙げられます。結果として、新たなルール作りや貿易自由化は、二国間や各地域の自由貿易協定交渉（FTA）で進められる傾向にあります。

　貿易紛争の解決制度は、前身のガット時代から多く利用され、WTOの下では、これまでに600件以上の具体的係争を扱ってきました。上記URで、二審制の紛争処理手続が整備されましたが、その第二審を扱う上級委員会について、米国が、時間がかかりすぎる、想定以上に踏み込んだ法的解釈が示され本来加盟メンバー間の交渉で決めるべきルールが判例という形で作られているなどの問題提起をし、新たな上級委員の補充を拒否した結果、2019年12月より同委員会はその機能が停止しています。他方、第二審に上がるケースは多く、そこで結論が出ないまま停滞する事案が増えつつあります。

　このような中、WTOは、2021年3月にオコンジョ新事務局長を迎え、そのリーダーシップの下、前進すべく仕事を続けています。

　ルール・メイキングに関しては、世界的な漁業資源の枯渇を防ぐための漁業補助金規制への取り組み、農業貿易に関する包括的な交渉の準備も進行中です。また、デジタル経済の深化に対応するため、日本、豪州、シンガポールが共同議長になり、電子商取引の新協定の交渉も、約半数の加盟メンバーがまず参加する柔軟なやり方で行われています。この有志のメンバーでまず取り組むアプローチにWTOの新たな可能性があると思います。さらに、現下のコロナ危機に、ワクチンを含む医療品の生産、貿易を促進すべく、貿易の透明性強化、輸出制限の規律明確化、貿易関連の知的所有権の扱いについても作業が行われています。紛争処理改革への模索も始まっています。

　WTOを基盤とする多国間ルールの枠組みは、各国間の自由貿易協定のネットワークが広がった現在も不可欠です。複雑なサプライチェーンの下で動く世界貿易のモニター、世界共通ルールの形成とそれに基づく紛争解決を担える機関はWTO以外にはありません。ルールに基づく貿易は、公平で予見可能な市場を提供し、世界の繁栄に直結します。WTOは守るべき国際公共財で、それを支えるのは日本自身のそして世界の利益です。

電子商取引交渉において共同議長を務める様子

第6節

DFFTとデジタル貿易のルール作り

「デジタル時代の「成長のエンジン」である、データの流通や電子商取引についてのルール作りを急がなければならない。」

この考えの下、安倍総理大臣は、2019年1月のダボス会議で、世界的なデータ・ガバナンスについての議論を進めるための「大阪トラック」を提唱した。その半年後、6月のG20大阪サミットの機会に、安倍総理大臣は「デジタル経済に関する首脳特別イベント」を主催し、デジタル経済、特にデータ流通や電子商取引に関する国際的なルール作りを進めていくプロセスとして、「大阪トラック」の立上げを宣言した。

我が国が関わっているデジタル経済のルール作りに向けた中心的な取組の主なものとして、TPP11協定や日米デジタル貿易協定があるが、最近でも、WTOにおける電子商取引交渉、RCEP協定、日EU・EPA及び日英EPAがある。それぞれについては下記の通り簡潔に述べたい。

まず、WTOにおける電子商取引交渉では、我が国はオーストラリア及びシンガポールとともに共同議長国としてこの交渉を主導している。デジタル経済がもたらす利益を最大化し、一方で様々な課題に対応するには、従来のWTO協定のルールだけでは不十分であることが明らかになっている。この交渉は、変化を続けるデジタル化社会の貿易に安定と予見可能性を与えるのみならず、近年新たなルール作りに成功してこなかったWTO

に新風を吹き込む、WTO改革の柱の1つでもある。加えて、新型コロナウイルス感染症のパンデミックは、経済成長を持続させる上でのデジタル経済・変革・技術の役割を増大させており、電子商取引に関するグローバルな協力を一層進展させるインセンティブとなっている。

この交渉は、現在、86か国の有志国が参加し、ジュネーブを中心にバーチャル形式の会合も活用して進められており、電子商取引の円滑化・自由化・信頼性、横断的事項、電気通信、市場アクセスの各分野に関して広範かつ建設的な議論を行っている。

次に、2020年11月に署名されたRCEP協定であるが、これは、参加国の国内制度や経済発展状況が大きく異なる中、独立した章として電子商取引に関するルールを定めており、デジタル貿易のルール作りという意味において同協定が果たす役割は大きい。すなわち、RCEP協定参加国のうち我が国と電子商取引章を含むEPAを既に締結済みの国は、TPP11協定を締結済みのオーストラリア、ニュージーランド、シンガポール及びベトナムのみ（2021年12月現在、マレーシア及びブルネイは未締結）であり、2022年1月にRCEP協定が発効することで、情報の越境移転の制限の禁止、コンピュータ関連設備の設置要求の禁止といった電子商取引を促進するための規定に加え、電子商取引を利用する消費者の保護や個人情報の保護といった電子商

日英包括的経済連携協定の署名（2020年10月／写真提供：外務省）

取引の信頼性を確保するための規定がこれら4か国以外のRCEP協定参加国との間でも効力を生じ、今後発展が期待されるこの地域の望ましい経済秩序の構築に向けた重要な一歩になると期待される。

また、RCEP協定は、電子商取引の発展及び利用を促進するための対話の実施についても規定している。我が国としては、協定発効後も電子商取引分野のルールの更なる改善・向上に向け、引き続き各国と議論していく。

日EU・EPA及び日英EPAについては、まず、2019年に発効した日EU・EPAでは、情報の越境移転やコンピュータ関連設備の設置要求の禁止については、3年以内に当該条項を定めるために一定の再評価を行うこととされている。2021年2月に開催された日EU・EPA合同委員会第2回会合において、茂木外務大臣とドムブロウスキス欧州委員会上級副委員長兼貿易担当欧州委員との間で、データの自由な流通に関する規定を日EU・EPAに含めることの必要性について再評価すべく、予備的協議を行うことで一致した。2月12日、日EU・EPAサービス・投資・電子商取引専門委員会で、データの自由な流通に関する予備的協議を開始し、現在も引き続き、日EU間で協議を行っている。

そして、2021年1月に発効した日英EPAにおいては、日EU・EPAには現時点で規定されていない情報の越境移転の制限の禁止、コンピュータ関連設備の設置要求の禁止及びアルゴリズムの開示要求の禁止など、TPP11協定や日米デジタル貿易協定と並び、最新のデジタル分野に関するハイレベルな規定も盛り込んでおり、デジタル分野における国際的なルール作りの議論をリードするハイスタンダードな内容となっている。

第7節
日本産食品に対する輸入規制措置撤廃への取組及び輸出促進

1 東日本大震災後の日本産食品等に対する輸入規制撤廃に向けた取組

　2011年3月の東京電力福島第一原発事故後に55か国・地域が導入した日本産食品に対する輸入規制措置の早期撤廃は政府の最重要課題の1つであり、関係国・地域との協議や働きかけを重ね、我が国の食品の安全性について科学的根拠に基づき説明する等、政府一体となって早期撤廃を要請してきた。また、一般消費者の不安を払拭すべく、透明性の高い情報発信にも努めた結果国際的にも理解を得てきており、各国・地域が我が国の食の安全性確保の取組に理解を示し、緩和・撤廃が進んでいる。

　2019年4月以降、本件に関する取組をより重層的なものにすべく、省内の体制強化も含め抜本的な見直しを行った。具体的には、各国・地域との会談及び、G7、G20等の国際会議の場を含め、あらゆる外交機会を捉え、総理及び関係大臣はじめハイレベルから、改めて、我が国が本件を最重要課題の1つとしてどれだけ重要視しているかという点及び、我が国の食の安全性が科学的根拠に基づき十分に確保されている点につきデータを示しつつ丁寧に説明した。同時に東京においても、規制維持国・地域の駐日大使等を外務省へ召致し、経済局幹部から農林水産省とともに規制撤廃を継続的に強く働きかけてきているほか、外国報道関係者に被災地での取材機会を提供してきている。こうした取組の結果、

2020年にはフィリピン（1月）、モロッコ（9月）、エジプト（11月）、アラブ首長国連邦（12月）、レバノン（12月）で、2021年にはイスラエル（1月）及びシンガポール（5月）、米国（9月）で規制が撤廃され、震災後から規制を撤廃した国・地域は合計41になった。その他にも、2020年にはインドネシア（1月及び5月）が放射性物質検査報告書等の対象地域及び品目を縮小した他、2021年には香港（1月）、仏領ポリネシア（3月）が輸入規制の緩和を行った。またEUとの関係では、2021年秋の規制見直しに向け、同年5月の日EU定期首脳協議の際に、菅総理大臣からミシェル欧州理事会議長及びフォン・デア・ライエン欧州委員長に対して働きかけるなど様々な機会を捉え申入れを行った結果、10月に規制緩和が実現した。外務省としては、引き続き関係省庁と緊密に連携しながら、輸入規制措置を維持している国・地域に対し、規制を速やかに撤廃するようあらゆる機会を捉えて、粘り強く働きかけを行っていく。（諸外国・地域の規制措置の状況については2021年10月末日現在）

東京電力福島第一原発事故を受けた諸外国・地域の輸入規制（現状）

2021年
10月10日現在

カテゴリー	アジア大洋州	北米	中南米	欧州	中東	アフリカ	計
輸入停止を含む規制	韓国 台湾 中国 香港 マカオ						5か国・地域
	5か国・地域						
限定規制（条件付きで輸出可）(*1)	インドネシア 仏領ポリネシア			EU(*2) 英国 アイスランド スイス ノルウェー リヒテンシュタイン ロシア			9か国・地域
	2か国・地域			7か国・地域			
規制撤廃	ミャンマー(2011.6) ニュージーランド(2012.7) マレーシア(2013.3) ベトナム(2013.9) 豪州(2014.1) タイ(2015.5)(*3) インド(2016.2) ネパール(2016.8) パキスタン(2017.10) ニューカレドニア(2018.8) ブルネイ(2019.10) フィリピン(2020.1) シンガポール(2021.5)	カナダ(2011.6) 米国(2021.9)	チリ(2011.9) メキシコ(2012.1) ペルー(2012.4) コロンビア(2012.8) エクアドル(2013.4) ボリビア(2015.11) アルゼンチン(2017.12) ブラジル(2018.8)	セルビア(2011.7) ウクライナ(2017.4)	イラク(2014.1) クウェート(2016.5) イラン(2016.12) カタール(2017.4) サウジアラビア(2017.11) トルコ(2018.2) オマーン(2018.12) バーレーン(2019.3) UAE(2020.12)(*3) レバノン(2020.12) イスラエル(2021.1)	ギニア(2012.6) モーリシャス(2016.12) コンゴ(民)(2019.6) モロッコ(2020.9) エジプト(2020.11)	41か国・地域
	13か国・地域	2か国	8か国	2か国	11か国	5か国	

（計：輸入停止を含む規制＋限定規制 14か国・地域）

（＊1）輸入停止を含まないが証明書要求等の措置を講じている国・地域を「限定規制」と分類している。なお、各カテゴリーの中でも規制の内容や対象地域・品目は国・地域ごとに異なる。

（＊2）EUは、EU加盟27か国で同一の規制を課してきたため、便宜的に1地域として記載。

（＊3）タイ及びUAE政府は、検疫等の理由により輸出不可能な野生鳥獣肉を除き撤廃。

（＊4）下線を引いている国・地域は、震災後に一定の規制緩和が実現したことのある国・地域。

（参考：各国の輸入規制の国際法上の根拠）

WTOの衛生植物検疫措置の適用に関する協定（SPS協定）上、各加盟国は、科学的な原則に基づき、人の生命又は健康等を保護するために必要な措置をとることができる。国際的な基準等に基づいて措置を取るのが原則とされているが、科学的に正当な理由がある場合等には、国際的な基準より厳しい措置を取ることも可能とされている。

2 東日本大震災後の風評被害払拭に向けた取組

外務省では、輸入規制の撤廃のみならず、関係省庁・機関、日本企業、地方自治体等と連携しながら、諸外国・地域における風評被害の払拭や復興状況に関する理解促進のための取組を重点的に行っている。例えば、在インドネシア大使館や在カナダ大使館等で、天皇誕生日祝賀レセプションの機会に、福島県、岩手県等の自治体と連携し地元産品の魅力のPRを行った他、2020年12月には、在中国大使館のSNSで被災地を含む日本各地の観光・文化・食などの魅力を伝える動画を配信するとともに、日本と中国をつないだ生中継イベントのライブ配信を行い、宮城県の伝統工芸品等を紹介した。また、2021年1月、在ホーチミン総領事館と福島県、山梨県及び大分県の協力により開催された「地方の魅力を発信」レセプションにて、セミナー形式で各県の魅力や特徴を紹介するとともに、試食・試飲ブースでは福島県産の日本酒やウィスキーを含む各県の食品を実際に来場者に楽しんで頂き、好評を得た。

国内では、2020年2月に外務大臣と岩手県

知事の共催で、駐日外交団、駐日商工会議所、企業関係者、海外のメディア関係者等約250名を招待して、同県の魅力を発信するレセプションを開催し、岩手県の観光、食品、伝統的工芸品の魅力を紹介する様々なブースを設けるとともに、ステージではさんさ踊りのパフォーマンスを行うなど、岩手県の多様な魅力や復興の現状、食品の安全性のPRを行った。さらに、英国BBCの「Japan's Wilderness With Nick Baker」にて、英国人気番組プレゼンターのニック・ベイカー氏が東北を訪れ、豊かな自然・観光資源や特産品、復興の歩み等を紹介する番組を、またユーロニュースが東京電力福島第一原子力発電所における廃炉に向けた取組や除染の進捗に焦点を当てた番組をそれぞれ全世界で放送（いずれも2021年3月）するなど、外国メディアの記者及びテレビ番組制作チームの日本への招へいや在京外国メディア関係者向けのプレスツアーを通じ、日本産食品の安全性・復興状況に関するブリーフィングや被災地の取材機会を提供した。また、2021年は新型コロナウイルス感染症の影響でメディアの招へいが困難な中、トルコ国営放送による東日本大震災10年関連のオンライン取材のアレンジや、韓国の報道機関関係者約60名を対象に、復興の進捗状況、東電福島第一原発の現状、日本産食品の信頼確保と輸出の拡大等に関するオンライン説明会を開催するなど、多角的な

外務大臣及び岩手県知事共催レセプション（2020年2月／写真提供：外務省）

アプローチに努めている。引き続き、諸外国・地域が維持する輸入規制措置の撤廃及び風評被害を早急に払拭し、東日本大震災からの復興及び日本産農林水産物・食品の輸出拡大に全力で取り組んでいく。

また、東京電力福島第一原発における汚染水の処理状況について、特に混同されやすい汚染水とALPS処理水（多核種除去設備（Advanced Liquid Processing System）等により、トリチウム以外の放射性物質について安全に関する規制基準値を確実に下回るまで浄化した水）の違いに関し、国際社会に対し科学的根拠に基づいた、透明性のある説明を丁寧に行っていく方針であり、風評被害を助長しかねない主張に対してはしっかりと説明を行っていく。

3　日本産農林水産物・食品の輸出促進に向けた取組

　我が国の食産業は、人口減少に伴うマーケットの縮小や、農林漁業者の減少・高齢化の進行など厳しい状況に直面している。一方、農林水産政策研究所の試算（2019年）によると、2015年に890兆円であった世界の食市場は、2030年には1.5倍の1,360兆円にな

ると見込まれている。我が国の農林水産物・食品の輸出額は、2020年に9,217億円（少額貨物等を含むと9,860億円）となり、8年連続で増加しているが、農林水産業及び食品産業が持続的に発展していくためには、農林水産物・食品の輸出の大幅な拡大を図り、世界

特別寄稿

農林水産物・食品の輸出拡大に向けた取組

渡邉洋一
農林水産省輸出・国際局長

　我が国の農林水産業・食品産業は、人口減少に伴う国内市場の縮小に直面している。他方、世界人口の増加に比して世界の農産物市場は2001年から2018年で約3.5倍に拡大していることを踏まえると、今後、我が国の農林水産物・食品について、海外市場の獲得に向けた国際競争力の強化が求められる。

　このため、政府は、農林水産物・食品の輸出額を2025年2兆円、2030年5兆円とする意欲的な目標の実現に向け、海外市場で求められるスペックの産品を生産、輸出する「マーケットイン」への転換を図ることとし、令和元年に制定した「農林水産物及び食品の輸出の促進に関する法律」に基づき、農林水産省に「農林水産物・食品輸出本部」を設置し、政府一体となった取組を行うこととして、令和2年12月に「農林水産物・食品の輸出拡大実行戦略」、令和3年5月末には「農林水産物・食品の輸出拡大実行戦略フォローアップ」を決定した。こうした中、農林水産物・食品の輸出額は、令和2年は9,860億円となり令和3年1月から9月の輸出額の累計も、対前年比29.8％増の8,679億円と順調に伸びている。

　農林水産物・食品輸出本部の下で、政府一体となった交渉を行った結果、原発事故に伴う日本産農林水産物・食品への輸入規制については、事故後に輸入規制を導入した国・地域は55あったが、令和3年5月にシンガポール、9月に米国が輸入規制を撤廃、また、同10月にはEUが大幅な輸入規制の緩和をした。更なる輸出拡大のためには、有望な市場である輸入規制が残る中国、香港、韓国、台湾等の14の国・地域の緩和・撤廃を実現することが重要である。そのためには二国間、多国間の国際交渉の場も活用し、外務省、厚生労働省等、関係省庁を含め、政府一体となって、あらゆる機会を捉え、輸入規制の撤廃を働きかけていくことが不可欠である。

　また、我が国の農林水産物・食品の輸出拡大施策は、他の先進国と比べ、後発国であり、輸出先国における輸出支援を行う体制が諸外国のように充実していないのが現状である。このため、輸出先国・地域の新たな規制等に係る情報収集・分析の体制や、現地ネットワークの形成やプロモーション事業等における在外公館とJETRO海外事務所間等の連携を一層強化していく必要がある。このため、上述した輸出拡大実行戦略において、農林水産省、外務省やJETRO等の他の関係機関と協力し、主要なターゲット国・地域において、在外公館とJETRO現地事務所等が連携して輸出事業者を支援するための輸出支援プラットフォームを立ち上げ、市場として有望な重点都市における輸出産地との間の商流づくり、輸出先国・地域の規制等に係る情報収集や現地消費者ニーズ等の海外市場分析の現地サポート等を行うことで、輸出事業者を専門的かつ継続的に支援する体制を整備することを検討している。

　このような更なる輸出促進を通じて、農林水産業の更なる発展と農林漁業者の所得向上を図るとともに、食料の安定供給の確保や農山漁村の振興を図っていく。

2020年までの農林水産物・食品輸出額

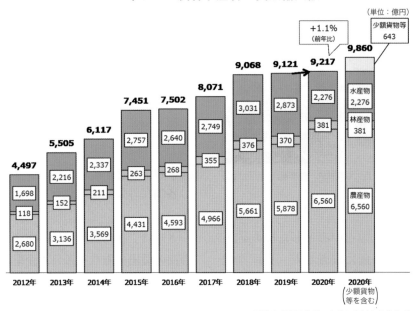

財務省「貿易統計」を基に農林水産省作成

の食市場を獲得していくことが不可欠である。このため、2020年12月に「農林水産物・食品の輸出拡大実行戦略」が策定され、マーケットイン輸出に取り組む産地・事業者の育成や品目団体の組織化、輸出先国において政府一体となって事業者を支援する体制整備、食産業の海外展開支援等を行っていくこととしている。また、戦略的に輸出国の規制に対応し、輸出阻害要因の解消を進めていく必要があり、2020年4月に設置された「農林水産物・食品輸出本部」の下で、政府が一体となって、東日本大震災からの復興に資する

放射性物質に関する輸入規制の緩和・撤廃をはじめとした輸出先国の政府機関等との協議の加速化、輸出に必要な証明書発行、区域指定、施設認定等の輸出手続きの円滑化、輸出先国の規制に関する情報提供や輸出向けの施設設備の支援等による事業者の支援、輸出証明書の申請・発行の一元化、輸出相談窓口の利便性向上、生産段階での食品安全確保への対応強化等を推進している。今後も、関係省庁等が一丸となり、輸出を円滑化するための環境整備、輸出に取り組む事業者の支援を実施し、輸出を加速していく。

4　外務省の取組

　政府全体として2025年の輸出額2兆円、2030年の輸出額5兆円目標の達成及びその後の更なる輸出拡大に向け取り組む中、外務省としても、全世界にある在外公館等の施設や各地で築いた人的ネットワーク等の強みを活かし、関係省庁・機関、日本企業、地方自治

体等と連携しながら、日本の食の魅力発信、さらには実際のビジネスに結びつけることを目的とした取組を行ってきた。また、外務省は2015年12月、農林水産物・食品の輸出促進や食産業の海外展開支援を推進するため、「日本企業支援担当官（食産業担当）」を輸出

日本食の夕べ（2020年2月／写真提供：外務省）

重点国やTPP参加国を中心とした55か国・地域、59の在外公館に設置した。食産業担当は、現地の関係機関（JETRO等）、商工会及び進出日本企業等との連携、日本食レストランを含む関連企業等からの関連の情報収集、在外公館施設を活用した和食のプロモーションイベント等の実施といった役割を担っており、日頃から、関係機関等との連携を密にしながら、現地事業者へのヒアリングや現地ニーズの把握といった情報収集、イベントの企画等において中心的な役割を果たしている。例えば、2020年2月、在インド大使館では現地における日本食普及を図るため、インド政府要人、レストラン、ホテル、食品企業、メディアや有力ブロガー等を招待したレセプション、「日本食のゆうべ2020」を実施。農林水産省の協力の下、日本食親善大使の小川シェフから、2018年に日印間で合意した水産物の衛生証明書に基づき、日本から輸入が可能となった日本産水産物を使用した寿司を提供した他、インド人著名シェフから、2019年に日印間で合意した日本産りんごのインド向けトライアル輸出により初めて輸入された日本産りんごを使用したりんごサラダ提供等による日本食のPRを行い、数多くの現地メディア、インフルエンサーによりイベントの模様が報道された。

また、2020年以降は新型コロナの拡大により、在外公館でのPR事業の実施が制限されることとなったが、2021年2月に在英国大使館がジャパンハウスロンドン及び国税庁との共催により英国酒類トレード事業者向けの日本酒の新規取扱オンラインセミナーを行った他、同年5月に香港総領事公邸料理人による日本料理のPR動画のSNS発信を行うなど、新型コロナに係る現地の規制を考慮しつつ各国在外公館にて様々な発信事業を実施した。

さらに、在外公館では日本産農林水産物・食品の輸出に取り組む日本企業や関係事業者からの相談にも積極的に対応している。特に食産業担当は、海外に進出している日本の食産業関連企業からの相談体制の強化という役割を担っていることから、外務省ホームページに各在外公館等の食産業担当の氏名及び連絡先を公表し、特定国・地域への輸出や海外展開に関心を有する事業者が、当該国・地域の食産業担当に直接コンタクトを取れるようにしている。現地の食産業担当は、日常的に、基礎的な現地情勢の収集はもちろんのこと、事業進出・展開を目指すにあたって必要な現地における食品関連の制度・規制やその他現地情勢に関する照会や日本食イベントの開催等に関する相談を受け付け、個別に対応している。2019年度は、全在外公館で、このような食産業分野の日本企業支援を約3,600件実施した。引き続き、外務省は世界各地の在外公館及び本省一体となって、関係省庁、地方自治体及び関係の事業者等と密接に連携しながら、諸外国・地域による輸入規制措置の緩和・撤廃に全力で取り組み、安全で魅力あふれる日本産食品に対する理解を広め、輸出拡大に尽力していく。

特別寄稿

SAKE Diplomacy：SAKEの人気がいかに日米関係を強化しているか　ウェストン小西

北米酒蔵同業組合（SBANA）代表

日本では、SAKEを飲む交わすこと以上に友情を象徴するものはありません。東京への留学時代、クラスメイトと一緒に、初めてプレミアムなSAKEを飲み、その魅力に心を奪われ、私はこのことを知りました。数年後、日米関係の研究者としてのキャリアを経て、私はどういうわけか北米で唯一のSAKEの同業者団体であるSake Brewers Association of North America（SBANA）の代表を務めることになりました。SBANAの使命は、消費者への啓蒙活動、酒蔵の経営支援、業界の成長につながる法規制への提言などを通じて、米国、カナダ及びメキシコにおけるSAKE業界を発展させることです。

今、SAKE業界は素晴らしい時期にあります。近年、米国は、日本酒の最大の輸出先の一つとなり、米国の消費者のSAKEのスタイルや好みはますます洗練されてきています。

同時に、若い世代の米国人が自らSAKEを造ることに興味を持ち始め、数十年前にクラフトビール醸造が人気を博したのと同じように、SAKE造りに新たな革新をもたらしているのです。今では、北米各地に20数軒の酒蔵が点在しており、今後5年から10年の間に、米国の全ての主要都市に酒蔵ができると思います。

他方で、課題も山積しています。SAKEが「次のブーム」になり得るという感覚はありますが、価格設定やマーケティングの競争力になお課題があることなどから、期待するような大流行はまだ訪れていません。また、米国の消費者の多くがSAKEについて十分な知識を備えておらず、実は日本食だけではなく、様々な種類の西洋料理と相性が良いこともまだ十分に知らないのです。

もっとも、これらの課題は、協力の機会にもなります。職業柄か、SAKE業界を日米関係の観点から見てしまっているようです。更に言えば、SAKEは、日米間の、文化的、経済的、更に人と人との交流を発展させるための素晴らしい新たなプラットフォームだと考えています。米国の酒蔵が新しいSAKEを造るたびに、日本の古くからの伝統に敬意を表しているのです。そして、日本酒が米国に輸入されるたび、日本への感謝の気持ちが人々に広がり、米国のSAKE産業に新たな風が吹き込まれます。

そのような思いから、2021年9月、冨田浩司駐米大使に、バージニア州シャーロッツビルにあるNorth American Sake Brewing Companyを御訪問いただき、米国の醸造家が日本の伝統的な飲み物に傾けている情熱と技術へのこだわりをじかに御覧いただきました。この訪問は現地のメディアにも大きく取り上げられ、日本の草の根レベルでの取組が注目されることになりました。これは本当に忘れがたいイベントであり、今後もこのような貢献を続けていきたいと考えています。

私の願いは、日本においてSAKEを一緒に飲むことが友情の象徴であるように、SAKEが日米関係の力強い象徴になることです。私の夢は、将来の首脳会談で、その友情と尊敬の証として、米国の大統領と日本の総理大臣が互いの国のSAKE・日本酒を注ぎ合うことです。SAKE業界が成長できるように力を合わせれば、この夢はより意義深いものになるでしょう。私たちが生産的かつ創造的に協働すれば、ますます発展していけると信じています。

Kanpai！

第 3 章

分野別政策

自由で開かれた国際経済システムを強化するためのルールメイキング

1 経済連携の推進

1 英国の環太平洋パートナーシップに関する包括的及び先進的な協定（TPP11協定）への加入申請

（1）協定の意義

TPP11協定は、物品及びサービスの貿易並びに投資の自由化・円滑化を進めるとともに、知的財産、電子商取引、国有企業、環境等、幅広い分野で、21世紀型の新たな通商ルールを構築する野心的な取組である。また、TPP11協定を通じて、自由、民主主義、基本的人権、法の支配といった基本的価値を共有する国々と共に自由で公正な経済秩序を構築し、日本の安全保障やインド太平洋地域の安定に大きく貢献し、地域及び世界の平和と繁栄を確かなものにするという大きな戦略的意義を有している。

インド太平洋地域の12か国（日本、オーストラリア、ブルネイ、カナダ、チリ、マレーシア、メキシコ、ニュージーランド、ペルー、シンガポール、米国、ベトナム）による「環太平洋パートナーシップ協定」（Trans-Pacific Partnership Agreement）（TPP12協定）は、2016年2月にニュージーランドで署名されたが、2017年1月、米国がTPP12協定からの離脱を表明した。そのため、日本は、将来の米国復帰の可能性も念頭に置きつつ、残る11か国によるTPPの早期発効を目指しスピード感をもって協議を積み重ねた。その結果、TPP11協定は2017年11月のTPP閣僚会合で大筋合意に至り、2018年3月にチリで署名された。メキシコ、日本、シンガポール、ニュージーランド、カナダ、オーストラリアの順に6か国が必要な国内手続を完了した旨の通報を寄託国であるニュージーランドに行い、TPP11協定は2018年12月30日に発効した。2019年1月、ベトナムが7番目の締約国となり、2021年9月、ペルーが8番目の締約国となった。

（2）経緯

2021年2月1日、英国がTPP11協定への加入交渉を開始するための正式な申請を寄託国であるニュージーランドに提出し、同年6月2日、日本が議長を務めた第4回TPP委員会会合において、英国のTPP11協定加入手続の開始と加入作業部会（AWG）の設置が決定された。なお、英国の加入手続開始の決定に際して、TPP委員会は、TPP11のハイスタンダードのルールを前進させる必要性を念頭に置き、ハイスタンダードな国際貿易・投資ルールに関する英国の経験、ルールに基づく貿易システムにおいて、透明性・予測可能性・信頼性を推進するという英国のコミットメント等を考慮した。また、同作業部会の設置にあたり、日本が議長、豪州及びシンガポ

ールが副議長に任命された。

　第1回AWG会合において英国は、定められた加入手続に基づき、TPP11協定の義務を遵守するためにそれまでに行った努力を他の締約国に証明するとともに、英国の国内法令に対して行う必要がある追加的変更について説明を行っている。同会合終了後、英国がAWGに市場アクセスのオファー等を提出し、各締約国との間で加入交渉が行われる。交渉終了後は加入条件について委員会に報告書が提出され、委員会のコンセンサスによって加入承認の可否が決定されることとなる。

（3）　今後の展望

　新型コロナにより世界経済が不確実なものとなり、保護主義的な傾向も見られる中、TPP11への英国の加入手続の開始は、自由貿易を更に推進するとの世界に向けた力強いメッセージであり、自由で公正な21世紀型の貿易・投資ルールを広げていく上で重要となる。英国の加入手続は、新規加入の最初の事案となることから、協定の高いレベルを維持しつつ円滑に進むよう、日本が議長を務めるAWGにおいてしっかりと議論していく。

　2021年9月16日に中国、同22日に台湾、12月17日にエクアドルが正式な申請を寄託国であるニュージーランドに提出した。日本は、加入申請を行ったエコノミーが、市場アクセス及びルールの面でTPP11協定の高いレベルを完全に満たすことができるかをしっかりと見極めつつ、戦略的観点や国民の理解も踏まえながら対応していく。

② 投資関連協定

（1）　意義

　投資関連協定（注：二国間・多数国間の投資協定及び投資章を含むEPA・FTAの総称）は、投資受入国の投資・ビジネス環境の

法的安定性及び透明性を高め、投資受入国における企業の経済活動やその投資財産を適切に保護するための法的枠組みを定めるものである。一般に、日本企業が海外展開を検討する際には、投資受入国において日本企業の投資財産が適切に保護され、予測可能性をもって継続的かつ安定的に事業を行える環境にあるかが重要な判断材料となる。海外に進出する日本企業にとって、日本国内とは異なる法制度、ビジネス慣行の存在に加え、投資受入国の政治的・経済的な事情等により、不合理な又は突然の行政指導や法令改正等が行われ、事業活動の継続に支障をきたすなどのリスクの存在は、投資を判断する際の大きなハードルとなり得る。このため、日本政府は、日本企業の海外展開を後押しする観点から、投資関連協定の締結に積極的に取り組んできている。

　具体的な内容としては、例えば、日本の投資家が外国において投資を行う際、正当な理由なくその国の国内企業や第三国の企業と比べて差別的な扱いを受けたり、不当な条件を課されたりすることがないように法的な保護を与える義務が規定されている。また、仮に投資受入国が投資関連協定に違反すると疑われる措置をとる場合には、多くの投資関連協定では「投資家と投資受入国との間の紛争解決（ISDS）手続」が定められており、これにより、損害を受けた日本の投資家は、まず、その国の政府との間の協議により解決を試みた上で、解決が得られないときには、その国の政府との間の紛争解決を、公正かつ中立的な第三者（仲裁廷）による投資仲裁に直接付託できる選択肢が用意されている。こうした紛争解決制度があることで、投資受入国が投資関連協定の義務を一層遵守することになり、投資家が投資判断を行う際に考慮するリスクの低減にも繋がる。

第三章

また、このような投資関連協定の締結は、投資家のみならず、投資受入国にとっても多くのメリットがある。法的安定性・透明性の高い投資環境を整備することは、海外投資家に対して、投資活動の予見可能性を高め、投資先としての魅力を高めることに繋がることから、対内直接投資の更なる促進・活性化が期待される。日本としても、外国から日本への対日直接投資が増加すれば、イノベーションの創出やサプライチェーンの強靭化等に繋がり、日本の経済発展にも寄与すると考えられる。

(2)　日本における投資関連協定の取組の現状

1962年に西ドイツ（当時）とパキスタンとの間で世界初の投資協定が発効したことを皮切りに、その後世界各国で投資協定が締結され、2021年12月現在、発効しているものだけでも約2,300の二国間投資協定が存在する[1]。日本も、1978年にエジプトとの投資協定が発効して以降、多くの国及び地域との間で投資関連協定の締結を積極的に進めてきている。

こうした投資関連協定の締結は、これまで二国間・地域間協定を中心に進められてきた経緯があるが、その背景には、貿易における「世界貿易機関を設立するマラケシュ協定（WTO協定）」に相当するような投資における包括的な多数国間協定の不在が挙げられる。1990年代には経済協力開発機構（OECD）において、多数国間における投資に関するルールの策定を目指し、多国間投資協定（MAI）交渉が進められたが、途上国や市民社会等の反対もあり、合意には至らな

かった。一方で、エネルギー分野に限定されてはいるものの、投資に関するルールを含む多国間での枠組みとして、エネルギー憲章条約があり、我が国も2002年に締結している。また、最近では、世界貿易機関（WTO）において、投資に関する手続の透明性の向上等、投資円滑化のルール策定に向けた議論が進められており、我が国も積極的に議論に参加してきている。

日本は、2021年12月現在、50本（投資協定34本、EPA/FTA（投資章を含む）16本）の投資関連協定が発効済みとなっており、署名済み・未発効の4本（投資協定2本、EPA/FTA（投資章を含む）2本）の投資関連協定を含めれば、計54本の協定により、79の国・地域をカバーしている。最近では、2020年8月に日・ヨルダン投資協定及び日・アラブ首長国連邦投資協定が発効した他、2021年に入ってからも、3月に日・コートジボワール投資協定、7月に日・ジョージア投資協定がそれぞれ発効している。また、2021年12月現在、16の投資協定について交渉中であり、これらの協定も含めると合計94の国・地域と、日本の対外直接投資額の約93％をそれぞれカバーすることとなる。

また、投資章を含むEPAの締結交渉も積極的に進められている。近年の成果としては、サービス貿易及び投資の自由化・円滑化等について規定した日・ASEAN包括的経済連携（AJCEP）協定第一改正議定書が、2021年12月のインドネシアの国内手続完了をもって全署名国について発効することが決定した他、2020年11月には、日英包括的経済連携協定（日英EPA）及び地域的な包括的経済連携（RCEP）協定がそれぞれ署名に

---

1) 国連貿易開発会議（UNCTAD）データベース
（https://investmentpolicy.unctad.org/international-investment-agreements）による。

至り、前者については2021年1月に発効した。その他、日中韓自由貿易協定、日・トルコ経済連携協定（日・トルコEPA）等の交渉中の協定においても、投資分野のルールに関する議論が行われている。

(3)　今後の方針

近年、日本企業による海外展開の進展に伴い、日本の経常収支において海外への投資による配当金・利子等の受取・支払を示す第1次所得収支の割合が大幅に増加し、我が国経済の収支構造は「貿易立国」から、今や「投資立国」へと変化してきている。こうした状況を踏まえれば、海外における我が国投資家及びその投資財産を適切に保護し、他国の投資家と比較して劣後しないビジネス環境を整えるための投資関連協定整備の重要性は、これまで以上に高まっていると言える。その一方で、世界では保護主義的な動きも広がりつつあり、2020年に始まった新型コロナの感染拡大も、一部では、こうした動きを強めることにも繋がっている。このような中、日本としては、引き続き自由貿易を推進するとともに、自由で公正なルールに基づく国際経済秩序の形成にこれまで以上に積極的に取り組んで行くことが重要であり、投資関連協定の締結の促進も、こうした取組の一翼を担うものである。安全保障と経済を横断する領域で様々な課題が顕在化している中、投資家の保護と国家の規制権限との適切なバランスの確保等の重要性も十分に踏まえた上で、戦略的な対応をしっかり行っていく必要がある。

より具体的には、現在交渉中の投資関連協定の早期妥結に引き続き取り組むとともに、新規の投資関連協定についても、我が国経済界の具体的ニーズや相手国の投資関連協定に関する方針を踏まえつつ、未だ投資関連協定を締結していない国が多く存在する中南米及びアフリカを中心に、今後の投資先として潜在性を有する国との交渉開始に向けた努力を行う。交渉に当たっては、相手国の事情等を考慮しつつ、可能な限り高いレベルの質の確保に努める。また、締結済みの投資関連協定の運用にあたって、これらの協定締結後の投資状況や、我が国経済界の具体的なニーズ、投資関連協定に係る国際的な議論の状況等を踏まえ、必要に応じて関係国と協議を行う。

また、日本の多くの関係者に投資関連協定を理解していただき、より一層利活用してもらうことが重要である。このため、経済関係団体等とも連携しつつ、我が国在外公館や日本貿易振興機構（JETRO）等とも協力して、投資関連協定に関する積極的な情報発信に努めていく必要がある。その他にも、我が国企業にとって望ましい投資・ビジネス環境を整備するとともに、自由で公正なルールに基づく国際経済秩序を強化していく観点から、今後ともWTO、アジア太平洋経済協力（APEC）、OECD、国際商取引法委員会（UNCITRAL）等を含む多数国間フォーラム等における投資関連の議論に貢献していく。

３　租税条約

(1)　意義

租税条約とは、課税関係の安定（法的安定性の確保）、二重課税の除去及び脱税・租税回避の防止を目的とする条約である（狭義の租税条約）。また、狭義の租税条約のほか、二国間の租税に関する情報の交換を主たる内容とする条約（租税情報交換協定）、多数国間の情報交換・徴収共助等を内容とする税務行政執行共助条約がある（広義の租税条約）。

租税条約の主たる目的の1つは、二重課税の除去である。多くの国では、自国の企業・人については、国内で生み出した所得だけでなく国外で生み出した所得も含めた全世界所

得に対して課税し（この考え方を「全世界所得課税」という。）、外国の企業・人についても、国内で生み出した所得に対しては課税していることから（この考え方を「源泉地国課税」という。）、ある企業・人が国外で所得を生み出した場合、当該国外所得に対して自国の税務当局と所得を生み出した外国の税務当局から二重に課税されることになる。また、誰を自国の企業・人と認定するかの基準や、所得が国内で生み出されたと認定する基準も国により異なることから、双方の国から自国の企業・人と認定された場合、又は、双方の国から所得が国内で生み出されたと認定された場合、やはり二重に課税されることになる。1つの経済活動が、国境を跨ぐために重複して課税されることは、経済活動をする者にとって経済的な不利益をもたらすとともに、予測可能性を損なうものであり、国際的な経済活動を停滞させる要因となる。そこで、日本は、二重課税を除去し、国際的な経済活動を行う日本企業及び日本人が不当な不利益を受けることがないよう、租税条約の締結を促進している。

租税条約のもう1つの目的は、国際的な脱税・租税回避の防止である。脱税・租税回避の防止は、税負担の公平性を担保し、国家の財源を支えるために不可欠である。

経済取引の国際化が著しい昨今にあっては、国家間で租税に関する情報の交換・共有を進めることが、国際的な脱税・租税回避に対抗する上で非常に有効な手段となる。そこで、日本は、国際的な脱税・租税回避の防止を通じて、公平な税負担を実現するため、税務当局間の情報交換を可能とする租税条約の締結を促進している。また、近年は、海外への財産の移転などによる国際的な租税徴収の回避にも対抗する観点から、相手国の租税について相互に徴収を支援する仕組み（徴収共

助）も規定することが多くなっている。

（2）　OECDモデル租税条約等

租税条約（狭義）の大半は二国間条約であってその内容は個別に決定されることとなる。しかし実際には、OECDが策定しているモデル条約（OECDモデル租税条約）が国際標準として位置付けられており、OECD加盟国を中心に、租税条約を締結する際のモデルとして広く用いられている。OECDモデル租税条約は、1963年の草案公表以降、10回以上の改訂を重ねており、情報交換規定の拡充や仲裁制度の導入など、その時代の経済状況・国際関係に応じて改訂が行われている。

また、国連も、OECDモデル租税条約より広く源泉地国課税を認めたモデル租税条約を策定しているほか、米国等のように、独自のモデル租税条約を策定・公表している国もある。

（3）　日本の租税条約
〈締結状況〉

日本は、1954年に初の本格的な租税条約として日米租税条約に署名して以降、各国と租税条約の締結を進めており、2021年12月31日現在、82条約等（148か国・地域に適用）の租税条約ネットワークを有している。日本の対外直接投資残高を基準として見た場合、その約99％をカバーしている。
〈日本が締結している租税条約〉

日本が締結している租税条約は、OECDモデル租税条約がベースとなっている。もっとも、OECDモデル租税条約は累次の改訂が行われているため、その内容は締結年次によって異なっている。近年は、最新のOECDモデル租税条約との乖離が大きくなった二国間租税条約について、最新の

OECDモデル租税条約に沿った規定に改正することが多く行われている。また、2003年に行われた日米租税条約の全面改正以降は、二国間の健全な投資・経済交流を一層促進する観点から、源泉地国課税の大幅な減免や、本来意図しない形で条約の特典が与えられないようにするための規定（濫用防止規定）を取り入れた条約を多数締結している。

〈2020～21年の動き〉

2020年には、ジャマイカとの租税条約及びウズベキスタンとの新租税条約（全面改正）が発効した。また、モロッコとの租税条約が署名された（2021年末時点で未発効）。

2021年には、ペルーとの租税条約、スペインとの新租税条約（全面改正）、ウルグアイとの租税条約、ジョージアとの新租税条約（全面改正）及びセルビアとの租税条約が発効した。また、スイスとの租税条約の改正議定書が署名された（2021年末時点で未発効）。

さらに、2021年3月にはウクライナとの間で、同年5月にはアゼルバイジャンとの間で、新租税条約（全面改正）の締結交渉を開始している。

❶ジャマイカ

ジャマイカとの租税条約は、2019年12月に署名され、2020年9月に発効した。本条約では、事業利得については、企業が進出先国に支店等の恒久的施設を設けて事業活動を行っている場合に、その恒久的施設に帰属する利得に対してのみ、進出先国において課税することができることを規定した。また、投資所得（配当、利子及び使用料）については、源泉地国（所得が生ずる国）における課税の上限（限度率）設定又は免除を規定したほか、条約の濫用防止措置、相互協議手続、同

手続における仲裁制度、租税に関する情報交換及び租税債権の徴収共助の導入を行った。

（投資所得に対する課税の限度税率又は免除）

配当	利子	使用料
5%（親子会社間） 10%（その他）	免税（政府受取等） 10%（その他）	2%（設備） 10%（その他）

❷ウズベキスタン

ウズベキスタンとの新租税条約は、1986年に発効した、我が国と一部の旧ソ連諸国との間で適用されている租税条約（「所得に対する租税に関する二重課税の回避のための日本国政府とソヴィエト社会主義共和国連邦政府との間の条約」）の内容をウズベキスタンとの間で全面的に改正[2]するもので、2019年12月に署名され、2020年10月に発効した。本条約では、事業利得に対する課税の改正により、恒久的施設に帰属する利得は、本支店間の内部取引を網羅的に認識し、独立企業原則を厳格に適用して計算することを規定した。また、投資所得（配当、利子及び使用料）に対する課税の更なる軽減を規定したほか、条約の濫用防止措置及び租税債権の徴収共助の導入並びに租税に関する情報交換の拡充を行った。

（投資所得に対する課税の限度税率又は免除）

	現行条約	改正後
配　当	15%	5%（親子会社間） 10%（その他）
利　子	免税（政府受取等） 10%（その他）	免税（政府受取等） 5%（その他）
使用料	免税（著作権） 10%（その他）	免税（著作権） 5%（その他）

❸モロッコ

モロッコとの租税条約は、2020年1月に署

2）新租税条約は、ウズベキスタン以外の一部の旧ソ連構成国と我が国との間で適用されている日・ソ租税条約には影響しない。

名された。本条約では、事業利得について
は、企業が進出先国に支店等の恒久的施設を
設けて事業活動を行っている場合に、その恒
久的施設に帰属する利得に対してのみ、進出
先国において課税することができることを規
定した。また、投資所得（配当、利子及び使
用料）については、源泉地国（所得が生ずる
国）における課税の限度税率又は免除を規定
したほか、条約の濫用防止措置、相互協議手
続、租税に関する情報交換及び租税債権の徴
収共助の導入を行った。

（投資所得に対する課税の限度税率又は免除）

配当	利子	使用料
5%（親子会社間）10%（その他）	免税（政府受取）10%（その他）	5%（設備）10%（その他）

❹ペルー

　ペルーとの租税条約は、2019年11月に署
名され、2021年1月に発効した。本条約で
は、事業利得については、企業が進出先国に
支店等の恒久的施設を設けて事業活動を行っ
ている場合に、その恒久的施設に帰属する利
得に対してのみ、進出先国において課税する
ことができることを規定した。また、投資所
得（配当、利子及び使用料）については、源
泉地国（所得が生ずる国）における課税の限
度税率又は免除を規定したほか、条約の濫用
防止措置、相互協議手続、租税に関する情報
交換及び租税債権の徴収共助の導入を行っ
た。

（投資所得に対する課税の限度税率又は免除）

配当	利子	使用料
10%	免税（政府受取等）10%（その他）	15%

❺スペイン

　スペインとの新租税条約は、1974年に発
効した租税条約を全面的に改正するものであ
り、2018年10月に署名され、2021年5月に
発効した。本条約では、事業利得に対する課
税の改正により、恒久的施設に帰属する利得
は、本支店間の内部取引を網羅的に認識し、
独立企業原則を厳格に適用して計算すること
を規定した。また、投資所得（配当、利子及
び使用料）に対する課税の更なる軽減を規定
したほか、条約の濫用防止措置、相互協議手
続における仲裁手続及び租税債権の徴収共助
の導入並びに租税に関する情報交換の拡充を
行った。

（投資所得に対する課税の限度税率又は免除）

	現行条約	改正後
配　当	10%（親子会社間）15%（その他）	免税（親子会社間、年金基金受取）5%（その他）
利　子	10%	免税
使用料	10%	免税

❻ウルグアイ

　ウルグアイとの租税条約は、2019年9月に
署名され、2021年7月に発効した。本条約で
は、事業利得については、企業が進出先国に
支店等の恒久的施設を設けて事業活動を行っ
ている場合に、その恒久的施設に帰属する利
得に対してのみ、進出先国において課税する
ことができることを規定した。また、恒久的
施設に帰属する利得は、本支店間の内部取引
を網羅的に認識し、独立企業原則を厳格に適
用して計算されることを規定した。さらに、
投資所得（配当、利子及び使用料）について
は、源泉地国（所得が生ずる国）における課
税の限度税率又は免除を規定したほか、条約
の濫用防止措置、相互協議手続、同手続にお
ける仲裁制度、租税に関する情報交換及び租
税債権の徴収共助の導入を行った。

（投資所得に対する課税の限度税率又は免除）

配当	利子	使用料
5%（親子会社間） 10%（その他）	免税（政府受取、金融機関間等） 10%（その他）	10%

❼ジョージア

ジョージアとの新租税条約は、1986年に発効した、我が国と一部の旧ソ連諸国との間で適用されている租税条約（「所得に対する租税に関する二重課税の回避のための日本国政府とソヴィエト社会主義共和国連邦政府との間の条約」）の内容をジョージアとの間で全面的に改正[3]するもので、2021年1月に署名され、同年7月に発効した。本条約では、事業利得については、企業が進出先国に支店等の恒久的施設を設けて事業活動を行っている場合に、その恒久的施設に帰属する利得に対してのみ、進出先国において課税することができることを規定した。また、投資所得（配当、利子及び使用料）に対する課税の更なる軽減を規定したほか、条約の濫用防止措置及び租税債権の徴収共助の導入並びに租税に関する情報交換の拡充を行った。

（投資所得に対する課税の限度税率又は免除）

	現行条約	改正後
配　当	15%	5%
利　子	免税（政府受取等） 10%（その他）	免税（政府受取等） 5%（その他）
使用料	免税（著作権） 10%（その他）	免税

❽セルビア

セルビアとの租税条約は、2020年7月に署名され、2021年12月に発効した。本条約では、事業利得については、企業が進出先国に支店等の恒久的施設を設けて事業活動を行っている場合に、その恒久的施設に帰属する利得に対してのみ、進出先国において課税することができることを規定した。また、投資所得（配当、利子及び使用料）については、源泉地国（所得が生ずる国）における課税の限度税率又は免除を規定したほか、条約の濫用防止措置、相互協議手続及び租税に関する情報交換の導入を行った。

（投資所得に対する課税の限度税率又は免除）

配当	利子	使用料
5%（親子会社間） 10%（その他）	免税（政府受取等） 10%（その他）	5%（著作権） 10%（その他）

❾スイス

スイスとの租税条約の改正議定書は、1971年に発効（2011年に一部改正が発効）した現行条約を一部改正するものであり、2021年7月に署名された。本改正議定書では、事業利得に対する課税の改正により、恒久的施設に帰属する利得は、本支店間の内部取引を網羅的に認識し、独立企業原則を厳格に適用して計算することを規定した。また、投資所得に対する課税の更なる軽減を規定したほか、条約の濫用防止措置の改正及び相互協議手続における仲裁手続の導入等を行った。

（投資所得に対する課税の限度税率又は免除）

	現行条約	改正後
配　当	免税（持分保有割合50%以上・保有期間6か月以上） 5%（持分保有割合10%以上・保有期間6か月以上） 10%（その他）	免税（持分保有割合10%以上・保有期間365日以上） 10%（その他）
利　子	免税（政府受取、金融機関受取、年金基金受取等） 10%（その他）	免税
使用料	免税	免税

---

3) 新租税条約は、ジョージア以外の一部の旧ソ連構成国と我が国との間で適用されている現行の租税条約（日・ソ租税条約）には影響しない。

4　BEPS防止措置実施条約

「税源浸食及び利益移転を防止するための租税条約関連措置を実施するための多数国間条約」（BEPS防止措置実施条約）は、経済協力開発機構（OECD）におけるBEPSプロジェクト[4]において策定された税源浸食及び利益移転（BEPS）を防止するための措置のうち租税条約に関連する措置を、本条約の締約国間の既存の租税条約に導入することを目的とする条約である。本条約は、我が国について、2019年1月1日に発効した。2021年12月31日現在、94か国・地域が署名、67か国・地域が締結している。

5　EPA利活用の促進

海外展開を推し進める日本企業・日本産品等による新たな市場開拓を促すことは重要であり、総合的なTPP等関連政策大綱においても、輸出促進・海外進出支援による海外の成長市場の取り込み及び国内産業の競争力強化・進化が基本方針として盛り込まれている。外務省では、関係省庁・団体と連携し、日本企業が、グローバル市場でTPP11協定や日EU・EPAを始めとするEPAを活用し、ビジネス・チャンスを獲得できるよう支援するため、以下の取組を行っている。

(1)　情報提供及び相談対応

EPAの署名後、速やかにその内容を外務省ホームページに掲載し、内容の周知に努めるとともに、JETROや商工会議所等と連携してEPA活用セミナーを開催している。

EPAによって物品貿易における関税撤廃・引下げが実現しても、自動的にそのメリットを享受できるわけではなく、EPAによる特恵税率の適用を受けるためには事業者が必要な書類を用意し、その適用を申請する必要がある。そこで、EPA活用セミナーでは、企業を主な対象として、日本のEPA政策の現状と今後の展望に加え、EPAの活用法、企業による実際のEPA活用事例及びEPAの活用に必要な実務の基礎を紹介し、企業によるEPAの利用促進を図っている。これまで、東京、大阪、神戸を始め、仙台、四日市等、日本各地で開催し、従来は対面形式で開催していたが、令和2年度は、新型コロナウイルス感染症拡大の影響を受け、東京、広島及び福岡の各商工会議所の協力を得て、オンライン形式で開催した。

また、これらの情報提供・普及啓発活動に加えて、各在外公館に設置している日本企業支援窓口において、現地進出企業や進出に関心を持つ企業への情報提供、相談対応、相手国政府への問い合わせ等の支援も行っている。

(2)　運用の改善

EPAの利活用を促進するためには、協定の規定に関する締約国による実際の運用が、事業者にとって利便性の高いものであることが重要である。こうした観点から、外務省は関係省庁と連携して、EPAの利便性向上のための取組を行ってきている。

特恵税率を受けるために必要な原産地証明書について、輸入国税関で紙原本の提出が求められることがあり、また、日本国内でも、原産地証明書原本の受取や輸入国への送付を行う必要がある場合がある。こうした作業が事業者の大きな負担となっているとの声もあ

---

4) 近年のグローバルなビジネスモデルの構造変化により生じた多国籍企業の活動実態と各国の税制や国際課税ルールとの間のずれを利用することで、多国籍企業がその課税所得を人為的に操作し、課税逃れを行っている問題（BEPS：Base Erosion and Profit Shifting）に対処するため、OECDが立ち上げたプロジェクト。

るため、電子データでの原産地証明書の送付・受理が可能となるような仕組み作りを、関係省庁・関係国と進めている。こうした改善にとどまらず、外務省では、EPAが適切に運用されるよう、必要に応じて相手国との協議や申し入れを随時行っている。

　日本の主要貿易相手国のうち、多くの国との間ではEPAが署名・発効済みであり、EPA活用の機会・可能性は広がっている。今後も、幅広い情報提供を通じてEPAの普及を進め、必要に応じて締約相手国とも協議・調整を行いつつ、より利用しやすい制度を整えていくことで、EPAの利活用促進を図っていく。

2 国際機関における取組

1 経済協力開発機構（OECD）

(1) OECDの活動

　経済協力開発機構（OECD）とは、日本、米国、ヨーロッパ諸国など38か国が加盟する国際機関（本部：パリ）であり、経済成長、自由かつ多角的な貿易の拡大、途上国支援に貢献することを目的として調査、分析、政策提言などを行っている。OECDは欧州経済協力機構（OEEC）を前身として1961年に設立され[1]、我が国は1964年に原加盟国以外で初めて加盟した。

　OECDの活動は大きく「シンクタンク」としての役割と「スタンダード・セッター」としての役割の2つに大別できる。第一に、OECDは、約2,000人の分析官を擁する「世界最大のシンクタンク」として、マクロ経済、貿易、投資、租税、農業、競争、贈賄、環境、科学技術・イノベーション、開発協力等、経済・社会の幅広い分野において、加盟国政府や民間企業、市民社会等からのインプットも踏まえつつ、様々な政策課題について、客観的な根拠に基づく分析を行っている。また、それだけでなく、これらの調査・分析に基づく具体的な政策提言を加盟国等に対して行っている。その一例として、OECDが加盟国を中心に定期的に行っている経済審査が挙げられる。2019年4月のグリアOECD事務総長（当時）の訪日時に公表された対日経済審査報告書では、アベノミクスに支えられ、日本の1人当たり実質経済成長率が2012年以降加速し、OECD諸国平均に近づいたとする一方で、人口の高齢化と高水準の政府債務という相互に関連し合う課題に直面しているとし、財政健全化や労働市場改革、コーポレート・ガバナンスを含む生産性向上に向けた取組等の必要性が示された。

　第二に、OECDは、ルールや国際的な基準・規範を形成する場、つまりスタンダード・セッターとしての役割を担っている。これまでOECDは、各委員会・作業部会における加盟国間の議論を通じて、OECD外国公務員贈賄防止条約、OECDモデル租税条約、OECD資本移動自由化規約と貿易外取引自由化規約、輸出信用アレンジメント、多国籍企業行動指針といった、国際経済等のガバナンスにおいて極めて重要な多国間条約やその基礎となる文書、ガイドラインや規約等

---

1) 第二次大戦終結後、米ソ対立に基づく冷戦構造が成立すると、1948年、西欧16か国は、欧州復興計画（マーシャル・プラン）の受入れ機関として、欧州経済協力機構（OEEC：Organization for European Economic Cooperation）を発足させた。その後、欧州地域の復興が進んだ1961年に、米国及びカナダを加える形で、OECD（Organisation for Economic Co-operation and Development）として発展的に改組された。

を策定してきた。また、加盟国は、これらに基づく加盟国間のレビュー（ピア・レビュー）や、学習のプロセスであるピア・ラーニングを通じて、議論を積み重ねていくことで、高いレベルの基準・規範を形成してきた。このスタンダード・セッターとしてのOECDの役割は、OECDが価値を共有する国の集まりであるという特徴によって支えられており、この特徴が、先進的な新たな課題について高いレベルのルールや基準・規範の形成を可能とし、ひいては国際社会における公平な競争条件（レベル・プレイング・フィールド）の確保に貢献しているといえる。

(2) OECDの組織

OECDの意思決定機関として理事会があり、常駐代表（各国の大使）による通常の理事会と、加盟国の関係閣僚が出席して通常毎年1回開催される閣僚理事会がある。

理事会の下には経済・社会の様々な分野を扱う約30の委員会が設けられており、また、近年は分野横断的な課題に取り組むため、複数の委員会が共同で行う活動も増えている。

(3) 事務総長・事務局

事務総長は、理事会によって任命され（任期は5年。再任可）、理事会の議長を務めるほか、3,000名以上の職員を有する事務局を率いる。2021年5月末には、3期15年間事務総長を務めたアンヘル・グリア氏（メキシコ出身）が退任し、同年6月、マティアス・コーマン氏（豪州国籍）が6代目の事務総長に就任した。事務総長の下には日本人の武内良樹次長を含む複数の事務次長が在職している。

(4) 閣僚理事会

日本はこれまで閣僚理事会の議長国を2回、副議長国を11回それぞれ務める等、積極的な貢献を行ってきた。

「コロナ危機からの回復への道」をテーマに開催された2020年10月の閣僚理事会には、日本から菅総理大臣がビデオ・メッセージを発出したほか、西村経済財政政策担当大臣、鷲尾外務副大臣、宗清経済産業大臣政務官等が出席し、議長国スペイン、副議長国の日本、チリ及びニュージーランドの下、活発な議論が行われた。菅総理大臣はメッセージの中で、国際連携の重要性を強調するとともに、感染拡大防止と社会経済活動の回復の両立に向けOECDが政策協調の場として果たす役割に期待すると述べた上で、デジタル化や人の往来の再開に向けた日本の取組を発信した。また、鷲尾外務副大臣から、政府全体でのデジタル化の取組、信頼性のある自由なデータ流通（DFFT）を踏まえたルール作りを後押しするOECDの活動の重要性、中長期的な医療・保健システム強化を含む日本の国際協力の取組を強調するとともに、アジア地域へのアウトリーチを牽引していくと発信した。そして、これらの日本の主張の多くが、閣僚理事会の成果文書である「閣僚声明」に反映された。

2021年5月31日及び6月1日に開催された閣僚理事会（第1部）では、新旧事務総長交代式が行われ、マティアス・コーマン新事務総長が就任した。日本からは、西村経済財政政策担当大臣及び鷲尾外務副大臣がオンラインで出席し、議長国の米国、副議長国の韓国及びルクセンブルクの下、「共通の価値：グリーンで包摂的な未来の構築」をテーマに議論が行われた。鷲尾外務副大臣は、OECDのルール・基準作りへの期待、G20を始め他の機関との連携の重要性、東南アジアへのアウトリーチ強化の重要性を発信したほか、菅政権の優先課題である「デジタル化の推進」

特別寄稿

● OECD勤務を振り返って

河野正道
前OECD事務次長

　わたしは、昨年10月末をもって4年2か月間つとめたOECD事務局の事務次長職を退任しました。OECD及びWTO事務局には過去2回、すでに勤務経験があったこともあり、今回は比較的早く新たな勤務環境に慣れることができたと感じていますが、この4年間は激動の時期であり、大変刺激的で勉強になると同時に、様々な困難な課題に直面しました。フランス国内でも、黄色いベスト運動、交通ゼネスト、そしてパンデミックによる3度のロックダウンがありました。

　OECDとしては、昨年6月は15年ぶりの事務総長の交代があり、節目の年になりました。前事務総長のアンヘル・グリア氏は、G20をはじめとしたグローバルガバナンスにも参画するなど、OECDの国際機関としての知名度と政策面での貢献を高めた功績が大きかった一方、長期在任に伴う弊害なども指摘されました。事務総長職を引き継いだオーストラリア出身のマティアス・コーマン氏は、さっそく加盟各国との意思疎通の改善、透明性の向上など様々な改革に精力的に取り組むとともに、アジア太平洋地域との関係強化をミッションの一つとして掲げています。

　折しも、昨年はOECDが設立60周年を迎え、加盟各国は、OECDが民主主義、市場経済、自由で公平・公正な貿易、基本的人権の擁護などの価値観を共有する国々のコミュニティであるとした60年前のOECD条約を再確認し、昨年2度目の10月の閣僚理事会における閣僚ステートメントでもこれを前面に打ち出しています。加盟各国はまた、今後10年間のOECDへの期待をビジョン・ステートメントにまとめ、世界が直面する気候変動、デジタル化や生産性の向上鈍化などの深刻な課題にOECDが効果的に対処するよう求めました。そして創立以来の加盟各国の目標である持続可能な経済成長、雇用の増進、地球環境の保護などの実現にあたって、OECDが実証に基づく（evidence-based）分析と国際基準の設定を行うよう、強く求めています。

　こうした一連の文書の中で、しばしば強調されているのが、多国間主義（multilateralism）の維持・強化です。グローバルな課題であるパンデミックからの持続可能な回復や、気候変動などの地球的課題には、国際協力の強化によるグローバルな対処が必要なことは自明ですが、OECDもこうした課題に効果的に取り組むことが求められており、その課題が多国間主義の維持・強化への貢献です。OECDにおける幅広い国際合意の形成は、すでにデジタル化に対処する国際法人課税に関する合意をはじめとして、加盟38か国以外の非加盟国が多数参加して行われていますが、こうした合意形成がパンデミック対策のみならず気候変動、移民問題、途上国支援などの分野でもOECDが意味のある貢献をしていくうえで不可欠となっています。

　4年あまりのOECD勤務の中で強く感じたことは、こうしたマルチの取り組みの重要性と国際機関のガバナンスの難しさ、それに日本のプレゼンス低下のリスクです。新興国の発言力が世界的に高まることは経済成長とともに必然ですが、日本の場合には、国際的な議論への積極的・主体的な参加を一層強化しなければ、大きな歴史の転換点である今日、温暖化対策や人口・食糧問題への対処などで埋没してしまいかねないリスクを感じます。これに対処するには、専門性と真の英語力のみならず、OECDの国際的な学習到達度に関する調査（PISA）で言う社会情緒的能力やいわゆる「国際力」を兼ね備えた人材の育成と、国際機関への人的貢献の強化を図っていくことが急務だと思います。関係各位の一層のご協力とご貢献をぜひお願いする次第です。私自身も、帰国後はまたこれまでとは異なる形で、これらの課題に取り組む所存です。

第二章

や「グリーン社会の実現」について紹介した。

また、同年10月5日及び6日に開催された閣僚理事会（第2部）は、2年ぶりに対面（一部参加者はオンライン）で開催され、日本からは、岡村OECD日本政府代表部大使、広瀬経済産業審議官、正田地球環境審議官（オンライン）が出席し、議長国である米国（ブリンケン国務長官、ケリー気候問題担当大統領特使、タイ通商代表らが出席）、副議長国の韓国及びルクセンブルクの下、引き続き「共通の価値：グリーンで包摂的な未来の構築」をテーマに、気候変動、国際課税、デジタル化、貿易等、経済分野で国際社会が直面する共通の課題について活発な議論が行われた。2021年はOECD設立60周年にあたり、世界がグローバルな協力と行動を必要とする課題に直面する中、OECD加盟国が、個人の自由の保護、民主主義、法の支配などの共通の価値を持ち、志を同じくすることを改めて強調し、その上で、世界経済の持続可能な発展に対するコミットを新たにすること等を含む、OECDの今後10年の理念を示した「OECD設立60周年ビジョン・ステートメント」が採択された。会合の最後には、DFFTの推進（個人データへのガバメント・アクセスに関する高次原則の策定の促進等）を通じたデジタル経済の前進にコミットする点や、「質の高いインフラ投資に関するG20原則」等を通じた質の高いインフラ投資への支援、WTO改革や「G20/OECDコーポレート・ガバナンス原則」の見直しの重要性等、日本の主張の多くが反映された閣僚理事会の成果文書である「閣僚声明」が採択された。

(5) OECDの対外関係

OECDの加盟国は、日本が1964年に加盟して以降、フィンランド、豪州、ニュージーランドが加盟して24か国となり、更にいわゆる冷戦構造の終焉後、共産主義国にあった中東欧諸国（チェコ、ハンガリー、ポーランド、スロバキア、スロベニア、エストニア、ラトビア及びリトアニア）、メキシコ、韓国、チリ、イスラエル、コロンビア、コスタリカが加わり、現在加盟国は38か国に拡大した。また、2021年9月現在、アルゼンチン、ルーマニア、ブラジル、ペルー、ブルガリア及びクロアチアが加盟申請中である。

加盟国拡大の一方で、OECD諸国が世界のGDPに占める比率は、2000年の約8割から2020年には6割程度にまで低下してきている。経済のグローバル化がますます加速し、新興国の台頭により世界経済が多極化する中で、加盟国だけでは対応できない問題が生じてきており、グローバル・ガバナンスにおけるOECDの影響力（impact）や有用性（relevance）、正当性（legitimacy）をいかにして維持・強化していくかが、OECDにとっての目下の課題となっている。このことからOECDは、2007年にブラジル、中国、インド、インドネシア、南アフリカをキーパートナーとして協力を強化するなど非加盟国への関与に力を入れており、またOECDのルールや基準・規範を非加盟国にも広める観点からG20やG7、APEC等との連携を重視し、共同での取組を積極的に行っている。例えば、経済のデジタル化に伴う国際課税原則の見直し、鉄鋼及び造船の過剰生産能力問題への対処、コーポレート・ガバナンスに関する原則策定等が挙げられる。2019年、日本が議長国を務めたG20において、OECDは「質の高いインフラ投資に関するG20原則」、「G20・AI原則」等、国際スタンダードの策定に貢献した。2020年のサウジアラビア議長国の下、2021年のイタリア議長国の下G20においても、OECDはG20による国際的な基

準の普及に貢献してきている。

(6)　東南アジアへのアウトリーチ

現在、OECD加盟38か国のうちアジアの加盟国は日本と韓国のみであるが、特に東南アジア地域は世界の成長センターであるほか、日本企業が多数進出している地域であり、この地域にOECDの知見や基準を普及させ、投資環境の整備や競争条件の改善等につなげることは、世界の持続的成長のみならず、日本企業支援の観点からも重要である。こうした背景から、日本は従来OECDの対東南アジア地域へのアウトリーチを支援してきており、日本が議長国を務めた2014年のOECD閣僚理事会では、安倍総理出席の下、「東南アジア地域プログラム（SEARP）」が立ち上げられた。

SEARPでは、OECDとOECD加盟国が、東南アジア諸国の国内改革とASEAN統合プロセスを支援すべく、租税、投資、教育・スキル、中小企業、規制改革、ASEAN連結性・インフラ開発における官民パートナーシップ（PPP）、貿易、イノベーション、ジェンダー、競争政策の10分野で、「対等な立場で関わり、互いに耳を傾け、学びあう」ことを原則に、東南アジア諸国と政策対話を進めている。日本はSEARPの発足から2018年まで、インドネシアと共に初代共同議長を務め、他の参加国と協調しつつ、プログラムを主導してきた。一方、「ASEAN経済共同体（AEC）ブループリント2025」にも見られるように、ASEAN側もOECDを戦略的協力機関と位置づけ、統合プロセスにおける知見及び専門知識の共有への期待を表明している。

2018年3月には、東京でSEARP閣僚会合が開催され、河野外務大臣からは、東南アジ

アからの将来的なOECD加盟も見据え、同プログラムを通じた協力推進の決意の表明がなされた。2021年5月にはタイ及び韓国が共同議長国を務めたオンライン形式でSEARP地域フォーラムが開催され、鷲尾外務副大臣が参加し、我が国の教育分野におけるデジタル化の取組や、東南アジア向けの支援などを紹介した。

我が国は今後もSEARPや国別プログラム（特定のニーズに基づきOECDの知見を活用して国内改革などを支援するテーラーメイド型のプログラム）を効果的に活用しながら、同地域からの将来的な加盟を後押ししていくことが重要である。

(7)　OECD東京センター

1973年に設立されたOECD東京センターは、アジア唯一の広報センターであり[2]、OECDの活動に対する理解の促進（OECD出版物の広報、プレスリリースの配信、国内各界各層との知的交流、セミナー開催等）や、近隣地域におけるアウトリーチ活動等を行っている。

2　WIPO/TRIPS

(1)　WIPO

❶世界知的所有権機関（WIPO）

WIPOは、「工業所有権の保護に関するパリ条約」及び「文学的及び美術的著作物の保護に関するベルヌ条約」の事務局を前身とし、1970年に発効した「世界知的所有権機関を設立する条約」により設立された、特許権、意匠権、商標権、著作権等の知的財産保護に関する国連の専門機関である。本部をジュネーブに置き、加盟国は日本を含め、193か国（2021年8月時点）である。2006年に

特別寄稿

知財がすべての人のより良い世界のために

夏目健一郎
WIPO事務局長補

　WIPO（世界知的所有権機関）はタン新事務局長のリーダーシップのもと、2022-2026年の中期戦略計画を策定した。

　まず強調したいのは、知的財産は知財専門家などの限られた関係者のためのものではなく、また先端技術などを持つ一部の先進国だけが知財の恩恵に恵まれるべきものでもないということである。WIPOの目指すビジョンは、世界のすべての人のために、知的財産によって創造やイノベーションを支え、豊かな世界を創ることである。

　そもそも知的財産は権利を取得して終わりではない。知財を商業化に結び付ける、経済活動を回してこそ真の活用である。そのため「イノベーションと知財エコシステム部門」を新設した。知財が絵に描いた餅ではなく、雇用の創出、投資の促進、企業成長の推進、究極的にはより良い、より持続可能な未来へと経済社会を発展させるための重要なツールとして認識されるように加盟国や関係者と協力していく。

　これまでのWIPOのコミュニケーションは知財関係者により多く向けられていた。それ自体は必要不可欠な事ではあるが、いわゆる知財専門家以外にも積極的にアプローチし、知的財産の幅広い認知を促していくことを新たな方針として位置づけた。まず2022年7月の総会に先立ち「イノベーションのための閣僚フォーラム」を開催し、閣僚級レベルを巻き込んで議論を行う。更に日本を含めて世界における経済活動プレイヤーの多くが中小企業であること、未来を担うのは若者であることを踏まえれば、彼らへのアウトリーチは必然である。紙の新聞やテレビといった伝統的なメディアだけではメッセージを届けられない。ソーシャルメディアを含めてターゲットに届くチャネルを活用する。

　WIPOに限らず多国間交渉、特に条約、標準などのルール策定を巡る状況は厳しいという実情は確かにある。しかしWIPOが知財に関する国際的議論の場であることは揺るがない。いわゆるハード・ローに限らずソフト・ロー、ベスト・プラクティスを含めて様々な議論・検討を行うグローバルフォーラムとしてWIPOは貢献する。COVID-19に関連して特許権の扱いが議論の俎上に上がっているが、SDGsに代表される地球規模の目標を達成するために加盟国のみならずWHO、WTOなどの他の国際機関、NGOなど様々な関係者と連携し、協力していく。

　WIPOは特許、商標、意匠などの国際制度を擁しており、その手数料は歳入の95％以上を占める。これらのグローバルサービスを世界中のユーザにとってより付加価値が高いものにする。中小企業などに使いやすく、これまで特許が身近ではなかった潜在的ユーザにも働きかけ、デジタル技術を活用して利便性をさらに向上させる。そこから得られる知財情報、データ、その分析結果を効果的に発信する。更にWIPOのプラットフォームやツールを活用して技術移転、知識移転を促進する。日本からの提案で実現された環境技術の技術移転プラットフォームであるWIPO GREENが好例であるが、これらを活用してグローバルな課題に対応していく。

　これらを着実に実行するには我々事務局もこれまでの慣例に拘泥することなく、組織内文化の変革を厭わずに実行していくことが必要である。そうして知財エコシステムを機能させて、世界のすべての人の生活向上に貢献していきたい。

は、WIPOの外部事務所であるWIPO日本事務所が東京に設立され、日本でWIPOが提供するサービスの利用促進を図ると共に、WIPOのアジア太平洋部と連携し、調査研究、能力開発等の活動に取り組んでいる。

WIPOは、加盟国及び他の国際機関との協力を通じて、世界的規模での知的財産保護を促進するため、知的財産に関する新たな国際条約の策定、開発途上国に対する知的財産分野の技術協力やセミナー及びシンポジウムを通じた能力向上の支援、知的財産に関する条約の管理・運営（国際出願の受理・公報発行等）を主に行っている。予算は、この国際出願業務の管理・運営に係る手数料収入で全体の9割以上を占めている点が特徴的である。日本は、国際特許出願数において世界第3位である他、日本の分担金及び任意拠出金（グローバル・ファンド）は加盟国中最大であり、セミナーや人材派遣などのWIPOの開発途上国協力活動を積極的に支援している。

❷最近の動き

〈条約への加入〉

2015年2月、日本はWIPOが所管する「意匠の国際登録に関するハーグ協定のジュネーブ改正協定」の加入書をWIPOに寄託し、同年5月から国内でも同協定に基づく意匠の国際登録制度の利用が可能となった。

2016年3月には、「特許法条約（PLT）」及び「商標法に関するシンガポール条約（STLT）」の加入書をWIPOに寄託し、同年6月から特許権及び商標権の取得等に関する統一された手続により、日本企業等が日本を含む加盟国で特許権及び商標権の取得等を容易にできるようになった。

2018年10月には、「盲人、視覚障害者その他の印刷物の判読に障害のある者が発行された著作物を利用する機会を促進するためのマラケシュ条約（略称：視覚障害者等による著作物の利用機会促進マラケシュ条約）」の加入書をWIPOに寄託し、2019年1月1日から同条約は我が国について効力を生ずることとなった。同条約を締結することは、日本の視聴覚障害者等の方々による著作物の利用の機会の促進に関する国際的な取組に貢献するとの見地から有意義である。

〈WIPOにおける主要な議論〉

意匠の出願手続等に関する意匠法条約（仮称）の条文案の議論においては、技術支援に関する規定及び意匠出願における伝統的知識・伝統的文化表現の出所開示要件を巡り加盟国間で意見が対立しているため、条約の採択に向けた外交会議の開催に向けて調整が継続している。

また、放送機関の権利の保護に関する新たなルール作りの検討が1998年以来行われており、各国は総じて早期の条約採択について前向きな姿勢であるものの、放送機関が行うインターネット上の送信を条約の保護対象とするか等について各国の意見が対立しており、意見の懸隔を埋めるべく交渉が続いている。

(2)　TRIPS

❶TRIPS協定

GATTのウルグアイ・ラウンド交渉の成果として、1995年1月1日にWTO設立協定が発効した際に、物品及びサービスの貿易に関する協定と並ぶ重要な附属書として、「知的所有権の貿易関連の側面に関する協定（TRIPS協定）」[3]が発効した。

国際経済活動の拡大に伴いモノ・サービスの国際的取引が拡大する中、知的財産の保護

---

3) Agreement on Trade-Related Aspects of Intellectual Property rights

が十分でなければ、不正商品や海賊版の製造・流通が国際的に横行し、正常な経済活動や研究開発のインセンティブが阻害されてしまう。TRIPS協定は、このような状況を解決すべく、知的財産権の適切な保護とその権利の公平・適正な手続による行使を通じて、国際貿易の歪曲と障害を軽減させることを目的としている。

このような問題の具体的な解決策として、TRIPS協定にはそれまでの既存の知的財産に関する条約とは異なる以下の特徴的な規定が設けられている。①知財関連条約において、初めて最恵国待遇が明記された。②「工業所有権の保護に関するパリ条約」、「文学的及び美術的著作物の保護に関するベルヌ条約」及び「集積回路についての知的所有権に関する条約（ワシントン条約）」がそれぞれ定める実体規定を本協定の中に取り込んだ上で、より高度な保護水準を定めた。③国際条約において初めて知的財産権の権利行使に関する具体的な手続についての規定を設けた。④TRIPS協定に違反した場合に、紛争解決機関への提訴を通して違反措置の是正を求めること及び是正勧告に従わない場合に制裁措置を行うことを可能にする手続を設けた。

なお、後発開発途上国（LDC）にとっては、高度な法的義務を規定したTRIPS協定を直ちに適用することは困難であることから、TRIPS協定の義務の履行まで10年の経過措置を認めることで調整を図ったが、現在、本経過措置は2034年7月1日まで延長されている。

❷最近の動き

TRIPS理事会では、公衆衛生との関係、生物多様性条約（CBD）との関係及び地理的表示（GI）の追加的保護の拡大等について議論がなされている。

公衆衛生との関係では、2020年10月、インドと南アフリカは、新型コロナに対応するためには、ワクチンを含む医療品を手頃な価格で迅速に手に入れることができるようTRIPS協定上のコロナの予防・封じ込め・治療に関する知的財産保護義務を免除すべきとの提案を行った。2021年5月上旬に米国は、コロナワクチンに係る知的財産保護免除の支持及びWTO・TRIPS理事会における交渉へ積極的に参加すると発表した。その後TRIPS理事会では、集中的な会合が開催されているものの、公衆衛生と知的財産を巡る課題は複雑であることから議論の大きな進展は見られていない。日本は、ワクチン供給を、途上国を含め拡充させるため、高品質で安全かつ効果的なワクチンの迅速な生産拡大を重要視しており、この提案を巡る議論に建設的に参画してきている。

また、医薬品に関するLDCに対する経過措置（TRIPS協定第2部第5及び7節の延長）やTRIPS協定第70条8及び9の義務免除は、2015年10月のTRIPS理事会、関連する非公式会合及び同年11月のTRIPS理事会再開会合を経て、2033年1月1日まで延長、免除することが決定及び合意されている。

GIの追加的保護については、EU等を中心とした国々が、ワイン・スピリッツに限られていたTRIPS協定第23条レベルの保護を全産品（農産品のみならず鉱工業品も含む）へ拡大する等の提案を行っているものの、米国等を中心とした国々との対立が深く、議論の進展は見られていない。

3　国際貿易センター（ITC）

国際貿易センター（ITC）は、1964年に多角的貿易体制を支える世界貿易機関（WTO）の前身であるGATTの下に発足し、その後、国連貿易開発会議（UNCTAD）からの資金拠出を得て、両機関の共同技術協力機関とし

て改組された。開発途上国の貿易関連能力の向上を通じて経済発展と貧困削減を目指す「貿易のための援助（Aid for Trade）」に特化した唯一の国際機関である。途上国の民間企業育成支援、人的資源開発や輸出促進機関との連携等、民間セクターへの支援を通じ、貿易の拡大や経済発展につなげる活動を行っている。他の国際機関の多くがベーシック・ヒューマン・ニーズに係る支援を主体とする中で、ITCは途上国の経済的なエンパワーメントを通じた持続的・自立的な開発の促進に重点を置き、他の機関とは一線を画する独自の役割を果たしている。また、女性起業家に対する支援を通じた女性の経済的エンパワーメントの促進や、IT技術を活用した輸出振興支援等においても積極的な取組を行っている。

日本は、2007年から、アフリカや中東地域の伝統的なデザインを活用したアクセサリーやハンドバッグ等の企画・生産・販売を通じて、女性の職業訓練、雇用確保を促し、貧困コミュニティの女性の自立支援と貧困削減を目的とする、「エシカル・ファッション・イニシアティブ（The Ethical Fashion Initiative）」に資金拠出を行った。日本企業を含む各国のアパレルメーカーとの提携プロジェクトでもあり、ファッションショーを行うなど注目を集めた。

また、2019年からは、途上国の女性起業家と国外の投資家及び輸入者との間のビジネス関係構築を包括的に支援することを目的とするプロジェクトである「SheTrades Connect」に資金拠出を行っている。本プロジェクトは、2021年までに300万人の女性起業家を輩出することを目標とする「SheTrades Initiative」の一環であり、多くの女性起業家を支援し高く評価されている。具体的な支援内容としては、マーケティングやブランデ

「難民の雇用と能力イニシアチブ」の参加者がITを用いた職業訓練を受ける様子（ソマリア）（出典：ITC）

ィングを中心としたトレーニング及び見本市での商談支援が実施されてきている。本イニシアティブでは、IT分野の展示会などにおいて、途上国の女性起業家と日本企業とのマッチングなども行われてきている。

加えて、日本は、パレスチナ・ガザ地区やソマリア等の脆弱地域での経済活動を促進する支援もITCを通じて行っている。これらのプロジェクトは、紛争や新型コロナ感染症により大きな社会的・経済的被害を受けている若年層や避難民に対して、デジタル・スキルの向上やオンラインでの雇用確保、ビジネス・マッチングなどの支援を行うことで、彼らの経済的自立に貢献している。特に、ガザ地区のプロジェクトでは、これまで200名以上の若者がオンラインでの仕事を得ることに成功し、デジタル分野での多くの起業家も生まれている。ソマリアのプロジェクトでは、現地の若者政策の立案にも貢献している。こうした取組に対し、現地政府から高い評価が示されている。

ITCと日本政府は、「貿易のための援助」を主導するパートナーとして緊密な関係を築いている。ゴンザレス前ITC事務局長は、2016年、2017年及び2019年に日本で開催された国際女性会議ＷＡＷ！に出席し、総理大臣表敬や外務大臣等との面会を行ったほか、

第三章

中小企業の女性起業家が世界貿易において直面する課題について他の参加者と共に議論した。また、2020年10月に就任したコーク＝ハミルトン事務局長とも引き続き連携を強化していくことで一致している。

4　国連貿易開発会議（UNCTAD）/ 国連後発開発途上国・内陸開発途上国・小島嶼開発途上国担当上級代表事務所（UN-OHRLLS）

(1)　国連貿易開発会議（United Nations Conference on Trade and Development、略称UNCTAD）

〈設立の経緯〉

　国連貿易開発会議（UNCTAD）は、開発、貿易、投資、資金、技術、持続可能な開発等の分野における相互に関連する問題を統合して取り扱うための国連機関である。

　1960年代以降、国際社会の平和や繁栄には開発途上国の経済的困難の解決が不可欠であるとの考えの下、いわゆる「南北問題」を指摘する声が高まった。これを背景に、1962年、開発途上国がカイロに会し、貿易と開発に関する会議の開催を求める「カイロ宣言」を採択した。その後、国連総会や経済社会理事会での議論を経て、1964年3月から3か月にわたり同会議が開催され、同年12月の国連総会決議により常設の機関として設置された。日本は設立時から加盟している。

〈目的・活動〉

　UNCTADは、経済上の課題に直面する開発途上国の貿易、投資、開発の機会を拡大させつつこれらの国を世界経済に統合することを目的とし、①貿易と開発に関連する課題に関する加盟国間のコンセンサス形成、②調査・研究及び政策分析、③技術支援を3つの柱として活動している。具体的には、4年に1度の総会及び年に1度の貿易開発理事会をはじめとして、加盟国間での様々な意見交換の場を設けコンセンサスの形成を図るとともに、貿易開発報告書（TDR）、世界投資報告書（WIR）、デジタル経済報告書（Digital Economy Report）、後発開発途上国報告書等の分析報告書をはじめ、出版物を多数発行している。また、関連する分野における能力向上のための技術支援プロジェクトを実施している。

　2021年10月には、「不平等及び脆弱性から全ての人々の繁栄へ」をテーマとし第15回総会がハイブリッド形式で開催され、UNCTADの優先課題を定めた「ブリッジタウン盟約」が採択された。

(2)　国連後発開発途上国・内陸開発途上国・小島嶼開発途上国担当上級代表事務所（Office of the High Representative for the Least Developed Countries, Landlocked Developing Countries and Small Island Developing States、略称UN-OHRLLS）

〈設立の経緯〉

　2001年5月に開催された第3回国連後発開発途上国（LDC）[4] 会議において、同会議のフォローアップのあり方を見直す観点から、その所管をUNCTADから国連内に移すことが主張された。これを受け、同年10月の国連総会第2委員会の議論を経て、その後採択された国連総会決議により、LDC・内陸開発途上国（LLDC）[5]・小島嶼開発途上国（SIDS）[6] のための上級代表事務所としてニ

---

4) LDC：国連開発計画委員会が認定した基準に基づき認定された特に開発の遅れた国々。現在、46か国。
5) LLDC：国土が海から隔絶され、国際市場への距離や物流コスト等の経済社会開発上の制約を抱えた国々。現在、32か国。
6) SIDS：小さな島で国土が構成され、島国固有の問題（少人口、遠隔性、自然災害、海面上昇等）を抱える国々。現在、38か国。

ューヨークに設置された。

〈目的・活動〉

UN-OHRLLSは、定期的に開催される国連会議を通じ策定される「2011〜2020年のLDCのための行動計画（イスタンブール行動計画）」、「2014〜2024年のLLDCのためのウィーン行動計画」、「SIDS行動のための加速化モダリティ（SAMOAパスウェイ）」といった行動計画のフォローアップを目的とし、加盟国や国連機関間の調整、モニタリング、レビュー、政策提言を行うほか、各種分析報告書を発行している。

2022年1月には第5回国連LDC会議が開催され、LDCのための新たな行動計画が策定される予定であったが、新型コロナウイルス感染症の影響により延期された。

5　国連食糧農業機関（FAO）/国際穀物理事会（IGC）/国際コーヒー機関（ICO）

(1)　国連食糧農業機関（Food and Agriculture Organization of the United Nations、略称FAO）

〈FAOの概要〉

FAOは食料・農業分野における国連の筆頭専門機関である。世界各国の国民の栄養水準・生活水準の向上、食料・農産物の生産・流通の改善、農村住民の生活条件の改善を通じた、世界経済の発展と人類の飢餓からの解放を目的とし、1945年に設立された。2020年末現在、196か国（2準加盟国を含む）及びEUが加盟している（日本は1951年に加盟）。

FAOの組織は、加盟国が構成する運営組織（理事会、委員会等）と、運営組織による意思決定を実行する事務局からなる。事務局は、本部をイタリアのローマに置き、事務局長は、中国出身の屈冬玉（チュー・ドンユ

ィ）氏が務める。途上国を中心に活動する地域事務所・地域支所・国別事務所と、主要ドナー国や国際機関等との連携に取り組む連絡事務所があり、日本には連絡事務所の1つが横浜市に設置されている。

〈FAOの活動〉

FAOの主要な機能は、①食料・農業に関する国際的ルール（条約、基準、規範等）の策定、②情報の収集・伝達・分析や統計資料の作成、③中立的で国際的な協議の場の提供、④開発途上国への技術助言・技術協力である。これらの機能を発揮し、人類の飢餓からの解放という目的を実現するため、戦略枠組みを策定し、これに基づき活動している。

2020〜21年事業予算計画（通常予算）では、約10億米ドルの予算が計上され、特に、栄養不良対策、持続可能な農業生産への支援、貧困削減、持続可能な食料システムの構築等に重点配分された。また、FAOは通常予算に加え、任意拠出金（FAOの予算総額の過半数を占める）により事業を実施している。

また、FAOは、ローマに本部を置く国連食料関連機関であるWFP（国連世界食糧計画）、IFAD（国際農業開発基金）等とともに、2021年9月にグテーレス国連事務総長の呼びかけにより開催された「国連食料システムサミット」において主導的な役割を担うなど、世界の食料システムをめぐる課題解決を通じたSDGsの達成にも取り組んでいる。

〈日本にとっての意義〉

日本は、国際社会の責任ある一員として、上記のFAOの活動を支えている。特に、日本は第3位の分担金負担国であり、主要ドナー国の1つとして、途上国に対する食料・農業分野での開発援助の実施や、世界規模での持続可能な農業生産と責任ある投資の拡大を通じた世界の食料安全保障の強化に大きく貢

第三章

献している。これは、ひいては、食料の多くを輸入に依存する日本の食料安全保障の強化に資するものである。

また、FAOは食料・農業分野の国際的なルールメイキングも担っており、これに積極的に関与・貢献することは、日本の食料安全保障の確保につながる重要な外交手段である。FAOは、WTOの「衛生植物検疫措置（SPS）協定」において示される国際基準のうち、①植物検疫措置（IPPC）、WHOと合同で②食品安全に関する国際基準（Codex: FAO/WHO合同食品規格計画コーデックス委員会）の策定を主導している。

更に、日本としてはFAOの持つ技術的・専門的知見の活用も図っており、2019年5月10日から11日に開催されたG20新潟農業大臣会合では、グラツィアーノ事務局長（当時）が出席し、また、同年8月28日から30日に開催されたTICAD7には、屈事務局長が出席し、農業のテーマ別会合でスピーチを行うなど、議論に貢献している。

〈FAOとの連携強化の現状〉

日本は、FAOの重要性に鑑み、日・FAO関係の抜本的強化に取り組んでおり、連携・パートナーシップの更なる強化を図るために、2017年から年次戦略協議を開催してきた。2020年1月には、4回目の開催となる年次戦略協議を外務省において実施し、FAOを代表してグスタフソン事務局次長ら、日本側は外務省と農林水産省の合同チームが出席した。同協議では、日本のFAOへの財政貢献、日本国内におけるFAOの活動及び成果の認知度向上、FAOにおける日本人職員による貢献等の進捗状況を確認し、両者のパートナーシップを更に前進させることで一致した。更に、両者は、屈FAO事務局長が出席した2020年8月のTICAD7を振り返るとともに、日本で開催される東京栄養サミットについて意見交換を行い、持続可能な開発目標（SDGs）の達成に向け、さらなる協力を深めることとした。

FAOの国内での認知度の向上と日本人職員の増強を図るため、大学生・大学院生や研究者、社会人等の一般国民を対象とした講演会やセミナーも開催している。2020年には、世界食料デーに際してシンポジウムを実施したほか、FAO駐日連絡事務所や関係機関などが実施し、FAOの活動を広く知らしめるイベント等に協力を行った。

我が国の関心事項を踏まえた案件がFAO側により積極的に形成されたこともあり、2021年3月に中東・アフリカなどの計18か国に対してFAOを通じた計約1,593万ドルの支援を実施した。

(2)　国際穀物理事会（International Grains Council、略称IGC）

〈IGCの概要〉

1995年の国際穀物協定は、穀物貿易に係る国際協力を促進するための「穀物貿易規約」と、途上国への食料援助のための「食糧援助規約」の2つの法的文書から構成されており、IGCは穀物貿易規約の運用機関である。穀物の貿易と国際協力を促進し、国際穀物市場の安定に寄与することを目的とし、穀物の生産量（生育状況を含む）や穀物の貿易に関連する市場情報のみならず、穀物生産・消費・在庫・貿易等に関する各国政府の施策やその変更等に関しても情報交換を行う。世界の主要な穀物輸出・輸入国が加盟（2021年8月現在、計29か国及びEU。穀物の主要貿易国のうち、ブラジル及び中国が未加盟）。事務局はイギリスのロンドンにある。事務局長は2006年2月から12年間にわたり日本出身の北原悦男氏が務めた後、2018年2月からフランス出身のアーノルド・ペティ氏に引き

継がれた。

〈IGCの活動と、日本にとっての意義〉

　IGCは、小麦、とうもろこし、大豆、米の日々の穀物相場や中期予想に加えて、穀物の貿易価格に大きな影響を与えるフレート（海上運賃）の分析や、長期的な相場トレンドを示すインデックスを用いた分析も行っている。2017年からは新たに豆類も調査対象に加えるなど、幅広い情報提供を行うプラットフォームとして機能しており、毎年多数の関連レポートにより、情報発信を行っている。IGCは、穀物の主要貿易国からの情報提供を受けるとともに、独自でも情報収集を行っており、特定の輸出国又は輸入国の立場に依らない第三者の立場でのフェアな分析が行われている。この情報を利用し他国と意見交換等を行うことで、世界及び日本の食料安全保障に影響を与える穀物市況と今後の課題等について情報を得ることが可能となっている。特に、日本は総穀物需要の7割以上、自給率の高い米を除けば9割以上を輸入に依存しており、IGCの情報は日本の食料安全保障上、非常に重要といえる。

(3)　国際コーヒー機関（International Coffee Organization、略称ICO）

〈ICOの概要〉

　ICOは、コーヒー産業が全ての関係者にとってより良い運営環境になることを目指し、市場経済下で世界的にコーヒー産業を強化し、かつその持続可能な拡大を促進することを目的として設立された。現在、加盟国は日本を含む48か国及びEU（2021年8月現在）。事務局はイギリスのロンドンにあり、事務局長はブラジル出身のジョゼ・セッテ氏が務めている。

〈ICOの活動と、日本にとっての意義〉

　ICOは、コーヒー市場の安定を図ることを主な目的として、政府間協議の場の提供、コーヒーに関する国際協力の促進、生産国におけるコーヒー開発プロジェクトの実施、消費振興、情報の収集・分析・提供等を中心に活動している。毎年3月及び9月には理事会を開催するとともに、不定期に世界コーヒー会議を開催している。また、持続可能なコーヒー生産や、害虫対策などの取組、コーヒー価格のマーケットレポートの作成などを行っている。コーヒー豆は、近年、価格の変動が大きい状況であり、コーヒーを輸入に頼り、また、一部の大手数社を除けばほとんどが中小企業からなる日本のコーヒー業界にとっては、政府及び横断的組織である一般社団法人全日本コーヒー協会がICOに参加し、情報収集するとともに意見表明することは有益である。

6　エネルギー関連国際機関（IEA/IEF/IRENA/ECT/ISA）

(1)　国際エネルギー機関（International Energy Agency、略称IEA）

〈IEAの概要〉

　IEAは、第一次石油危機後の1974年に、キッシンジャー米国務長官の提唱を受けて、経済協力開発機構（OECD）の枠内における機関として設立された。全てのエネルギー資源に関する市場・情勢分析や政策提言等を行う唯一の国際機関として確固たる地位を築いている。IEAは、OECD加盟国（2021年末現在38か国）であり、かつ備蓄基準（前年の当該国の1日当たり石油純輸入量の90日分）を満たすことを参加要件としている。2018年2月にメキシコが新たに加盟し、2021年末時点のIEA加盟国数は30か国となった。現在、チリ、リトアニアの加盟に向けた手続が行われている。事務局長はトルコ出身のファティ・ビロル氏（Dr. Fatih Birol, Executive

Director of International Energy Agency, IEA）が務めている。

IEAは、エネルギー安全保障の確保（Energy security）、環境保護（Environmental awareness）、経済成長（Economic development）、世界的なエンゲージメント（Engagement worldwide）の「4つのE」を共通目標に掲げ、エネルギー政策全般に関する幅広い活動を展開している。具体的な活動分野には、①石油・天然ガス供給途絶等の緊急時への準備・対応、②石油・天然ガス・石炭・再生可能エネルギー・電力等の市場分析・中長期の需給見通し、③エネルギー源の多様化、④非加盟国との協力促進等がある。

〈IEAの活動と、日本にとっての意義〉

石油供給の大半を外国に依存する日本にとって、IEAの緊急時対応システムは供給途絶の際への備えとして極めて重要なものとなっている。IEAによる過去の協調行動としては、2011年のリビア情勢等への対応として石油備蓄を放出した例などがある。また、IEAはエネルギー政策全般にわたる知見について国際的に高い評価を得ており、特に加盟国のエネルギー政策全般に係る国別詳細審査等を通じてIEAが行う政策提言や、毎年発行されている旗艦出版物『世界エネルギー展望』（World Energy Outlook、略称WEO）は、日本のエネルギー政策の企画・立案・実施にとり有益である。

IEAとの間では、国際会議の機会等を活用して緊密に意見交換を行っている。2021年7月に開催されたG20気候・エネルギー大臣会合では、鷲尾外務副大臣とビロル事務局長との間でバイ会談が実施され、日本とIEAとの一層の関係強化が確認された。ビロル事務局長は、2019年4月には安倍総理大臣との間でも意見交換を行っている。

〈IEAの将来戦略と非加盟国との関係強化について〉

ビロル事務局長は2015年9月の就任後、IEAが目指すべき将来像として、OECDの枠にとらわれない「真に国際的なエネルギー機関」という理念とともに、それを実現するためのビジョンとして、①エネルギー安全保障の更なる強化、②クリーンエネルギー及び省エネルギーに関する国際的ハブとしてのIEA、③OECDやIEAに加盟していない新興国との協力関係の強化（アソシエーション制度の構築）を掲げた。

これまでの進展として、①（エネルギー安全保障の更なる強化）については従来の石油に加え、天然ガスにおいても供給途絶等の緊急時への対応メカニズムを構築するべく、2016年7月に日本で初めてのガス強靱性評価を実施した。更に、2016年以降毎年、我が国が主催するLNGの産消国の対話枠組みである「LNG産消会議」において、グローバルなLNGインフラやLNG市場の流動性の現状及び課題等について体系的にとりまとめた「世界ガスセキュリティー・レビュー」を発表している。②（クリーンエネルギー及び省エネルギーに関する国際的ハブとしてのIEA）については、主要先進国・新興国23か国の閣僚等が一堂に会してクリーンエネルギー分野の世界的な普及・促進を目指す「クリーンエネルギー大臣会合（CEM）」の事務局機能をIEAが担っている。③（OECDやIEAに加盟していない新興国との協力関係の強化）については、世界のエネルギー消費に占めるOECD諸国の割合が年々縮小し、中国やインド等の新興国のエネルギー消費が顕著に拡大し続ける現状を踏まえ、IEAはこれらの国々との関係強化に向けた精力的な協議を実施している。その結果、IEAと非加盟国との協力イニシアティブである「アソシエー

ション制度」が構築された。アソシエーション制度への参加国は年々増加しており、2021年末現在、中国、インドネシア、タイ、シンガポール、モロッコ、インド、ブラジル、南アフリカが参加国となっている。

このように、IEAはエネルギーに関する国際的な専門機関として長い歴史と実績を有するとともに、変化が著しい昨今の国際エネルギー情勢に対応するべく、常に自らも変革を続けてきており、日本のエネルギー安全保障にとって極めて重要な機関となっている。

先述の鷲尾外務副大臣とビロル事務局長のバイ会談（2021年7月22日、於イタリア・ナポリ）においては、、鷲尾外務副大臣から、エネルギー移行や脱炭素化など、エネルギー安全保障を巡る変化に的確に対応したビロル事務局長のリーダーシップと貢献を高く評価する旨述べるとともに、我が国としても、来年の閣僚理事会の開催に向けたIEAの諸活動を引き続き積極的に支援していく旨述べた。これに対し、ビロル事務局長からは、日本のIEAに対する貢献への謝意が伝えられるとともに、今後の日本とIEAとの更なる協力関係の強化を期待する旨が述べられた。

⑵　国際エネルギー・フォーラム（International Energy Forum、略称IEF）

〈IEFの概要〉

IEFは、石油・ガス等の産出国と消費国の閣僚レベルが、エネルギー市場の安定や中長期的な見通し等について非公式な対話を行う枠組みである（注：国際約束に基づき設立された国際機関ではない）。産消対話を行うことにより、産消国双方が相互に理解を深め、健全な世界経済の発展やエネルギー需要と供給の確保のために安定的かつ透明性のあるエネルギー市場を促進することを目的としている。

閣僚級会合は最も高いレベルの会合で、1991年に第1回会合をパリで開催して以降1〜2年毎に開催されている。2003年12月から常設の事務局がサウジアラビアのリヤドに設置されている。2021年10月現在の加盟国は71か国であり、事務局長は米国出身のジョセフ・マクモニグル氏（Mr. Joseph McMonigle, Secretary General, International Energy Forum, IEF）が務めている。

〈IEFの活動と、日本にとっての意義〉

日本は、化石燃料の大半を海外に依存する世界第5位のエネルギー消費国であり、消費国としてIEFを活用し、産出国側と共通理解を深めることで、エネルギー安全保障を強化する必要がある。また、石油市場の透明性を確保するためにIEFが取り組んでいる「国際機関共同データイニシアティブ（Joint Oil Data Initiative、略称JODI）」を、データの質の向上と参加国の拡大の観点から一層充実させていくことが不可欠である。

また、事務局のホスト国であり、IEFに積極的な貢献を行っているサウジアラビアは、世界最大級の石油埋蔵量を有するとともに、日本にとって最大の原油供給国でもある。IEF常設事務局へ協力の姿勢を示すことは、世界及び日本のエネルギー安全保障にとって重要なサウジアラビアとの二国間関係を強化する上でも意義がある。

2021年7月に開催されたG20気候・エネルギー大臣会合では、鷲尾外務副大臣とマクモニグル事務局長との間でバイ会談が実施され、新型コロナの影響を受けた原油・ガス市場の動向及びIEFとの協力の推進等について議論した。マクモニグル事務局長からは、日本のIEFに対する貢献への謝意が述べられた。

第三章

(3)　国際再生可能エネルギー機関（International Renewable Energy Agency、略称IRENA）

〈IRENAの概要〉

IRENAは、再生可能エネルギー（太陽、風力、バイオマス、地熱、水力、海洋利用等）の普及・持続可能な利用の促進を目的として設立され、2011年4月の第1回総会にて正式に発足した。事務局本部はアラブ首長国連邦のアブダビにあり、同年10月、ドイツのボンにイノベーション・テクノロジー・センター（IRENA Innovation Technology Center、略称IITC）が開所した。2021年10月現在、165か国とEUが加盟している。事務局長はイタリア出身のフランチェスコ・ラ・カメラ氏（Mr. Francesco La Camera, Director General of International Renewable Energy Agency, IRENA）が務めている。

〈IRENAの活動と、日本にとっての意義〉

IRENAは、主な活動として、再生可能エネルギー利用の分析・把握・体系化、政策上の助言提供、加盟国の能力開発支援等を行っている。気候変動に関するパリ協定の採択・発効等、昨今国際的な機運の高まりが見られる再生可能エネルギーの普及・利用を進め、適切なエネルギー・ミックスの実現を国際的に推進する母体であり、また日本の優れた再生可能エネルギー技術を対外発信する場としても有益である。日本はIRENAと協力して、途上国の能力構築研修等を実施するとともに、民間企業とも連携する形でのセミナーの開催等を行ってきている。

また、日本は、設立以来一貫してIRENAの運営に積極的かつ主導的な役割を果たしている。設立後6期連続で理事国に選出（全21か国、任期は2年）され、半年ごとに開催される理事会において、事業計画・予算案の検討、総会準備、年次報告書の審議、事務局長の選出に係る審議等、IRENAの具体的な運営に貢献している。

〈IRENAとの連携強化の現状〉

2018年1月にアブダビで開催された第8回総会には、河野外務大臣が我が国の外務大臣として初めて出席し、「日本の再生可能エネルギー外交−気候変動とエネルギーの未来」と題する政策スピーチを行った。このスピーチの中で河野外務大臣は、再生可能エネルギーの時代の到来を受け、日本として技術とイノベーションの力で世界に貢献していく旨発言したほか、脆弱な立場にある国への支援や、「福島新エネ社会構想」の国際発信にも言及した。その上で、気候変動問題や再エネ推進に貢献してきたIRENAを評価し、日本として引き続きIRENAの活動を支援していく考えを示した。

2021年1月の総会には、鷲尾外務副大臣が出席し、カーボンニュートラルへの道筋と再生可能エネルギー大量導入に向けた課題と我が国の取組に関するスピーチを行った。同スピーチでは、カーボンニュートラルの実現のための道筋は各国様々であり、我が国のようなエネルギー資源の乏しい国では、再生可能エネルギーの導入を最大限進めつつ、技術とイノベーションを総動員する必要があること、加えて、途上国の脱炭素化のための支援も重要であることを指摘し、脱炭素化に向けた我が国の取組を紹介した。さらに、再生可能エネルギーの大量導入を進めるにあたり、その裨益だけでなく課題にも目を向ける必要があることも指摘した。特に、調整力の確保や電力システム全体のコスト評価、蓄電池やモーター等に使われる鉱物資源の確保、そして、2030年頃から寿命を迎える太陽光パネル等の大量廃棄への対処を今後の課題として挙げ、IRENAの場で各国が協調してこれらの課題に対処していくことへの期待を述べ

た。

　また、我が国は2021年理事会議長国に就任し、5月の第21回理事会では鷲尾外務副大臣が議長を務めた。2021年7月23日、鷲尾外務副大臣は、イタリア・ナポリにて、フランチェスコ・ラ・カメラIRENA事務局長との会談を行った。鷲尾外務副大臣から、エネルギー移行における我が国の立場として、各国にはそれぞれの事情があり、我が国は各国の多様な解決策に対処できるよう、再エネを始めとするあらゆる技術オプションを用意し、技術とイノベーションで世界の脱炭素化をリードしていく旨述べた。これに対し、ラ・カメラ事務局長から、2021年我が国がIRENA理事会議長を務めていることへの謝意、並びにこれまでの日本からの支援及び日本の再生可能エネルギーの積極的な導入に対する評価が示され、また、日本とともに世界の脱炭素化に向けた課題に協力して取り組んでいきたい旨述べた。

⑷　エネルギー憲章条約（Energy Charter Treaty、略称ECT）

〈ECTの概要〉

　1991年、市場原理に基づく改革の促進、エネルギー分野における貿易及び投資等の企業活動を促進することを内容とする政治宣言である「欧州エネルギー憲章」が作成され、その内容を実現するための法的枠組みとして、1994年にエネルギー憲章条約（ECT）が作成された。ECTは、1998年に発効し、日本は2002年に受諾した。2021年8月現在、旧ソ連（ロシア・ベラルーシを除く）、東欧、EU諸国等50か国及びEU・ユーラトムが条約を締結している。

　2015年5月、エネルギー憲章に関連するプロセスを近代化するため、欧州エネルギー憲章の内容を基礎とする「国際エネルギー憲章」（政治宣言：IEC）が採択された。2021年8月現在、日本を含む90以上の国・機関が署名している。エネルギー憲章会議（ECTの最高意思決定機関）により設置される事務局がベルギーのブリュッセルにあり、事務局長はスロバキア出身のウルバン・ルスナック氏が、副事務局長は日本出身の廣瀬敦子氏が務めている。なお、廣瀬氏は、国際農業開発基金（IFAD）やアジア開発銀行（ADB）等複数の国際機関において、長年マネージメント業務やエネルギー関連のプロジェクトに関与した経験を有しており、かかる豊富な経験等がエネルギー憲章条約の締約国及び署名国から高く評価され、最終候補に選ばれ全会一致で任命された。

〈ECTの活動と、日本にとっての意義〉

　ECTは、主としてエネルギー原料・産品の貿易及び通過の自由化並びにエネルギー分野における投資の保護等について規定している。貿易に関しては、ECTの締約国の大半が世界貿易機関（WTO）加盟国であり、エネルギー原料・産品の貿易には、関税及び貿易に関する一般協定（GATT）の規定が基本的に適用されている。通過に関しては、エネルギー原料・産品の通過が、通過の自由の原則に従い、出発地や仕向地等による差別または不合理な制限等を受けてはならないことを規定している。投資に関しては、締約国が外国投資家の投資財産に対して内国民待遇または最恵国待遇のうち有利なものを付与すること、一定の要件を満たさない収用の禁止、送金の自由及び紛争解決手続等を規定している。ECTが規定する投資家と投資受入国との間の紛争解決（ISDS）手続に基づく仲裁手続は、公表されている範囲で2021年12月までに142件行われており、日本企業も同手続を利用している。

　日本とECTとの関係では、長期的、安定

的な資源開発に向けた投資・貿易環境の整備に貢献することで、日本のエネルギー安全保障の強化に寄与し、また、締約国において日本企業の投資を保護・促進することが期待される。今後は、エネルギー需要の拡大が見込まれるアジア、アフリカ等の地域にもECTへの加入を促すことが、日本のエネルギー安全保障上重要な課題である。また、世界のエネルギー市場が大きく変化する中で、作成から20年以上が経過したECTの近代化について締約国間で検討を進めている。

2020年、エネルギー憲章会議の議長国を務めたアゼルバイジャンは、同年12月、オンライン形式にて、エネルギー憲章会議第31回会合を主催した。閣僚級セッションでは「万人のためのエネルギー効率：イノベーションと投資」をテーマに議論が行われ、我が国からは鷲尾外務副大臣がビデオメッセージにより出席し、安心、信頼できる投資環境を提供するための法的基盤を提供するECTは益々その重要性を高めており、我が国はECTの近代化交渉に積極的に貢献していく旨述べた。

（5）　太陽に関する国際的な同盟（International Solar Alliance、略称ISA）

ISAは、2015年11月の第21回気候変動枠組条約締約国会議（COP21）開催期間中に、国際社会における太陽エネルギーの利用拡大を目的にインド政府がフランス政府と共に立ち上げた国際協力の枠組みである。加盟国は太陽エネルギーの利用について情報共有し、資金調達、イノベーション、研究開発、能力開発等の分野で協力を行う。2017年12月6日にISAの設立に関する枠組協定が発効し、日本は2018年10月に東京において、同協定の受諾書をインド政府に寄託した。同協定には、2021年10月現在、98か国が署名済みで、うち日本を含む80か国が締結済みである。

2020年、南北回帰線内に国土を持つ国に限定されていた加盟国条件が国連加盟国全体へ緩和され、ドイツ等欧州各国が参加を表明したほか、2021年11月、米国がISAへの参加を表明し、同協定に署名した。

日本は、ISAを通じ、脱炭素化を進めつつ経済成長を実現するための、エネルギー分野の国際協力における日本の存在感を示すとともに、日本の技術やイノベーションについて積極的に発信することを目指し、今後ISAの活動に積極的に参加していく。

3　国際会議における取組

1　G7/G20

（1）　G7サミット
❶G7サミットとは

G7サミット（主要国首脳会議）とは、フランス、米国、英国、ドイツ、日本、イタリア及びカナダ（議長国順）の7か国並びに欧州連合（EU）の首脳が参加して開催される国際会議である。その時々の国際情勢が反映された課題について、自由、民主主義、人権などの基本的価値を共有するG7首脳が一つのテーブルを囲みながら、自由闊達な意見交換を通じてコンセンサスを形成することに最大の特色がある。議論の成果は首脳コミュニケ等の文書の形にまとめられ、世界に発信される。

第1回サミットは、ジスカール・デスタン仏大統領（当時）の提案により、1975年11

月、パリ郊外のランブイエ城において開催された。その背景としては、ニクソン・ショック（1971年）や第１次石油危機（1973年）などに直面した先進国の間で、世界の諸課題に対する政策協調について、首脳レベルで総合的に議論する場が必要であるとの認識が生まれたことが挙げられる。

❷G7テレビ首脳会議（2020年３月）

3月16日、安倍総理大臣は史上初めて開催されたG7首脳テレビ会議に出席した。参加したG7首脳は、新型コロナに関し、各国内の経済状況や感染拡大防止策について意見交換を行った。

安倍総理大臣からは、現下の厳しい状況を収束させるためには治療薬の開発が重要であり、G7の英知を結集させ、開発を加速させることが必要であること、また、経済に悪影響がある中、G7が協調して必要十分な経済財政政策を実施するという力強いメッセージを出すべきであるとの点を述べ、G7の賛同を得た。更に、安倍総理大臣は、東京オリンピック・パラリンピック競技大会について、人類が新型コロナに打ち勝った証として、完全な形で実施したいと述べ、G7の支持を得た。

参加したG7首脳間では、国際社会が一丸となった取組が求められていることを確認し、G7として引き続き協力することで一致した。

❸G7テレビ首脳会議（2020年４月）

4月16日、安倍総理大臣は新型コロナに関するG7首脳テレビ会議に出席した。参加したG7首脳は、各国内の経済状況や感染拡大防止策について意見交換を行った。

安倍総理大臣からは、強大な経済政策や、緊急事態宣言のすべての都道府県への拡大等の日本の対応の現状の紹介に加え、以下４点を強調し、各国の賛同を得た。

(1) 短期的には、治療薬の開発及び普及が重要であること。

(2) 医療体制・保健システムの脆弱な国に対する支援が重要であること。

(3) 危機に関する支援や情報が、透明・迅速かつオープンな形で国際的に共有されることが重要であること。

(4) 今回の新型コロナへの対応を教訓として、世界全体の感染症予防体制強化や危機に強い経済の構築を図っていくことが重要であること。

会議の中では、各国首脳から、前月のテレビ会議以降の各国の取組の進捗が紹介されたほか、官民を挙げた国際的な連携を通じたワクチン開発の重要性、アフリカや東南アジア、島嶼国への支援の重要性などについて意見が一致した。また、今回の事態が収束した後、各国の経済活動を安全な形で再開するための準備が重要との点についても一致した。

国際社会が一丸となった取組が求められる中、今回の会議を通じ、G7としての一致した姿勢を示すことができた。

❹G7首脳テレビ会議（2021年２月）

第２章第１節「G7の結束強化」に詳述。

❺G7コーンウォール・サミット（2021年６月）

第２章第１節「G7の結束強化」に詳述。

(2)　G20サミット

❶G20サミットとは

2008年9月のリーマン・ショック後の経済・金融危機に対処するため、従来のG20財務大臣・中央銀行総裁会議を基に、主要先進国・新興国の首脳が参画するフォーラムとして発足した。2009年9月のピッツバーグ・サミットにおいて、持続可能な経済成長の実現に向けて、G20を国際経済協調の第一のフォーラムとして定例化することが合意され、

2011年以降は原則年1回開催されている。G20は、メンバーの多様性ゆえにG7に比べて合意形成が容易でない反面、加盟国のGDP合計が世界の8割以上を占める重要なフォーラムとなっている。

❷G20首脳テレビ会議（2020年3月）

3月26日、安倍総理大臣は史上初めて開催されたG20首脳テレビ会議に出席した。参加したG20首脳は、新型コロナに関し、各国内の経済状況や感染拡大防止策について議論を行った。

安倍総理大臣は、リードスピーカーとして、新型コロナに関する日本の状況を説明した。また、現下の事態を収束させるために、WHO、民間セクターも含めて世界の英知を結集させて、治療薬等の開発を一気に加速させるべきことを強調するとともに、リーマン・ショックの際と同様、今回もG20がその底力を示す時であるとして、G20全体として、強大な経済財政政策を実施すべきと呼びかけ、各国の支持を得た。

2020年東京オリンピック・パラリンピック競技大会については、安倍総理大臣から、大会を1年程度延期するとのバッハ国際オリンピック委員会会長との合意を紹介した上で、人類が新型コロナに打ち勝った証として完全な形で開催するとの決意を表明し、G20首脳から理解と支持が示された。

参加したG20首脳間では、国際社会が一丸となった取組が求められていることを確認し、G20として引き続き協力することで一致した。

❸G20リヤド・サミット（2020年11月）

11月21日及び22日、G20リヤド・サミットがテレビ会議形式で開催され、菅総理大臣が出席した。

参加したG20首脳は、新型コロナへの対応、世界経済の回復、包摂的な復興等の国際社会の主要課題について議論を行い、議論の総括として、G20リヤド首脳宣言が発出された。

菅総理大臣からは、ポスト・コロナの国際秩序に関する日本の考えを主張し、議論を主導した。菅総理大臣は、（1）新型コロナへの対応、（2）世界経済の回復、（3）国際的な人の往来の再開、（4）ポスト・コロナの国際秩序作りを国際社会においてG20が主導していくとのメッセージを明確に打ち出すべきと述べた。

その上で、新型コロナへの対応として、菅総理大臣から、治療・ワクチン・診断への公平なアクセス確保と、そのための包括的取組が必要であり、G20が特許プールへの支持に合意することが重要であること、また、日本は、ACTアクセラレータ立ち上げの共同提案や、COVAXファシリティへの支援など、多国間協力を推進していくことを述べた。さらに、将来の健康危機への備えには、質の高い包摂的で強靱な保健医療システムが重要であり、そのための持続可能な保健財源の確保や、ユニバーサル・ヘルス・カバレッジ（UHC）に向けた取組が不可欠であることを指摘し、水・衛生など幅広い分野の環境整備に引き続き貢献すべく、2021年12月の東京栄養サミット2021の開催を含め、国際的な取組を牽引する旨述べた。最後に、新型コロナ対応においては、人間の安全保障に立脚し、「誰の健康も取り残さない」ことを目指し、UHCの達成に更に貢献していくとした上で、今回の危機に際し既に15億4千万ドルを超える包括的な支援をかつてないスピードで実施していることを強調した。

世界経済については、菅総理大臣から、感染拡大防止に万全の対策を取りつつ、経済回復、人の往来再開に向けあらゆる努力を傾注する旨述べた。その上で、コロナ危機でデジ

特別寄稿

G20 EMPOWERの意義と日本の役割

アキレス美知子

G20 EMPOWER日本共同代表／SAPジャパン顧問／横浜市参与／三井住友信託銀行取締役

2019年G20大阪サミットでは、女性のエンパワーメントに関するスペシャルセッションが行われ、首脳宣言には次の一節が盛り込まれた。

「我々は、管理職や意思決定に関わる地位にある女性の数を増やすための措置を取る企業の認識や、ジェンダーに対応した投資を含む民間部門による取組を奨励することの重要性を認識する。我々は、「エンパワーメントと女性の経済代表性向上（EMPOWER）」のための民間部門アライアンスの立ち上げを歓迎し、同アライアンスに対して、民間部門における女性の進出を唱導することを求め、今後のサミットにおいて、その進捗を評価し、その具体的な取組を共有する。」

G20 EMPOWERは女性の経済、意思決定層への参画を強化することを目的とする民間セクターアライアンスとして誕生した。活動一期目の2020年はパンデミックの影響下、議長国サウジアラビアが強いリーダーシップを発揮し、完全オンラインでの情報共有や会合を実施、OECDによるベストプラクティスに関する報告書、6項目のプレッジなどを発出した。メンバー各国はEMPOWERの目的、活動に賛同する個人・企業にアドボケート（提唱者）としての参画を呼びかけた。2021年は議長国イタリアが優れたチームリーダーシップを発揮し、重点項目を絞って活動を一段と前進させるとともに、日本を含む共同議長国も重要な役割を担った。

EMPOWER日本代表は二つの主要なプロジェクトをリードした。ひとつはG20 EMPOWERの目指すビジョンをつくること。2020年に各国EMPOWERメンバーからビジョンへのインプットは受けていたが、まとまっていなかった。そこで、日本が各メンバーからのインプットを集約し、ビジョンの素案を作った。共同議長国会議での様々な議論を経て、最終案をEMPOWERメンバー全体に提示し、ビジョンの最終化[1] に成功した。二つ目は、G20 EMPOWERベストプラクティスプレイブック2021の企画と取りまとめである。ボストンコンサルティンググループの協力を得て、20を超えるEMPOWERメンバー出身国の139アドボケート企業・団体から寄せられた167（うち日本からは14）のベストプラクティスを分析し、示唆を抽出。国別、トピック別の検索機能も加えて400ページを超える大作に仕上げた。このプレイブックはG20 EMPOWERの主要な成果物として公開され[2]、各国のSNSやメディアでも取り上げられた。

日本がリーダーシップを発揮できた要因は、第一に、重要なプロジェクトを自ら手をあげて取りに行ったこと、第二に、有益で具体的な成果にこだわったこと、第三に、ステイクホルダーと率直でフレンドリーかつ粘り強いコミュニケーションを重ねたことにある。

世界はパンデミックを経験し、女性のリーダーシップとエンパワーメントがニューノーマル社会に不可欠であると確信した。G20 EMPOWERのアドボケート数も2年弱で300（日本では32社）を超えている。今後も女性の力を活かして経済、社会をリードし支えるアライアンスを目指して着実に進めていきたい。

---

1) Be the most inclusive and action-driven alliance among businesses and governments to accelerate women's leadership and empowerment across the G20 countries

2) https://www.g20.org/wp-content/uploads/2021/09/Empower-Playbook-2021-complete_September-20_compressed.pdf

タル化加速の必要性が明確になった点に触れ、デジタル庁の設立を説明するとともに、「信頼性のある自由なデータ流通（DFFT）」の考え方の下、2019年のG20大阪サミットで発表されたデジタル経済に関する「大阪トラック」を通じて国際的なルール作りを推進していく考えを述べた。加えて、内向き志向が強まりかねない中、WTO改革などを通じ多角的貿易体制を維持・強化する必要性を指摘するとともに、より良い復興には、「質の高いインフラ投資に関するG20原則」の普及・実践、サプライチェーン強靱化の推進や、今回G20で合意した「債務支払猶予イニシアティブ（DSSI）後の債務措置に係る共通枠組」（以下、「共通枠組」という。）に従い途上国の債務問題に対応する必要がある旨指摘した。

また、菅総理大臣から、2050年までに温室効果ガス排出を実質ゼロにする「カーボン・ニュートラル」の実現を目指す決意を改めて述べた上で、温暖化対応は成長につながるという発想の転換が必要であり、革新的なイノベーションを鍵とし、経済と環境の好循環を創出していく考えを強調した。加えて、2050年までに海洋プラスチックごみによる新たな海洋汚染ゼロを目指すという「大阪ブルー・オーシャン・ビジョン」を示し、途上国支援を行う考えを述べ、各国の支持を得た。更に、「誰一人取り残さない」との考え方に基づき、SDGs達成に向け今まで以上にG20で連携する必要がある点を指摘し、女性活躍の推進に向けたEMPOWER（エンパワー）の取組開始を歓迎した。

東京オリンピック・パラリンピック競技大会については、菅総理大臣から、人類が新型コロナに打ち勝った証として開催する決意を改めて表明し、G20首脳から称賛の意が示された。

なお、菅総理大臣は、22日に行われた首脳サイドイベント「地球の保護：循環炭素経済アプローチ」にビデオメッセージの形で参加した。菅総理大臣からは、2050年までの脱炭素社会の実現を含め、革新的なイノベーションを通じたグリーン社会の実現に努力するとともに、国際社会を主導していく決意を表明した。また、サウジアラビアが掲げる「循環炭素経済」への支持を表明するとともに、海洋プラスチックごみ問題をはじめとする海洋資源の保全や環境問題のための国際的な取組への貢献を強調した。

❹G20ローマ・サミット（2021年10月）

10月30日及び31日、イタリア・ローマにてG20ローマ・サミットが開催された。G20首脳は、議長国イタリアが掲げた「人（People）」、「地球（Planet）」「繁栄（Prosperity）」という3つの優先課題の下、2日間にわたり、世界経済のより良い回復と持続的かつ包摂的な成長の実現に向け、新型コロナ対策を含む保健、気候変動、開発等の重要課題について議論を行った。議論の総括として、G20ローマ首脳宣言が発出された。

岸田総理大臣はセッション1にオンライン形式で出席し、これらの重要課題に関し、日本の取組やG20として連携を強化すべき点について発言した。各セッションにおける日本からの主張は概要以下のとおり。

セッション1：世界経済、国際保健

岸田総理大臣から、国際保健について、2022年半ばまでに世界人口の7割に新型コロナに対するワクチンを接種するという目標を支持する旨述べた。続いて、日本の新型コロナ対策支援として、2021年6月に主催したCOVAXワクチン・サミットにおいてCOVAXへの合計10億米ドルの支援を表明したこと、また合計6千万回を目処とするワクチンの現物供与及び59か国・地域へのコ

ールドチェーン整備支援を決定し、これらを迅速に実施していることを紹介し、今後もG20が連携してワクチン普及に取り組むべき旨述べた。

また、将来の健康危機に備えることの重要性を指摘し、保健・財務当局の国際的な連携、WHO改革を含む国際保健の枠組みを強化し、UHCの実現に向けて取り組む必要がある旨述べた。また、日本が2021年12月に東京栄養サミット2021を開催することを紹介し、保健、食料など包括的な観点から世界の栄養不良の解決に貢献していく旨述べた。

世界経済については、自身の内閣では「成長と分配の好循環」を基本理念とし、人々の所得を増やし、誰もが経済成長の恩恵を実感できる「新しい資本主義」の実現を目指していく旨紹介した。

また、経済のデジタル化に対応する国際課税原則の見直しの合意を歓迎し、この歴史的成果の着実な実施に向け迅速に取り組んでいく旨述べた。また、DFFTの理念の下、国際的なルール作りの議論を主導するとともに、国内においても、「デジタル田園都市国家構想」の下、地方からデジタルの実装を進め、都市部とのデジタル格差を是正していく旨述べた。

加えて、世界経済の回復にはG20原則に沿った「質の高いインフラ投資」が必要である旨強調するとともに、途上国の債務が増大する中、開発金融の公正性及び透明性、債務処理の迅速化等も重要となっている旨述べた。

最後に、世界経済を考える上での重要課題でもある気候変動対策に関し、日本は2050年カーボン・ニュートラルの実現に向け、削減目標を大幅に引き上げたNDC（2030年までの温室効果ガス国別削減目標）を提出した旨述べ、先進国全体で官民合わせて年間1000億ドルという資金目標が達成できるよ

う、先進各国がさらに努力することの重要性を強調した。また、G20ローマ・サミットに続いて英国で行われる国連気候変動枠組条約第26回締約国会議（COP26）で成果を挙げるべく、G20で力を合わせようと呼びかけた。

セッション2：気候変動、環境（岸田総理大臣の代理として鈴木外務審議官（G20シェルパ）が対面で出席し、発言。）

日本は、昨年2050年カーボン・ニュートラルを宣言し、今年、2013年度比での2030年度の削減目標を26％から46％に大幅に引き上げ、さらに50％の高みに向け挑戦を続けることを決定した旨述べた。また、排出削減対策が講じられていない石炭火力発電への政府による新規の国際的な直接支援を2021年中に終了することも決定した旨紹介した。その上で、エネルギー安全保障の観点から、安価なエネルギーの安定的な供給を確保しつつ、再生可能エネルギーの導入に最大限取り組み、イノベーションも喚起しながら、脱炭素社会の実現に向け、多様な道筋を追求する旨述べた。

さらに、途上国への支援に関して、先進国全体で官民合わせて年間1000億ドルという資金目標が達成できるよう、先進各国がさらに努力することの重要性を強調した。その上で、日本は特に気候変動の影響に脆弱な国に対する適応分野の支援を強化することとし、防災分野における基礎インフラの整備や、人材育成などの支援を進めていく旨述べた。また、世界の脱炭素化に向け、日本は二国間クレジット制度等も活用しながら、途上国を引き続き支援し、各国の事情に応じたクリーン・エネルギーへの移行や都市・地域の脱炭素インフラ整備を推進していく旨述べた。

その上で、世界の排出量の75％を占めるG20が一体として、気候危機に対処する強い

第三章

意思を示し、COP26での有意義な成果に向けて機運を高めていこうと呼びかけた。

環境については、生物多様性を回復軌道に乗せるポスト2020生物多様性枠組の採択に向け、日本は積極的に貢献していく旨述べた。

また、海洋プラスチックごみに関して、日本は大阪ブルー・オーシャン・ビジョンの実現に向けた取組を主導していく旨述べた。

セッション3：持続可能な開発（岸田総理大臣の代理として鈴木外務審議官（G20シェルパ）が対面で出席し、発言。）

G20は、「誰一人取り残さない」との考え方に基づき、世界のより良い回復を主導していく必要がある旨強調した。世界経済の回復に伴って途上国で開発金融への需要の拡大が見込まれる中、G20として、開発金融のあり方についても国際的な議論を主導していくことが重要である旨指摘した。その上で、全ての主要な貸付国が、透明性、開放性、公正性、債務持続可能性、説明責任といった国際的なスタンダードを遵守する重要性を強調するとともに、それらを具体化する取組を続ける必要がある旨述べた。

中でもインフラに関しては、途上国の開発ニーズに応え、より良い回復を実現するために、大阪サミットで合意した「質の高いインフラ投資に関するG20原則」の実施を促進していくことが非常に重要であると強調した。

加えて、途上国の債務が増大する中、債務の透明性を高め、債務処理を加速させることは、持続的な成長を実現するためにも急務である旨指摘し、DSSIを通じた具体的かつ実践的な取組を歓迎する旨述べた。また、チャド、エチオピア、ザンビアの債務への対応を含め、全ての債権国及び民間債権者が、「共通枠組」に従い、透明性を高め、適切な措置を速やかに実施していく必要がある旨強調した。

2 アジア太平洋経済協力機構（APEC）

(1) APECとは

APEC（Asia-Pacific Cooperationアジア太平洋経済協力）は、アジア太平洋地域の21の国・地域（APEC用語では「エコノミー」）が参加する経済協力の枠組みである。アジア太平洋地域は、世界人口の約4割、貿易量の約5割、GDPの約6割を占める「世界の成長センター」であり、APECはこの地域の貿易や投資の自由化・円滑化に向け、地域経済統合の推進、そしてそのための経済・技術協力等の活動を行っている。国際的なルールに則り、貿易・投資の自由化・円滑化と連結性の強化によって繁栄するアジア太平洋地域は、日本が志向する「自由で開かれたインド太平洋」の核である。日本がAPECに貢献することは、日本自身の経済成長や日本企業の海外展開に非常に大きな意義がある。

(2) 設立経緯

1980年代後半、外資導入政策等によるアジア域内の経済成長、欧州、北米における市場統合が進む中、アジア太平洋地域に、経済の相互依存関係を基礎とする新たな連携・協力が必要との認識が高まった。1989年、日本からの働きかけもあり、ホーク豪州首相（当時）はアジア太平洋地域の持続的な経済発展及び地域協力のための会合の創設を提唱した。

これを受け、米国、ASEAN等においてもアジア太平洋経済協力構想の実現に向けた機運が高まり、同年第1回APEC閣僚会議（於：キャンベラ）が開催された。その後、毎年閣僚会議が開催され、1993年、クリン

トン米大統領（当時）の提案により初めて首脳会議（於：シアトル）が開催された。

（3）　APECの原則

　APECは、「協調的自主的な行動」と「開かれた地域協力」を基本的な原則としている。「協調的自主的な行動」とは、参加国・地域を法的に拘束しない、緩やかな政府間の協力の枠組みの下で、参加各国・地域の自発的な行動により取組を進めることを示している。このためAPECでは、自由な発想で貿易や投資の自由化・円滑化を議論することが可能となっている。

　また、「開かれた地域協力」とは、APECの活動を通じて得られた自由で開かれた貿易や投資といった成果が、域内のみにとどまらず、域外の国・地域とも共有されることを示している。APECは、これら二大原則の下、貿易や投資の自由化・円滑化の模範となる国際慣行やルールが国際社会全体に普及するよう努めている。

（4）　APECの特色

　APECの特徴の1つに経済界との緊密な連携が挙げられる。ABAC（APECビジネス諮問委員会）は、APECに参加する21の国・地域の各首脳が任命したビジネス界の代表で構成されるAPEC唯一の公式民間諮問団体であり、経済界の観点から、APEC域内の貿易・投資の自由化を一層促進するための政策をAPECの首脳や閣僚に提言している。また、APEC首脳会議では、ABAC委員とAPEC首脳が直接対話する機会が設けられている。これにより、APECは、ビジネスの具体的なニーズを踏まえ、APEC域内の貿易・投資の自由化・円滑化の課題に取り組んでいる。

（5）　APECのビジョン

　2020年11月に開催されたAPEC首脳会議において、1994年の首脳会議で決定された「先進エコノミーは遅くとも2010年までに、開発途上エコノミーは遅くとも2020年までに自由で開かれた貿易及び投資という目標を達成する」とのボゴール目標後のAPECの中長期的方向性を示す「APECプトラジャヤ・ビジョン2040」が採択された。当該ビジョンは、全ての人々と未来の世代の繁栄のために、2040年までに、開かれた、ダイナミックで、強靱かつ平和なアジア太平洋共同体とすることを掲げており、①貿易・投資、②イノベーションとデジタル化、③力強く、均衡ある、安全で、持続可能かつ包摂的な成長という3つの経済的推進力によりこれを実現することとしている。

　それぞれの経済的推進力には、自由で開かれた貿易・投資環境や多角的貿易体制の実現、アジア太平洋自由貿易圏（FTAAP）のアジェンダに関する取組の推進、デジタルインフラの強化、データ流通の促進、中小零細企業や女性を含む質の高い成長の促進、環境分野の課題への対応等の取組が挙げられており、APECとしての今後の活動の方向性が示されている。2021年ニュージーランドAPECにおいては、当該ビジョンの実施計画を策定するため活発に議論が進められ、11月の首脳会議において「アオテアロア行動計画」が採択された。

（6）　具体的活動内容

　APEC首脳会議は、年に1度、アジア太平洋地域の主要な国・地域の首脳が一堂に会する場であり、域内の問題のみならず、重要かつ喫緊の国際経済問題を首脳レベルで議論できる貴重な機会となっている。議長は1年ごとに交代し、これまでの成果や議論を引き継

第三章

特別寄稿

サービス貿易に係るAPECの取組及び実施プロジェクトについて

石戸　光
千葉人学教授

　サービスは、「触れることのできない経済価値を持つ財」で、サービスが国境を越えて売り買いされる場合に、その経済取引は「サービス貿易」と呼ばれる。環境サービス、コンピュータ関連サービス、教育サービス、法律サービス、といったサービス活動の海外からの購入（輸入）、また海外への販売（輸出）は、それぞれの国が持つ人材や技術、資本の独自性を反映しており、サービス貿易によって、各国の市民はより多様で安価なサービスの消費が可能となる。

　しかしサービスの提供には、外国企業が拠点を自国内に設立したり、外国人労働者が自国で業務を行う形態もあり、財貿易以上に制度的・慣習的な制約を受ける。国連統計によると、1995年からコロナ禍前の2019年の間に、サービス貿易は金額で5.7倍に、財貿易は5.1倍に拡大したが、サービス貿易は財貿易の21％（1995年）、24％（2019年）にとどまっている。

　政府間のフォーラムであるAPEC（アジア太平洋経済協力）が2020年11月に発出した「APECプトラジャヤビジョン2040」においては、サービスを含めた貿易・投資の自由化、デジタル経済とイノベーション、持続的で包摂的な成長を柱として、2040年までに、開かれた、ダイナミックで、強靱かつ平和なアジア太平洋共同体とする理念を掲げている。またアジア太平洋自由貿易圏（FTAAP）のアジェンダに関する取組の推進についても言及され、サービス貿易の隆盛も含めた経済統合の促進が確認されている。

　筆者は、外務省・経済産業省APEC室との協働により、APEC公式プロジェクトとして、中小企業および女性起業家の参加促進によるサービス貿易拡大の障壁（固定費用）の実態を調査するプロジェクトを2019年から2020年にかけて実施し、サービス輸出に伴う手続きの煩雑さや資金へのアクセスの困難さ、また海外との取引に伴う自身のスキル不足の懸念や家族の理解など、心理的な障壁を含めた「固定費用」の存在を確認した。これらの「固定費用」の引き下げ、またデジタル技術の利活用により、サービス貿易がさらに拡大しうる点を結論とした。

　また2021年には、外務省より後援をいただき、上記の課題（中小企業および女性起業家のサービス貿易への参加促進によるサービス貿易拡大）に関するオンラインワークショップをAPEC研究センタージャパン（ASCJ）として開催し、先端的なデジタル技術のブロックチェーン（分散型で運営可能かつ改ざんされにくいシステム）による貿易プラットフォームやAI（人工知能）を用いた事業や観光案内サービスの改善、法律サービスの専門家から見たサービス貿易の障壁の事例など、中小・女性起業家を焦点にサービス貿易の課題と展望を討議した。さらに成果レポートもとりまとめ、その概要についてAPECの各国・地域と共有した。

　サービス貿易の拡大によるアジア太平洋地域、ひいてはグローバル経済の振興のための基盤づくりは、コロナ後の経済外交の重要な政策課題と思われる。産官学の共同によりサービス貿易への参加機会の平等度が高まり、同時にデジタル化と多様なサービス提供者間の健全な競争によるイノベーションが活発化するという「新しい資本主義」の実現を期待したい。

いでいく。日本は、1995年（大阪）及び2010年（横浜）に議長を務め、2010年首脳宣言では、APECの将来像とそこに至る道筋を描いた「横浜ビジョン」が採択された。毎年、首脳会議を目指して、各分野の閣僚級会合が開催されるほか、年4回開催される高級実務者会合（SOM）の下、多くの専門家レベルの関連会合（各種委員会、分野別作業部会等）が開催されており、日本も多数の省庁から参加している。

　各種関連会合における議論とともに、特に重要な取組として、貿易や投資の自由化・円滑化、デジタル化、包摂的な成長等に資する優良事例を域内で共有することが挙げられ、そのための能力構築プロジェクト（セミナー、ワークショップ、官民対話、研究等）が、数多く実施されている。なお、日本は議長を務めた大阪APECにおいて、能力構築プロジェクトを支援するための貿易・投資の自由化・円滑化基金（TILF：Trade and Investment Liberalization and Facilitation）を創設し、同基金への拠出を通じて数多くのプロジェクトを支援している。

（7）　近年の主要議論

❶多角的貿易体制の支持

　APECは、主にWTOで取組が進められている多角的貿易体制を強く支持し、保護主義との闘いに強くコミットしてきた。また、情報技術協定（ITA）の合意や拡大交渉開始（2012年）・合意（2015年）を後押しするとともに、APEC環境物品リストに合意（2012年）するなど、緩やかな協力の枠組みの中で自由に発言できる空気を最大限に利用する形で、貿易自由化交渉の推進に努めている。また、昨今のWTOの機能改善・改革についてAPECとしても後押しすべきとの議論がなされており、2021年のAPEC貿易担当大臣会合においても、WTOの機能を改善するために行われている必要な改革努力への支持を継続し、MC12までに必要な改革の種類について共通の理解を追求するよう、WTOメンバーに求めることに合意した。この一環として、2012年に策定された環境物品リストの輸出入統計品目番号（HSコード）の更新、環境関連サービスの参照リストの作成、また、MC12に向け、WTOにおけるサービス国内規制に関する共同声明イニシアティブの交渉妥結を後押しするサービス・グループの声明を発出する等、多角的貿易体制を支持すべく積極的に活動を行っている。

❷アジア太平洋自由貿易圏（FTAAP：Free Trade Area of the Asia-Pacific）構想

　FTAAP構想は、APEC参加国・地域から成る自由貿易圏の設立を目指すものであり、2004年チリAPECの際、ABACにより提言された。APEC域内を全てカバーする自由貿易協定は、域内の貿易や投資の自由化・円滑化というAPECの目的に合致する上、APECでの議論にふさわしい野心的な目標であることから、2010年日本（横浜）APEC首脳宣言で「FTAAPへの道筋」が採択され、TPP11やRCEPなどの地域的取組を基礎として更に発展させることにより、包括的で質の高い自由貿易協定が追求されることとなった。さらに2016年ペルーAPECにおいて、「FTAAPに関するリマ宣言」が結実し、①TPP11やRCEPなどを道筋とし、FTAAPを包括的で質が高く、次世代貿易・投資課題を組み込むものとするとの原則及び②能力構築を支援する作業計画に着手することが確認され、2018年及び2020年に、FTAAPの実現に向けた進捗が首脳に報告され、次世代貿易・投資課題の取組の更なる推進の必要性が確認された。なお、包括的で質の高いFTAAPに向けた道筋であるTPP11が2018

年12月末に発効したことに続き、RCEP協定が2020年11月に署名されたことは、地域の経済秩序の形における大きな一歩である。

〈包括的で質の高い地域経済協定の実現のための取組〉

近年、貿易に影響を与える企業の反競争的行為に各国政府がいかに適切に対処していくかが重要な課題となってきている。日本が議長を務めた2019年のG20大阪サミットの成果文書においても、貿易や投資においてレベル・プレイング・フィールド（公平な競争条件）を確保することの重要性が確認されている。

日本は、反競争的行為の規制を規定する「競争章」が重要であることを啓発する観点から、過去4回（2017年8月ベトナム、2018年8月パプアニューギニア、2019年8月チリ及び2020年9月（テレビ会議形式））にわたり、ワークショップを開催している。

2021年5月には、コロナ禍を受けて各国・地域において導入された投資政策を概観しつつ、サプライチェーンの強靱化の重要性及び投資関連協定が果たしうる役割につき、政府関係者、経済界及び学術界の参加を得てワークショップ（テレビ会議形式）を開催した。

❸連結性

（a）継ぎ目なくかつ包括的に連結・統合されたアジア太平洋は、この地域の経済的繁栄と強靱性強化に貢献する。2014年中国APEC首脳会議で採択された「2015-2025年APEC連結性ブループリント」では、インフラ等の「物理的連結性」、規制・手続等の「制度的連結性」、国境を越えた教育・観光等の「人と人との連結性」の3つの柱の強化がうたわれた。特に「物理的連結性」の強化においては、インフラ投資を行う国と受入国の双方が利する形でインフラを普及させることが不可欠であり、そのためには、開放性、透明性、経済性、対象国の債務持続可能性といった国際スタンダードを確保していくことが重要であるというのが日本の立場である。

（b）こうした国際スタンダードの重要性をAPECにおいても浸透させるため、質の高いインフラに関する好事例を共有するなど様々な取組を行っている。中でも、2018年には日本の主導で、こうした国際スタンダードを「APECインフラ開発・投資の質に関するガイドブック」（改訂）としてAPECで作成した。さらに、フィリピン、ベトナム、インドネシア、パプアニューギニアに対して、各エコノミーのインフラ投資に関連する法制度のピアレビューを進め、質の高いインフラの定着に向けた能力構築事業を実施している。

❹デジタル貿易

デジタル技術を活用したビジネスは、イノベーションの促進や中小企業躍進のためのツールなどの観点から大きな可能性を秘めている。APECはアイデアのインキュベーターとして、こうした新しい課題に積極的に取り組んでおり、2017年のベトナムAPECにおいて合意された「APECインターネット及びデジタル経済に関するロードマップ（AIDER）」の下、デジタル経済についての現状調査や官民を交えたセミナー開催等様々な取組が行われている。例えば日本は、データの自由な流通と個人情報の保護を両立させるため「越境プライバシールールシステム（CBPRs）」の一層の活用を目指した調査や、貿易円滑化の推進に向けたデジタル技術の活用の優良事例を共有するワークショップを実施している。デジタル貿易が加速度的に拡大していく中で、APECにおいても同分野における知見の共有や能力構築支援が進んでいくことが期待される。

❺サービス貿易

　近年、サービス貿易の重要性が益々高まっており、APECは2016年にAPEC地域におけるサービス分野での競争力向上のための「サービス競争力ロードマップ（ASCR）」に合意した。日本は、アジア太平洋地域における中小零細企業や女性起業家のサービス貿易への参画促進のための政策提案を行うべく、データ分析及び調査を実施した。事業の海外展開に係る固定コストが障壁となっていることを明確化し、ICT技術の活用の必要性を強調した。特に新型コロナ禍でその重要性が増すデジタル技術の活用に焦点を当て、能力構築のワークショップを開催するなど、ASCRの促進に寄与している。

❻女性の活躍

　近年、経済成長に欠かせない要因として女性の活躍への関心が高まっている。2019年チリAPECでは、APEC史上初めて女性の包摂的成長が優先課題の一つとして取り上げられ、アジア太平洋地域における女性の経済参加をさらに推進するための政策措置を促す「女性と包摂的成長のためのラ・セレナ・ロードマップ」が発出された。

　また、APECにおいては、女性と経済に関する閣僚と民間参加者が一堂に会する会合として「女性と経済フォーラム（WEF）」が毎年開催されている。日本は「2020年までに管理職に占める女性の割合を高めるための個別行動計画（IAP）」を2015年に提案し、2020年までの各エコノミーの実績値変動を含めた女性の管理職への参画促進に係る報告書の作成及びワークショップの実施を2021年12月に実施した。

（8）　2021年ニュージーランドAPEC

❶2021年のニュージーランドAPECでは、「共に参加し、共に取り組み、共に成長する」という全体のテーマの下、①共に参加し、共に取り組み、共に成長する、②回復に向けた包摂性・持続可能性の向上、③イノベーションとデジタルに対応した回復の追求、の3つの優先課題に沿って年間を通じて様々な会合の場において議論が行われた。全ての会合はテレビ会議形式で開催された。

❷6月に開催された貿易担当大臣会合では、オコンジョ＝イウェアラWTO事務局長を迎え、新型コロナウイルス感染症による経済的影響からの回復及び多角的貿易体制についてAPECが果たし得る役割を議論し、日本はサプライチェーンの強靱化の重要性を発信するとともに、WTO改革が喫緊の課題であるとした上で、「貿易と保健イニシアティブ」、電子商取引交渉の前進、紛争解決制度改革等に取り組むべきことを指摘した。同会合では、新型コロナウイルス感染症ワクチンサプライチェーン、必要不可欠な物品の動きを支援するサービスに関しての声明が採択されたほか、環境物品リストの更新や環境関連サービスの貿易拡大に係る取組の前進に合意するなど、今日的な課題に関して多岐にわたる議論が行われた。また、7月には、コロナ禍においてAPECの各エコノミーの間の連携を強化するため、議長ニュージーランドの呼びかけにより、特別に非公式首脳リトリート会合が開催され、新型コロナウイルス感染症による危機への対応や経済回復の加速について議論された。日本は多国間主義の重視を改めて表明し、ルールに基づく自由で開かれた秩序の実現が重要であり「自由で開かれたインド太平洋」の実現に向けた取組を戦略的に推進する旨を強調した。

第三章

4 知的財産権の保護

（1）　知的財産権保護の意義

　革新的な製品・サービスをめぐる競争が激化する中、今後とも日本が持続的な経済成長を遂げていくためには、技術革新が持続的に生み出されるよう、企業や大学等における知的創造活動を刺激・活性化することに加え、その成果を知的財産として適切に保護することで、知的財産創造のインセンティブを確保するとともに、知的財産の有効活用を進めることが不可欠である。

　このような知的財産には、発明、考案、物品のデザイン（意匠）、商品・サービスに利用する標章（商標）、著作物、営業秘密、植物の新品種、地理的表示等が含まれる。

（2）　日本の知的財産戦略のあゆみと外務省の取組

　2002年、小泉総理大臣（当時）の施政方針演説における「知財立国宣言」を皮切りに、同年の知財戦略会議の開催、知財戦略大綱の制定、知的財産基本法の成立等、日本の知財立国に向けた取組は急速に進展した。翌2003年からは、毎年、政府として実施すべき行動項目を網羅した「知的財産の創造、保護及び活用に関する推進計画（後の『知的財産推進計画』）」が、内閣総理大臣を本部長とする「知的財産戦略本部」の決定により発表されている。2021年も、「知的財産推進計画2021」が7月に決定された。

　知的財産基本法に定められた施策のうち、外務省関連の取組としては主に、「日本産業の国際競争力の強化及び持続的な発展」（第4条）、「権利侵害への措置等」（第16条）、「国際的な制度の構築等」（第17条）が挙げられる。これをもとに、外務省では、日本産業界の国際競争力の強化及び持続的な発展に向け、海外市場での権利侵害への対応を行うとともに、国際的な制度の構築に取り組んできている。

（3）　海外市場での権利侵害への対応

　海外では、国毎に独立した異なる知的財産制度が存在するため、日本の個人や企業が事業展開先の国で必ずしも適切な知的財産の保護を受けられるとは限らない。特に知的財産保護制度が未整備な国では、権利の登録が円滑に行われないケースや、模倣品や海賊版による侵害行為に対する権利行使に際して不当な扱いを受けるケースがあり得る。

　こうしたケースに備えて、外務省は、世界の約220か所にあるほぼ全ての在外公館に「知的財産担当官」を配置し、知的財産権関連相談窓口を明確にするとともに、在外公館長を先頭に全館が一体となって、本国の関連機関や任国政府と連携をとりつつ迅速に、これら問題を抱える日本企業の支援にあたっている。外務本省及び在外公館が、日本企業から海外における侵害事例や侵害のおそれのある状況について相談を受けると、まず関係機関と連絡を取りつつ、事実関係や関連法制度について調査する。その後、当該国の知財保護制度等に関する情報提供を行ったり、各国独自の経済・社会環境を踏まえて、必要に応じ相手国政府等関係当局への申し入れを行ったりしている。2019年度は、約342件の知的財産に関する日本企業の支援を行った。

　さらに、在外公館の知的財産担当官を集めた知的財産担当官会議を毎年開催し、各国における被害や在外公館の対応状況の把握、適切な体制構築に関する意見交換やベスト・プラクティスの共有等を行い、知的財産権侵害への対応を一層強化している。2020年度は

中国及び東南アジア地域を対象にオンライン形式で知的財産担当官会議を実施し、それぞれにつき、8及び9の公館が参加したほか、日本企業及び日本貿易振興機構（JETRO）の関係者も参加し、模倣品対策等の取組が紹介されるとともに、日本企業が抱える課題が共有され、よりよい日本企業支援のあり方について議論がなされた。

(4)　国際的な制度の構築

外務省のもう1つの重要な業務として、国際的な協議や制度構築の場への積極的な関与を通じて、日本の知的財産が海外で適切に保護され、活用されるための環境整備を行うことが挙げられる。

❶国際機関での取組

国際機関での取組には、知的財産を扱う国連機関である世界知的所有権機関（WIPO）、世界貿易機関（WTO）において知的財産を扱うTRIPS理事会及び植物新品種の保護に関する国際同盟（UPOV）を通じた取組が挙げられる。

❷多数国間での取組

知的財産に関する国際的取組を推進する他の手段として、多国間の枠組みを利用することが挙げられる。例えばG7サミットでは、過去に何度もその成果文書の中で、十分で効果的な知的財産制度の重要性について触れている。2005年のグレンイーグルズサミットでは、「模造品・海賊版の削減のための行動に関する声明」を発表し、小泉総理大臣（当時）より、知的財産権侵害物品の拡散防止のための法的枠組み策定の必要性を提唱した。その後、日本が推進役となって関心国の間で同法的枠組みについての交渉を進めた結果、2011年、「偽造品の取引の防止に関する協定（ACTA：Anti-Counterfeiting Trade Agreement）」が採択され、日本において8

か国が署名した。翌2012年には、EUとその加盟国及びメキシコも署名し、日本は同年10月に受託書を寄託、本協定最初の締約国となった。

G7以外にも、例えばアジア太平洋経済協力（APEC）では、通常年2回、知的財産専門家会合（IPEG）が開催され、日本を含む各政府の知財関係者が集まって、それぞれの制度や取組について情報共有を行ったり、共同でプロジェクトを実施したりしている。2020年は10月に、2021年は2月及び8月に、オンライン形式で同専門家会合が開催され、日本もこれに参加し、各種制度及び取組について発表し各国と意見交換を行った。こうした活動を通じて、各国・地域の知財当局関係者や政策立案者が様々なテーマのベストプラクティスに着想を得たり、啓発されたりすることで、アジア太平洋地域の知的財産保護環境が改善されたり、新たな協力案件の実施へとつながったりすることが期待できる。

❸各国との協力

日本との貿易が特に盛んで日本企業が多く進出する国や地域に対して、または日本企業が侵害を受けている具体的事例があり、こうした状況がなかなか改善されないような場合に、二国間や複数国間の閣僚や高級事務レベル等の協議の中で知的財産問題について取り上げ、解決策を追求している。このようにハイレベルで知的財産問題について取り上げることで、制度改革やより公正な判断が促されるケースもある。

特に、地理的に近く同じ文化圏である中国や韓国との間では、日本の地名や日本の有名な商標（周知・著名商標）が不正な目的で登録されたり（冒認商標登録）、日本の著作物の海賊版が流通したりといった知的財産侵害案件が頻発する深刻な事態が続いたことから、日中ハイレベル経済対話や日中経済パー

トナーシップ協議、日韓ハイレベル経済協議といった両国の協力枠組みの中で、知的財産問題を協議してきている。2019年4月には、中国との間で第1回日中イノベーション協力対話を開催し、イノベーション協力の環境整備として知的財産分野における取組が重要であるとの認識を共有し、両国の知的財産分野の政策の紹介とともに、営業秘密の保護、強制技術移転の懸念排除（中国技術輸出入条例（TIER）や外商投資法を巡る最近の動向等）、海賊版対策などの課題について意見交換した。

　一方、日本と同程度の高い知的財産保護レベルを有する欧米先進諸国との間では、各種協議の枠組みを、知財保護に関する対外的メッセージ発信の場として利用することも行われている。例えば、日米間では過去に、日米経済対話の枠組みの中で、日米間が様々な国際フォーラムの場で知財保護環境の強化のために協働したことを発表している。また日EU間でも、過去に「知的財産権に関する日EU対話」と称した一連の会合や、「知的財産権の保護と執行に関する日EU行動計画」と称する協力枠組みの設置を通じて、ともに先進的な知識集約経済を擁する国及び地域として、知的財産権に関する利害の共有が行われてきた。

❹通商関連協定等における取組

　日本は、自由貿易協定（FTA）や経済連携協定（EPA）等の二国間・複数国間協定に関する交渉を通じて、日本産業界等の具体的要望を十分に踏まえつつ、交渉相手国の知的財産制度の整備や実効的な法執行の確保等を促し、TRIPS協定等の規定を上回る水準の知的財産の保護が達成されるよう、積極的に働きかけてきた。その結果、程度の差はあるものの、ほぼ全てのEPAにおいて知的財産の十分で効果的な保護について触れてい

る。

　また、2016年2月に署名された環太平洋パートナーシップ（TPP）協定は、2017年1月の米国の離脱表明後、同年11月に米国を除く11か国による新協定（TPP11）について大筋合意を達成し、2018年12月に発効した。知的財産分野については、医薬品や著作権に関する項目を含め11の項目を凍結することで合意する一方、商標権の取得の円滑化等のための国際協定への締結義務、先発医薬品の特許保護とジェネリック医薬品との調整規定（いわゆる「パテント・リンケージ」）、地理的表示（GI）の保護に関する規定、営業上の秘密を含む各種知的財産の強力な権利行使に関する規定といった知的財産の高い保護水準を担保する規定は維持された。

　さらに、2019年2月に発効した日EU・EPAでは、TRIPS協定よりも高度又は詳細な規律を定める観点から、十分かつ効果的な実体的権利保護を確保するとともに、知的財産に関する制度の運用における透明化、知的財産権の行使（民事上の救済に係る権利行使手続及び国境措置に係る権利行使）、協力及び協議メカニズム等について規定し、知的財産権の保護と利用の一層の推進を図る内容となった。GIについても、農産品及び酒類GI（「日本酒」など）の保護のための双方の制度と保護の対象を確認し、TRIPS協定第23条と概ね同等の高いレベルでの相互保護を規定した。

　2020年11月に署名されたRCEP協定は、経済発展状況や知的財産制度の異なる多様な国々の間での交渉を行い、知的財産権の保護及び権利行使（エンフォースメント）においてTRIPS協定を上回る内容を含む規範が合意され、参加国の国内制度の底上げや制度調和に資する内容となっている。

　2021年1月に発効した日英EPAは、日

EU・EPAの知的財産章をベースとしつつ、EU側が対応できなかった事項で英国が対応していた事項など、より高い保護の規定をいくつか含むほか、エンフォースメントの刑罰についても定めている。

現在交渉が進行中の日中韓FTA、日・トルコEPA等の交渉においても、関係者が一丸となり、日本の知的財産保護のために最良の結果を引き出すための努力が続けられている。

5　国際経済紛争への対応

国際貿易体制に係る経済外交は、二国間であれ多数国間であれ、協定を結んで終わりではない。できあがった協定の履行を確保する観点から、国際経済紛争を処理することも経済外交の重要な柱の一つである。ここではWTO紛争解決制度及び投資紛争の解決の仕組みにつき解説する。

（1）　WTO紛争解決制度

❶総論

WTO紛争解決制度は、加盟国間のWTO協定上の貿易紛争を解決するための制度である。個別の紛争をWTOルールに従って解決することに加え、WTOルールの明確化を通じ、WTO協定に基づく多角的自由貿易体制に安定性と予見可能性をもたらしており、WTO体制を支える主要な役割を担っている。また、WTO紛争解決制度では、GATT時代の紛争解決手続を整備した諸手続に加え、例えば、①一方的措置の禁止[1]、②ネガティブ・コンセンサス方式の採用[2]、③各種期限の設定、④上級委員会制度[3]等が導入

された。1995年のWTO設立から607件の紛争が付託されており（2021年12月末時点）、パネルや上級委員会の判断に基づく是正勧告の実施についても、継続的な監視が行われている。

上級委員会は、2017年以降、任期の切れた委員の後任の選任プロセスが開始できなくなり、2019年12月、残っていた3人のうち2人の委員の任期が満了したことを受け、機能を停止している（最後の委員の任期は2020年11月に満了）。上級委員会については、これまでに果たしてきている機能が協定に則っていないといった批判が提起されているほか、紛争の明確かつ迅速な解決に資する判断が行われていないケースもあり、適切な在り方をめぐる議論が重ねられている。日本は、上級委員会を含むWTO紛争解決制度の適切な機能を確保すべく、積極的に議論に参加している。

❷係属中の日本の当事国（申立国又は被申立国）事案の現状[4]

・インドによる鉄鋼製品に対するセーフガー

---

1) GATT時代には、他国・地域の措置が協定に違反していると考えた国が、一方的にこれに対抗する措置をとることが禁止されていなかった。
2) WTOにおける意思決定の一つの方式であり、加盟国が全会一致で採択に反対しない限りパネル等による報告書案が採択される（全加盟国が異議を唱えない限り採択される）。GATT時代は通常のコンセンサス方式がとられていたため、申し立てられた国・地域が自らに不利な報告書の採択をブロックすることができた。
3) 上級委員会は、個人の資格で任命される7人の委員から構成され、うち3名の上級委員が個々の事件を担当する。日本人では、WTO設立当初から2000年まで松下満雄東大名誉教授が、2000年から2007年まで谷口安平京大名誉教授が、2008年6月から2012年まで大島正太郎元駐韓大使・元ジュネーブ代表部大使が、それぞれ上級委員を務めた。
4) WTO紛争解決では、紛争当事国としての参加以外にも、事案に利害関係を有する加盟国が第三国として参加し、意見を述べることができる制度がある。この第三国参加制度は、システム全体の観点等からルールの解釈や適用の在り方に関心を持つ国にも開かれた制度であり、日本もこれまで224件の事案に第三国参加している（2021年12月末時点）。

ド措置（DS518）

2017年4月にパネルが設置され、2018年11月、インドの措置がWTO協定違反と認定された。同年12月にインドが上級委員会に申し立てたが、上級委員会の機能停止を受け、手続が停止している。

・韓国による日本産ステンレス棒鋼に対するダンピング防止措置（DS553）

2018年10月にパネルが設置され、2020年11月、韓国の措置はWTO協定に整合しないとするパネル報告書が公表された。2021年1月、韓国が同報告書の内容を不服として、既に機能停止に陥っていた上級委員会に申し立てたため、手続が停止している。

・インドによるICT製品の関税上の取扱い（DS584）

インドは、2014年以降、WTO協定上無税（0％）を約束している情報通信技術（ICT）製品を対象に関税引上げ措置を実施した。これに対し、2019年5月、日本はインドによる措置のWTO協定整合性について懸念を有する立場から、WTO協定に基づく二国間協議を要請し、同月に協議を実施したが、問題の解決には至らなかった。2020年7月にパネルが設置された。

・日本による対韓国輸出管理運用の見直し（DS590）

2019年7月、日本は、フッ化ポリイミド、レジスト及びフッ化水素の3品目の韓国向け輸出及びこれらに関連する製造技術の移転（製造設備の輸出に伴うものも含む。）について、従前の包括輸出許可制度の対象から外し、個別に輸出許可申請を求める制度に切り替えた。これに対し、同年9月、韓国は、日本による上記の運用見直しがWTO協定に違反するとして、同協定に基づく二国間協議を要請し、両国で2度の協議を実施した。同年11月、韓国は本件に係るWTO紛争解決手続

を日韓当局間の輸出管理政策対話が正常に行われる間中断すると発表し、その後2回にわたり輸出管理政策対話が行われたが、韓国は2020年6月にWTO紛争解決手続を再開し、7月にパネルが設置された。

・韓国による自国造船業に対する支援措置（DS571・DS594）

2018年11月、日本は韓国に対して二国間協議を要請し、同年12月に協議を実施した。2020年1月、韓国における新たな支援措置も対象として改めて協議を要請し、同年3月に協議を実施した。

・中国による日本製ステンレス製品に対するダンピング防止措置（DS601）

2019年7月、中国は、日本、韓国、EU及びインドネシアから輸入されるステンレス製品のダンピングにより、中国国内産業に損害を与えたと認定し、ダンピング防止税の賦課を開始した。2021年6月、日本は中国に対してWTO協定に基づく二国間協議を要請し、同年7月に協議を実施したが、問題の解決に至らなかった。同年9月にパネルが設置された。

（2）　ISDS条項に基づく投資紛争解決
❶総論

投資関連協定（二国間・多数国間の投資協定及び投資章を含む経済連携協定等）は、外国投資家による投資の保護及び自由化に係る投資受入国の義務を定めている。投資関連協定では、外国投資家と投資受入国との間で問題が生じた際に紛争を解決するための制度として、ISDS（Investor-State Dispute Settlement）条項を設けている（ISDS条項は、日本が締結済の投資関連協定のほぼ全てに含まれている。）。ISDS条項に規定される手続は、投資受入国の司法手続に加えて国際仲裁という選択肢を作ることによって、例えば投資受

入国の国内裁判所の中立性・公平性に不安がある場合に、自己の権利保全等を求める外国投資家に対し、国際仲裁によって中立・公平な判断を得る機会を付与することを目的にした制度である。こうした紛争解決の仕組みを制度的に担保することで、外国からの投資が促進されることも期待できるほか、海外に進出した日本企業の利益を保護、増進することにもつながる等、我が国経済界が重視している規定でもある。

❷ISDS条項に基づく紛争解決手続の概要

投資紛争が発生した場合、多くの協定では、外国投資家は一定の期間、投資受入国との間で協議による紛争解決に努めることとされている。問題の解決に至らなかった場合、外国投資家は、投資受入国との紛争を国際仲裁に付託することができる。

国際仲裁に請求を付託する場合、外国投資家は、使用する仲裁規則を選択する。主な仲裁規則としては、投資紛争解決国際センター（ICSID）と国連国際商取引法委員会（UNCITRAL）の規則が挙げられ、世界のおよそ9割の投資仲裁においてこれらのいずれかの規則が採用されてきた（2021年12月末時点）。

WTO紛争解決制度と異なり、ISDS手続による紛争解決では、投資関連協定の加盟国ではなく外国投資家（個人又は企業）が申立人となり、投資受入国を訴えることになる。また、協定違反の判断が下された場合、WTO紛争解決制度では違反措置の是正が求められるのに対し、投資仲裁では、基本的には、国側が敗訴した場合に投資家に対する原状回復又は損害賠償を求められるに留まり、措置の是正（投資受入国の法令や政策の変更）が求められるわけではない。

❸投資仲裁の具体例

フィリップモリス対オーストラリア事件（2015年）では、オーストラリアのタバコ簡易包装法に関し訴えが提起された。フィリップモリス社は、豪州が同法を導入することが予見可能になった後に、香港・豪州投資協定のISDS条項を利用することを主要な目的として、同社のスイス法人が保有していた子会社（豪州法人）を香港法人の子会社にした。仲裁廷はこの行為を投資家側による手続の濫用であるとし、訴えを却下した。

ウェナホテル対エジプト事件（2000年）では、ホテルの賃貸契約を結んでいた英国企業とエジプト国有企業の間で契約をめぐる紛争が生じ、エジプト国有企業関係者が実力行使によってホテルを占拠するに至ったが、エジプト政府は何ら対応せず、占拠は1年間継続した。仲裁廷は、これをエジプト政府による英・エジプト投資協定の定める公正・衡平待遇義務違反であると認定し、エジプト政府に対し、被害額約2,060万米ドルを英国企業に支払うよう命じた。このように、投資仲裁は、投資受入国が外国投資家を不当に処遇したときに、外国投資家の利益を保護する有益な手段の一つとなる。

（3）　外務省の取組

近年、日本は主要国・近隣国との間で困難な経済紛争を複数抱えている。これをうけ、2020年8月、これまで経済紛争処理を担当していた経済局国際経済紛争処理室の規模を拡大し、国際法局に経済紛争処理課を設立した。同課を中心に経済紛争事案への対応体制と知見の増強に不断に取り組んでいる。また、係争対象の措置を所管する省庁を含む関係省庁、国際経済紛争処理に知見と経験を有する国内外の法律事務所、一般国際法や国際経済法を専門に扱う学者や実務家との連携も一層強化することで、官民一体となった盤石な体制の実現に向けて取り組んでいる。

6 2025年大阪・関西万博

(1)　日本における国際博覧会

1851年のロンドン万国博覧会以後、欧州を中心に万国博覧会が開催されてきた。アジア初の万国博覧会は、1970年に「人類の進歩と調和」をテーマとして開催された大阪万国博覧会であり、約6,400万人の来場者（2010年上海国際博覧会に抜かれるまで過去最多）を得て好評のうちに幕を閉じた。この万国博覧会は1964年の東京オリンピックと共に、戦後の日本の発展と新たなイメージを国際社会に向けて発信する絶好の機会となった。その後、1975年に沖縄海洋博、1985年につくば科学博、1990年に大阪園芸博、2005年に愛・地球博が開催された。そして2018年11月23日、パリで開催された博覧会国際事務局（BIE）総会において、2025年に大阪・関西で国際博覧会を開催することが決定された。

(2)　2025年日本国際博覧会（略称：大阪・関西万博）が目指すもの

大阪・関西万博は「いのち輝く未来社会のデザイン（Designing Future Society for Our Lives）」をテーマとして開催する。このテーマの下で行われる一連の活動は、2015年9月の国連サミットで採択された「持続可能な開発目標（SDGs）」の達成に向けた取組と合致する。2025年は、SDGsの目標年である2030年の5年前にあたり、SDGs達成に向けた取組を加速させる機会として、大阪・関西万博を活用する。

また、会場を新たな技術やシステムを実証する「未来社会の実験場」と位置づけ、多様なプレーヤーによるイノベーションを誘発する。例えば、カーボンニュートラル、水素・アンモニア発電、CO_2吸収型コンクリート、CO_2分離回収などの革新的技術を用いた実証実験、空飛ぶクルマや自動配送ロボットの活用、人の流れをAIなどでコントロールすることによる会場内での快適な過ごし方の実現、キャッシュレス、生体認証システム、世界中の人と会話できる多言語システムの実装等が想定される。また、来場者だけでなく、ARやVR等を活用して会場に来られなくても様々な出会いと発見を得られ、世界にアイデアを発信できる仕組みも計画し、未来社会のデザインを共創することを目指す。

その会場となるのが、大阪市内の臨海部に位置する夢洲である。この人工島の上に配置されるパビリオンは世界80億人が共創する未来社会の姿を映し出す鏡となる。

(3)　2025年に向けて

2020年には、各国・国際機関に対する招請の開始や、万博基本方針の策定等、2025年の大阪・関西万博の開催に向けた準備が本格化した。2020年9月、「令和七年に開催される国際博覧会の準備及び運営のために必要な特別措置に関する法律」に基づき、「大阪・関西万博」の円滑な準備及び運営に関する施策を総合的かつ集中的に推進するため、内閣総理大臣を本部長とする国際博覧会推進

テーマ	いのち輝く未来社会のデザイン
サブテーマ	・Saving Lives（いのちを救う） ・Empowering Lives（いのちに力を与える） ・Connecting Lives（いのちをつなぐ）
コンセプト	People's Living Lab（未来社会の実験場）
会場	大阪府大阪市此花区夢洲（約155ha）
開催期間	2025年4月13日〜10月13日
来場者数（想定）	約2,820万人

大阪・関西万博ロゴマークと会場予想図（提供：2025年日本国際博覧会協会）

本部が設置され、内閣官房に国際博覧会推進本部事務局が置かれた。

同年12月1日には、BIE総会において、我が国の開催計画である登録申請書が承認され、開催国政府として正式に各国・国際機関に対し、大阪・関西万博への参加招請活動を開始した。できるだけ多くの国・国際機関からの参加を得るべく、積極的な働きかけを行っている。

さらに、同年12月21日には、国際博覧会推進本部において、大阪・関西万博に向けた政府の基本方針が取りまとめられた。そのほか、2020年においては「大阪・関西万博の顔」として万博の魅力を伝えるためのアンバサダーの任命（2月）や、万博の会場・運営デザイン、テーマ事業を考案する、豊かな創造力と力強い情報発信力を持った10名のプロデューサーの決定（7月）、全5,894の公募作品から選ばれたロゴマークの決定（8月）、準備・運営に係る基本計画の策定（12月）など、国内における準備が着々と進められた。

世界の多くの国や国際機関が参加する国際博覧会は、国内外から多数の来場者が見込まれるため、日本の魅力を世界に発信する絶好の機会となる。また、開催地である大阪のみならず、日本各地を訪れる観光客が増大し、地域経済が活性化する「起爆剤」ともなる。大阪・関西の地に世界の叡智とベスト・プラクティスを集め、現代の複雑な諸課題の解決の源泉とすることを目指すとともに、世界中の人に「夢」や「驚き」を与え、日本全体を元気にするような国際博覧会にするため、引き続きオールジャパンの体制で取り組んでいく。

第二章

官民連携の推進による日本企業の海外展開支援

1 在外公館が一体となった日本企業の海外展開の推進

現在、多くの日本企業が海外市場に向けて国際ビジネスを展開している。新興国を中心とする海外の経済成長の勢いを日本経済に取り込む観点からも、政府としても日本企業の海外進出支援を一層重視している。外務省は、関係省庁とも協力しながら、様々な手段を用いて日本企業の国際競争力向上の後押しや海外のビジネス環境整備に努めるとともに、現地の在外公館等でも様々な形で個々の日本企業の活動を支援している。

（1） 日本企業の海外での活動を支援

外国に拠点を構える日系企業の数は近年増加し、2020年10月現在80,000拠点にも上る。海外でビジネス活動を行うには、現地の政治経済情勢、進出先の各種規制、治安を始め生活環境などの正確な把握が重要となる。法律や商習慣を異にする海外でビジネスを進める上では、思わぬトラブルに直面することもある。実際、世界各地の日本大使館や総領事館などに寄せられるビジネス関連の相談件数は、2019年度で約6.6万件に上っている。

このような状況を踏まえ、外務省では、本省・在外公館が一体となり、日本企業の海外展開推進に積極的に取り組んできている。2015年9月には、経済局内に「官民連携推進室」を設置し、企業支援のための情報収集や指針策定、企業等からの照会への対応、広報

業務など、日本企業の海外展開に向けた官民連携業務を総括している。また、世界各地のほぼ全ての在外公館に「日本企業支援窓口（日本企業支援担当官）」を設置し、個別企業からの相談・支援要請などに積極的に対応している。さらに75か国の在外公館にはインフラの海外展開を担当する「インフラプロジェクト専門官」を、54か国・地域の在外公館等には農林水産物・食品の輸出や食産業の海外展開を後押しするための「日本企業支援担当官（食産業担当）」を設置し、細やかな対応に努めている。

これらの取組に際しては、関係省庁とも連携した支援を進めており、国際協力機構（JICA）、日本貿易振興機構（JETRO）、日本貿易保険（NEXI）、国際協力銀行（JBIC）、中小企業基盤整備機構（中小機構）などの関係機関とも緊密に連携し、多様なビジネス案件に対応できる体制を整えている。

さらに、海外における邦人の安全対策に資するよう、海外安全ホームページや「たびレジ」等を通じた危険情報やスポット情報といった海外安全情報の発信や、各種セミナー、本省においては海外安全官民協力会議、在外公館においては安全対策連絡協議会の開催など、様々な情報の提供・共有や相談対応を行っている。

(2)　現地情勢に応じた柔軟なサポート

在外公館では大使や総領事が先頭に立ち「開かれた、相談しやすい公館」をモットーに、各地の事情に応じたきめ細やかな具体的支援を目指し、企業の個別相談や広報の支援も行っている。在外公館の「日本企業支援窓口」では、現地事情に詳しい担当官が個別企業からの相談・支援要請などに対し、ビジネスの種類や地域情勢に応じた柔軟な対応・支援を行うことを目指している。

詳細な現地情報の提供やアドバイスを始め、現地要人や現地企業との人脈形成や広報活動への助言、トラブル解決などのための現地企業や相手国政府への働きかけ・申し入れなど、在外公館ならではの人脈を活かした効果的なサポートをすることも可能である。また、一部の在外公館では、現地に駐在する日本人弁護士等による、現地の法制度等に関するセミナーや、個別企業に対するコンサルティング等を通じた情報提供を行っている（2020年度は13か国17公館、2021年度は13か国19公館で実施）。

(3)　在外公館"ジャパン・ブランド"のPR

海外に所在する公館が開催するイベントや展示会などで、日本企業の製品・技術・サービスや農林水産物などの"ジャパン・ブランド"をPRすることも、日本企業支援の重要な取組の1つである。外務省は、日本企業の商品展示会や地方自治体の物産展、試食会等のPRの場として、さらに、ビジネス展開のためのセミナーや現地企業・関係機関との交流会の会場として、大使館や大使公邸等を積極的に提供している。

例えば、在インド大使館では、大使公邸の庭で日本食の試食会及び日本酒造組合中央会の協力の下、日本酒のオンライン・テイスティング・レクチャーを実施。在上海総領事

日本酒、日本食PRイベント（2020年2月：インド／写真提供：外務省）

館は、同館の多目的ホールにて、チーム九州（九州及び沖縄の現地地方自治体事務所並びにJR九州上海事務所）と共催で、九州・沖縄の郷土料理や地酒、物産、文化などを体験できるイベントを開催した。

外務省の「地方の魅力発信プロジェクト」では、例えば、2019年7月に広島市が米国・ホノルルで、同年秋には長崎県、大阪市、佐賀県及び中国地域観光推進協議会がそれぞれ中国・上海で、2020年2月には日本酒造組合中央会が米国・ニューヨークで、2021年1月には福島県・山梨県・大分県がベトナム・ホーチミンで、大使あるいは総領事公邸などの公館施設を活用し、各地方の物産・観光等のプロモーション等を実施した。

毎年、世界各国にある日本の在外公館が開

食と観光のPRイベント（2020年12月：上海／写真提供：チーム九州）

催する天皇誕生日祝賀レセプションでは、現地政府関係者や企業関係者向けに日本製品や日本産品の展示・紹介を行っている。また、東京の外務省飯倉公館では外務大臣と地方自治体首長の共催で、外交団、駐日外国商工会議所や外国プレス特派員等を招いた地方自治体のPRイベントを実施している。2019年11月には宮崎県知事と、12月には奈良県知事と、2020年2月には岩手県知事とレセプションを共催し、観光、農産品、工芸品の魅力を紹介する様々なブースを設けるとともに、ステージ・パフォーマンスも行うなど、各県の多様な魅力をアピールした。

また、日本の魅力を総合的に発信する拠点として、世界3都市（サンパウロ、ロンドン、ロサンゼルス）に設置したジャパン・ハウスでは、日本の優れたデザインや高い技術力に裏打ちされた製品を展示するなど、日本製品の最新情報の発信や販路開拓の拠点として活用されている。

(4)　ODAを活用した支援

発展著しい新興国や開発途上国の経済成長を取り込むことは、日本経済の今後の成長の重要な要素となる。日本の企業は世界に誇れる多くの優れた製品・技術を有しており、また、開発途上国では、こうした日本企業の製品・技術を活用し、自国の経済社会開発に役立てたいとの期待が高い。

外務省・JICAは、ODAを活用して、日本企業の海外展開を積極的に後押ししている。具体的には、民間提案型事業である「中小企業・SDGsビジネス支援事業」を通じて、開発途上国の課題解決に貢献し得るビジネスモデルの検討に必要な基礎情報の収集・分析のための調査（「基礎調査」、中小企業のみ対象）、技術・製品・ノウハウ等の活用可能性を検討し、ビジネスモデルの素案を策定する

ための調査（「案件化調査」）や技術・製品やビジネスモデルの検証、普及活動を通じた事業計画案を策定するための事業（「普及・実証・ビジネス化事業」）を支援している。

このほかにも、日本企業が関与して施設建設から運営・維持管理までを包括的に実施する公共事業を支援する無償資金協力（事業・運営権対応型無償資金協力）、日本企業の優れた技術を活用した製品を、無償資金協力を通じて途上国に供与する取組等を推進している。

さらに、開発途上国における民間セクターが行う開発効果の高い事業に対して直接資金を提供することで、開発途上国の貧困の削減等の持続的開発や成長加速化等を支援（海外投融資）しているほか、海外投融資の活用を前提に民間企業から途上国の課題解決に資するプロジェクトを募り、その計画策定部分を支援している（「協力準備調査（海外投融資）」）。

このように、日本企業の持つ優れた技術を多様化する途上国の課題解決に活かすため、近年、ODAを民間セクター動員の触媒として活用し、企業との連携を強化してきている。

(5)　邦人・日本企業の安全確保

日本企業の海外展開に当たっては、安全確保が不可欠である。2016年7月に発生したバングラデシュでのダッカ襲撃テロ事件では7名の日本人が犠牲となり、1名が負傷した。近年は、欧州やアジア等へもテロが広がるなど、懸念すべき傾向が続いている。

外務省は、海外安全ホームページ、「在留届」に記載されたメールアドレスや外務省海外旅行登録ツール「たびレジ」等を通じて、安全に係る情報を適時適切に発出している。特に、「たびレジ」は、出張等で短期間海外

に渡航する際に行き先やメールアドレスを登録することで、現地の安全に関する最新の情報が、日本語によるメールで登録者に届く仕組みとなっており、登録すれば本社においても出張者と同一の情報を受け取ることができる。また、登録した情報は、テロや自然災害などが発生した際に現地の大使館等が安否確認を行う場合にも利用される。外務省は、ユーザーの使いやすさ向上や、海外安全対策キャンペーンを通じた広報の強化など、「たびレジ」の登録促進に向けた様々な取組を行っている。

外務省では、「海外安全官民協力会議」（国内）及び「安全対策連絡協議会」（在外）を開催し、企業との間で海外安全対策における連携を強化してきている。また、危機管理専門家による最新のテロ情勢、一般治安情勢、危機管理体制等に関する情報を提供する「官民合同実地訓練」、「国内安全対策セミナー」、「在外安全対策セミナー」等も実施している。

ダッカ襲撃テロ事件を受け、改めて在外邦人の安全対策に関する施策の点検・検討を行い、2016年8月に報告書を公表した。この報告書に基づき、国民への適時適切かつ効果的な情報伝達に係る施策のほか、中堅・中小企業や短期旅行者など、安全対策の面で相対的に弱い立場にあり、安全情報に接する機会が限られる人々への対応を強化している。特に、中堅・中小企業の海外における安全対策については、同年9月に、外務省が中心となり、日本企業の海外展開に関する組織が参加する「中堅・中小企業海外安全対策ネットワーク」を立ち上げた。外務省は、日本各地で安全対策セミナーを行うなど、幅広い企業関係者に対して、安全対策に関するノウハウや情報を効率的に共有するとともに、各企業が抱える安全面における懸念や問題点を迅速に把握・解決することを目指している。加え

て、企業向け安全対策の基本的な内容を分かりやすく解説した「ゴルゴ13の中堅・中小企業向け海外安全対策マニュアル」を2017年3月より外務省海外安全ホームページに掲載し、同年6月末より、全13話を1冊にまとめた単行本を全国で配布している。2018年4月からは、同マニュアルの動画版を作成・公開しているほか、2021年3月には、感染症流行下でのテロといった「複合化したリスク」への対策の必要性を伝える新しいエピソードと解説を作成・公開するとともに、これを加えた増補版単行本の配布も開始している。

国際協力事業に従事する関係者の安全対策については、2016年7月、外務大臣の下に「国際協力事業安全対策会議」を設置した。有識者の意見も踏まえ、同年8月30日に同会議の「最終報告」として新たな安全対策を策定した。「最終報告」は、企業関係者を含むより広範な国際協力事業関係者の安全確保に万全を期すことを目的に、(1)脅威情報の収集・分析・共有の強化、(2)事業関係者及びNGOの行動規範、(3)ハード・ソフト両面の防護措置、研修・訓練の強化、(4)危機発生後の対応、(5)外務省・JICAの危機管理意識の向上・態勢の在り方についてまとめたものである。以降、国際協力事業安全対策会議を常設化し、外務省、JICA、政府関係者、企業関係者及びNGO関係者等の出席を得て適時に会合を開催して情報共有及び議論を行う等、「最終報告」で取りまとめられた安全対策措置を実施している。外務省及びJICAは、引き続き「最終報告」の内容を着実に実施し、国際協力事業関係者の安全対策を一層強化していく。

2 インフラシステムの海外展開の推進

(1) 官民連携を通じたインフラシステム海外展開

新興国や開発途上国を中心としたインフラ需要は膨大であり、今後も更に市場の拡大が見込まれており、このインフラ需要を積極的に取り込むことは、我が国の成長戦略上極めて重要である。我が国企業も海外進出を進めてきているが、インフラシステムの海外展開は熾烈な国際競争に直面しており、また、新興国等におけるインフラ開発は事業リスクが高く、現地政府の影響力も強いため、民間企業のみで太刀打ちすることは困難な場合も多い。このため、一義的には民間企業主体による判断や取組を前提とするものの、日本政府としてもあらゆる施策を総動員して民間企業を支援するといった官民連携が重要になってきている。

このような問題意識のもと、2013年3月に、関係省庁が一丸となってインフラシステム輸出に取り組むことを目的に、内閣官房長官を議長とし、副総理兼財務大臣、総務大臣、外務大臣、経済産業大臣、国土交通大臣、経済再生担当大臣兼内閣府特命担当大臣（経済財政政策）が構成員を務める経協インフラ戦略会議が発足した。同年5月に「インフラシステム輸出戦略」を策定し、毎年改訂を重ね、各種政策を推進してきたが、インフラ海外展開を巡る国際競争の激化や世界的な新型コロナウイルスの感染拡大への影響も含めた環境変化を踏まえ、2020年12月に2021年から5年間の新目標を掲げた「インフラシステム海外展開戦略2025」（以下「新戦略」という。）を策定した。

新戦略では、①経済成長の実現、②SDGs達成への貢献、③「自由で開かれたインド太平洋（FOIP）」の実現、を目的の3本柱として推進し、2025年のインフラシステムの受注額を34兆円とすることが目標に掲げられ、この目標達成のため、具体的施策を進めていく方針が示された。現下の重要課題として、カーボンニュートラルへの貢献、デジタル技術・データの活用促進、展開地域の経済的繁栄・連結性向上、新型コロナの影響への対応の集中的推進を取り上げ、重点的に取り組んでいる。

官民連携推進の具体的施策としては、例えば政府一丸・官民連携によるトップセールスの精力的な展開を行ってきた。2013〜2020年の8年間における総理・閣僚によるトップセールス件数は572件であり、年間10件以上という成長戦略に掲げられた目標を大きく上回った。新戦略の下では、総理・閣僚のトップセールスを各省幹部トップセールス及び在外公館によるフォローアップにより補完し、受注に繋がった案件等について、完工まで、着実な支援を行っている。また、政府によるインフラシステム海外展開の最前線である在外公館には、インフラプロジェクト専門官を設置（2021年12月現在75か国、97在外公館等に設置）し、現地における関連情報を収集・集約するとともに、相手国政府・機関や企業への働きかけ、日本企業及び日本側関係機関（JICA、JETRO、JBIC、JOGMEC、NEXI、NEDO等）、現地商工会等との連絡・調整を行っている。加えて、特定の在外公館においては、外部のコンサルタントをインフラアドバイザーとして起用し、在外公館の情報収集能力の強化にも努めている。また、外務省は、途上国の「質の高い成長」に我が国の優れた技術・制度・ノウハウ等を活かすため、ODAを活用して、日本方式の国際展開の推進、中小企業等の海外展開支援、

官民連携（PPP）インフラ事業、民間連携事業、現地の産業人材育成などを推進している。さらに、円借款や海外投融資の制度改善も進めており、世界のインフラ需要により積極的かつ迅速に対応するための取組を行っている。

(2)　「質の高いインフラ」の国際社会への浸透

我が国は、開放性、透明性、経済性、債務持続可能性といった国際スタンダードに則った「質の高いインフラ」は我が国の経済成長のみならず相手国の持続的な経済発展に貢献するWIN-WIN関係の構築に資すると考えており、国際社会と連携して「質の高いインフラ」の重要性を発信してきた。

「質の高いインフラ投資」の基本的な要素について国際社会が認識を共有する第一歩となったのが、2016年5月に開催された日本議長国下のG7伊勢志摩サミットにおいて合意された「質の高いインフラ投資の推進のためのG7伊勢志摩原則」である。同原則の具体的要素の重要性は、その後同年9月のG20杭州サミットをはじめ、多くの国際会議で確認されてきた。さらに、2019年6月に開催された日本議長下のG20大阪サミットにおいて、新興ドナー国を含むG20各国の首脳間で「質の高いインフラ投資に関するG20原則」が承認された。

このG20原則を普及させるために、各国が政策を立案し、実施する際に考慮すべき事項をまとめた文書「質の高いインフラ投資に関するグッド・プラクティス集」がOECDにより作成された。質の高いインフラ投資の重要性については、その後も二国間会談や様々な多国間会議の場において確認されてきている。

2020年11月の日ASEAN首脳会議では、2

質の高いインフラ投資に関するG20原則

原則1：持続可能な成長と開発へのインパクトの最大化

原則2：ライフサイクルコストからみた経済性

原則3：環境への配慮

原則4：自然災害等のリスクに対する強じん性

原則5：社会への配慮（利用の開放性を含む）

原則6：インフラ・ガバナンスの強化（調達の開放性・透明性、債務持続可能性等）

兆円規模の質の高いインフラプロジェクトを中心とする「日ASEAN連結性イニシアティブ」が立ち上げられたほか、同月開催されたG20リヤド・サミットでは、首脳宣言において、質の高いインフラ投資を促進することを目的として、インフラにおける技術の活用を促進する「G20リヤド・インフラテック・アジェンダ」が承認された。

2021年6月のG7コーンウォール・サミットにおいても、開発途上国のインフラのニーズを満たし、新型コロナに打ち勝ち、より良い回復を図るため、開発途上国との連携を強化することで一致し、具体的な方策を検討するため、タスクフォースを設立することに合意した。また、10月のG20ローマ・サミットにおいては回復の段階における質の高いインフラ投資の不可欠な役割を確認し、「インフラのメンテナンスに関するG20政策アジェンダ」が承認された。加えて「質の高いインフラ投資に関するG20原則」に関する作業を引き続き推進することも確認された。

※「インフラシステム海外展開戦略2025」は以下のサイトに掲載。
https://www.kantei.go.jp/jp/singi/keikyou/pdf/infra2025.pdf

第三章

資源外交とインバウンドの促進

1 エネルギー・鉱物資源の安定的かつ安価な供給の確保

エネルギー安全保障とは

国際エネルギー機関によれば、「受容可能な価格でエネルギー源が安定的に得られること（"the uninterrupted availability of energy sources at an affordable price"）」と定義されており、長期的側面からは、経済開発及び持続可能な環境のニーズに沿った、エネルギー供給に対する時宜を得た投資が深く関わり、また短期的側面からは、需給バランスの突然の変化への即応が中心となる。

（1） エネルギー・鉱物資源をめぐる内外の動向

❶世界の情勢

近年、国際エネルギー市場には、①需要（消費）構造、②供給（生産）構造、③資源選択における3つの構造的な変化が生じている。①需要については、世界の一次エネルギー需要におけるOECD諸国の割合が減少し、中国、インドを中心とする非OECD諸国へシフトしている。②供給については、「シェール革命」により、石油・天然ガスともに世界最大の生産国となった米国が、2015年12月に原油輸出を解禁し、また、米国産LNGの更なる輸出促進を表明するなど、エネルギー輸出に関する政策を推進している。③資源選択については、エネルギーの生産及

び利用が温室効果ガス（GHG）の排出の約3分の2を占めるという事実を踏まえ、再生可能エネルギー等のよりクリーンなエネルギー源への転換に向けた動きが加速している。また、日本をはじめとした多くの国が2050年に向けたカーボンニュートラルを表明したほか、G7を始めとした主要国が非効率な石炭火力の輸出支援の終了を表明する等、世界の脱炭素化に向けた取組が一層進展している。原油価格について見ると、2020年1月には新型コロナの感染拡大により、ガソリンやディーゼル、航空機燃料を中心に需要が激減し、大幅に下落した。さらに同年3月には石油輸出機構（OPEC）と非加盟国の主要産油国構成するOPECプラスによる協調減産が決裂し、原油価格（WTI先物）は史上初となるマイナス価格を記録した。その後、OPECプラスは5月以降の協調減産に合意し、供給過剰は徐々に緩和したものの、2020年の後半まで原油価格は1バレル40ドル前後で推移し、中東等産油国には財政的に大きな影響を与えた。一方で、2021年1月以降は、経済回復に伴い石油製品の需要が徐々に上昇し、またOPECプラスによる協調減産も相まって原油価格は上昇基調に転じた。2021年10月には80ドル台と、コロナ前を上回る高い水準で推移し、原油価格の高止まりによる経済への影響が懸念されている。

こうした原油価格の変動が将来のエネルギー安全保障や世界経済に与える影響を引き続き注視していくことが重要である。

❷日本の状況

東日本大震災以降、日本の発電における化石燃料が占める割合は、原子力発電所の稼働停止に伴い、震災前の約6割から2018年には約8割に達した。特にLNGの割合が増加しており、再生可能エネルギーの導入や原子力発電所の再稼働も徐々に進んでいるものの、LNGによる発電量は全体の約4割に達している。同時に、石油、天然ガス、石炭等のほぼ全量を海外からの輸入に頼る日本の一次エネルギー自給率（原子力を含む）は、震災前の20％から2014年には6.3％に大幅に下落し、2019年度には12.1％まで持ち直したものの、依然として低い水準にある。また、日本が原油の約9割を輸入している中東から、天然ガスも約2割が中東産となっている（いずれも2020年）。このような中、エネルギーの安定的かつ安価な供給の確保に向けた取組が重要となっている。

一方で、気候変動問題への対応は益々重要性を増している。我が国は、2020年10月に「2050年カーボンニュートラル」を目指すことを宣言するとともに、2021年4月には、2030年度の新たな温室効果ガス排出削減目標として、2013年度から46％削減することを目指し、さらに50％の高みに向けて挑戦を続けるとの新たな方針を示した。

こうした大きな二つの視点を踏まえて、2021年10月には「第6次エネルギー基本計画」が閣議決定された。この新たな「エネルギー基本計画」は、2050年カーボンニュートラルに向けた長期展望と、それを踏まえた2030年に向けた政策対応により構成され、我が国の今後のエネルギー政策の進むべき道筋を示している。

（2）　エネルギー・鉱物資源の安定的かつ安価な供給の確保に向けた外交的取組

エネルギー・鉱物資源の安定的かつ安価な供給の確保は、活力ある日本の経済と人々の暮らしの基盤をなすものである。外務省として、これまで以下のような外交的取組を実施・強化してきている。

❶資源国との包括的かつ互恵的な協力関係の強化

日本は、資源国との間で、エネルギー・鉱物資源の安定供給確保のための首脳、閣僚レベルでの働きかけや、資源分野における技術協力や人材育成等の政府開発援助（ODA）を活用した協力等、包括的かつ互恵的な関係の強化に取り組んでいる。特に、安倍総理大臣、歴代の岸田、河野、茂木各外務大臣等が北米、中東・アフリカ、中南米、アジア太平洋等の主要な資源国を訪問し、積極的な資源エネルギー外交を展開してきた。

❷輸送経路の安全確保

日本が原油の約9割を輸入している中東からの海上輸送路や、ソマリア沖・アデン湾などの国際的に重要な海上輸送路において、海賊事案が発生している。これを受けて、日本は、沿岸各国に対し、海賊の取締り能力の向上、関係国間での情報共有等の協力、航行施設の整備支援を行っている。また、ソマリア沖・アデン湾に自衛隊及び海上保安官を派遣して世界の商船の護衛活動を実施している。

❸在外公館等における資源関連の情報収集・分析

（a）エネルギー・鉱物資源の獲得や安定供給に重点的に取り組むため、在外公館の体制強化を目的とし、2021年9月末現在、合計53か国60公館に「エネルギー・鉱物資源専門官」を配置している（2021年8月に配置見直しを実施）。また、エネルギー・鉱物資源の安定供給確保の点で重要な国を所轄し、業務

に従事する一部在外公館の職員を招集して、「エネルギー・鉱物資源に関する在外公館戦略会議」を毎年開催している。2021年は、新型コロナの影響を受け、2月19日、オンライン形式で開催した（詳細は下記(4)参照）。

(b) これに加えて、2016年度から外務本省と在外公館、政府関連機関との連携強化の重要性、我が国のエネルギー・資源外交及び再生可能エネルギー外交を効果的に推進していくための方策について議論を行うため、特定地域を対象とする会議を開催。2017年1月17日から18日に南アフリカ・プレトリアを対象に初めて開催した地域公館エネルギー・鉱物資源担当官会議を開催し、2018年1月17日から18日には中央アジア・コーカサス地域を対象としてトルコ・イスタンブールで開催し、更に2019年1月28日から29日、エジプトのカイロにて、中東地域公館エネルギー・鉱物資源担当官会議を開催した。

(3) 国際的フォーラムやルールの活用と主な動き

❶G20

エネルギー安全保障の確保のための国際協調の重要性が高まる中、G20の果たす役割が益々高まっている。2020年9月には、サウジアラビアにてG20エネルギー大臣会合が開催され、梶山経済産業大臣、鷲尾外務副大臣、長坂経済産業副大臣がオンラインで出席し、循環炭素経済（CCE：Circular Carbon Economy）、エネルギー・アクセス、エネルギー安全保障・市場安定化等について議論が行われ、同会合の成果文書として、G20エネルギー大臣コミュニケが発出された。

2021年7月23日、イタリア・ナポリにて、G20エネルギー・気候大臣会合が開催され、都市と気候変動、持続可能な回復とクリーン・エネルギー・トランジション、パリ協定

と整合的な資金の流れ、エネルギー安全保障とエネルギー貧困等について議論が行われた。本会合において、鷲尾外務副大臣からは、特に未だ約8億人の人々がエネルギーへの十分なアクセスを得られていない状況の下、エネルギー・アクセスとエネルギー貧困の問題は、途上国だけでなく先進国も含む世界共通の課題であることを強調した。また、様々な事情に応じて多様なエネルギー源や技術を組み合わせることによるユニバーサル・アクセスの実現の重要性を指摘し、日本の取組と考えを発信した。また、新型コロナ後の世界のエネルギー情勢や気候変動問題への対応に向けたG20としての取組や協力のあり方等を示す成果文書として、「G20エネルギー・気候共同コミュニケ」が発出された。

❷国連エネルギー・ハイレベル対話

SDG7（クリーンなエネルギーを全ての人に）の実現のため、2021年3月にグテーレス国連事務総長のイニシアティブにより、国連エネルギー・ハイレベル対話が立ち上げられた。我が国は、イニシアティブ立ち上げ当初より、5つのテーマ（(1)エネルギー・アクセス、(2)エネルギー転換、(3)包摂的、公正なエネルギー転換を通じたSDGsの実現イノベーション、(4)技術及びデータ、(5)資金と投資）のうち、「エネルギー・アクセス」のテーマの「グローバル・チャンピオン」を務めた。グローバル・チャンピオンの役割は、各テーマについてのアドボカシー、技術作業部会への戦略的助言を行い、準備プロセスにおいて、テーマ別フォーラムを共同開催することである。

2021年9月、国連エネルギー・ハイレベル対話がオンラインで開催され、日本からは鷲尾外務副大臣がビデオメッセージにより参加した。この会合では、温室効果ガス削減目標に関するパリ協定における、自国が決定する

貢献（Nationally Determined Contribution：NDC）やSDGsに合致した、加盟国による自発的なコミットメントをまとめた「エネルギー・コンパクト」が公表された。日本は、このエネルギー・コンパクトにおいて、世界のエネルギー・アクセス改善に向けた国際協力に今後も貢献していくこと、また、再エネの普及、水素・原子力・CCUSを含む様々な手段で脱炭素化を進めていくことを表明した。加えて、2030年のSDG7達成及び2050年ネットゼロ達成に至るまでのグローバル・ロードマップを含む、国連事務総長による今次会合のサマリー文書が公表された。

(4)　エネルギー・資源外交に関する主な取組

　2020年10月に、菅総理大臣が「2050年カーボンニュートラル」を宣言したことに伴い、再生可能エネルギーの主力電源化等脱炭素化へ向けた取組や新エネ・再エネ等の最新技術について、今まで以上に積極的に対外発信を行うべく、外務省として、国際機関における発信、在外公館戦略会議やアジア・エネルギー安全保障セミナー、在京外交団を対象にした福島へのスタディーツアーの開催を実施している。

❶カーボンニュートラル実現のための再生可能エネルギーの更なる拡大に向けた取組の発信

(a)　国際再生可能エネルギー機関（IRENA）総会におけるスピーチ

　2020年1月11日から12日にアラブ首長国連邦・アブダビにて開催された第10回IRENA総会では、我が国代表として若宮外務副大臣が出席し、再生可能エネルギーの更なる普及拡大に向けた日本の方針や取組に関するスピーチを行った。同スピーチにおいては、脱炭素社会の実現に向けての日本の取組を紹介しつつ、2030年頃から寿命を迎える

太陽光パネル等が大量に廃棄される時代が到来することを問題提起した。そして、再生可能エネルギーの長期的かつ安定的な普及促進のためには、その導入の加速化だけではなく、環境に配慮しつつ、将来的な廃棄の問題について今から取り組むことが重要であることを訴えた。

　2021年1月19日にオンラインにて開催された第11回IRENA総会では、我が国代表として鷲尾外務副大臣がビデオメッセージにより出席し、カーボンニュートラルへの道筋と再生可能エネルギー大量導入に向けた課題と我が国の取組に関するスピーチを行った。同スピーチでは、カーボンニュートラルの実現のための道筋は各国様々であり、再生可能エネルギーの導入を最大限進めつつ、技術とイノベーションを総動員する必要があること、加えて、脱炭素化のための途上国への支援も重要であることを指摘した。さらに、再生可能エネルギーの大量導入を進めるにあたり、その裨益だけでなく課題にも目を向ける必要があることも指摘した。特に、調整力の確保や電力システム全体のコスト評価、蓄電池やモーター等に使われる鉱物資源の確保、そして、我が国が問題提起した、2030年頃から寿命を迎える太陽光パネル等の大量廃棄への対処を今後の課題として挙げた。

(b)　エネルギー・鉱物資源に関する在外公館戦略会議

　外務省では、2009年度から、主要資源国に設置された大使館・総領事館、関係省庁・機関、有識者、企業等の代表者を交えた会議を毎年開催し、日本のエネルギー・鉱物資源の安定供給確保に向けた外交的取組について議論を重ね、政策の構築と相互の連携の強化を図ってきた。2021年2月18日に外務省がオンラインで開催した、2020年度アジア・エネルギー安全保障セミナー「自由で開かれ

たインド太平洋とエネルギー・鉱物資源の現在」（詳細は下記❷参照）での議論とも連携し、新型コロナの拡大や米国新政権の発足などの情勢の変化を受けた日本のエネルギー・鉱物資源の確保のあり方について、翌2月19日に「エネルギー・鉱物資源に関する在外公館戦略会議」を開催し、議論を交わした。同戦略会議には、40公館を超えるエネルギー・鉱物資源専門官設置国の大使館・総領事館職員及び資源エネルギー庁関係者が参加。今回の議論を通じ、参加者は、国際社会がエネルギー転換に舵を切る中、重要鉱物資源の安定的な供給確保がますます重要になっており、今後、更に相互の連携を強化し、各国・地域におけるエネルギー・鉱物資源を取り巻く状況を正確に分析し、対策を執っていく重要性などにつき、認識を共有した。

❷アジア・エネルギー安全保障セミナー

　2021年2月18日、外務省は、日本経済団体連合会の後援の下、2020年度アジア・エネルギー安全保障セミナー「自由で開かれたインド太平洋とエネルギー・鉱物資源の現在」をオンラインで開催した。本セミナーには、鷲尾外務副大臣が出席したほか、日本経済団体連合会の大林剛郎経団連外交委員長／大林組代表取締役会長が後援団体を代表して出席。エネルギー・鉱物資源分野に携わる国際機関関係者、有識者、企業関係者、報道関係者が登壇した。セミナーには国内外から約500名がオンラインで参加登録。冒頭、鷲尾外務副大臣から、国際社会が化石燃料から再生可能エネルギーを中心とした社会への転換を急ピッチで進める中、再生可能エネルギーに利用される鉱物資源が将来にわたって安定的に供給されることが鍵となり、このためには、「自由で開かれたインド太平洋」の考え方の下、公正な市場の実現、人権の保護、透明な労働基準の確保といった普遍的な価値の

拡大を志向する国々との協力と連携が不可欠であることや、官民が連携して鉱物資源をめぐる問題に取り組む重要性について述べた。セミナーの第1部では、「米新政権発足と米国のエネルギー・鉱物資源政策」をテーマとして、ピーター・ハース米国務省経済商務局国務次官補代行及びアンナ・シュピッツバーグ米国務省エネルギー資源局副次官補からのビデオメッセージに続き、有識者及び企業関係者を交えたパネルディスカッションが行われた。続いて第2部では、「インド太平洋地域におけるエネルギー転換」をテーマに、ティム・グールド国際エネルギー機関（IEA）エネルギー供給・投資展望課長からクリーン・エネルギー転換における重要鉱物の役割について説明。これに続いて、有識者、企業関係者及び報道関係者が、エネルギー転換を支えるエネルギー・鉱物資源とインド太平洋地域における今後の連携可能性などにつき、活発な議論を行った。

❸在京外交団を対象とした福島県スタディーツアー

　2020年3月2日から3日にかけて、外務省は、資源エネルギー庁、東京理科大学、福島県いわき市の協力により、在京外交団を対象とした千葉県野田市、柏市、福島県いわき市におけるCCUS／カーボンリサイクル関連施設の視察（CCUS／カーボンリサイクルスタディーツアー）を実施した。

　このツアーは、「福島新エネ社会構想」に基づき、脱炭素化を実現するための我が国の取組を世界に発信することを目的としており、5か国（5名）の大使館から参加があった。3月2日、東京理科大学において、CCUS／カーボンリサイクルセミナーを開催し、産学官の代表者が一堂に会し、参加外交団を含むそれぞれの代表者が脱炭素化等に向けた政策的な取組や最先端の技術開発について発表し

た。参加外交団一行は、東京理科大学野田キャンパス内にある光触媒国際研究センターにおいて、カーボンリサイクルを実現する最先端技術として、酸化チタンを使った光触媒による人工光合成やダイヤモンド電極による二酸化炭素還元技術について視察した。その後、千葉県柏市にある日立造船株式会社を訪問し、二酸化炭素と水素からメタンを生成するメタネーション技術について説明を受け、メタネーションの実証装置や水素製造装置を視察した。3月3日、福島県いわき市にある、とまとランドいわきを訪問した。トマト温室の暖房にクリーンなLPガスを使用し、その排ガス中のCO_2をトマト生育促進に利用した

り、農地で農業を行いながら太陽光発電も実施するソーラーシェアリングなどの様々な環境に配慮した農業の先進的な取組を視察した。同日、福島県水産海洋研究センターを視察し、東日本大震災による福島第一原発事故以来実施している、福島県沖産魚介類の放射能モニタリング調査に関する説明を受け、放射能計測作業など視察した。3月3日、福島県いわき市にある常磐共同火力株式会社勿来発電所、我が国が誇る世界最先端のクリーンコール技術である石炭ガス化複合発電技術（IGCC）や火力発電所を視察した。また、勿来IGCCパワー合同会社勿来発電所も視察した。

2 食料安全保障の確保

食料安全保障とは

食料安全保障は、すべての人が、いかなる時にも、活動的で健康的な生活に必要な食生活上のニーズと嗜好を満たすために、十分で安全かつ栄養ある食料を、物理的にも経済的にも入手可能であるときに達成される（世界食料サミット、1996年：国連食糧農業機関（FAO））。

（1）　食料安全保障の現状

国連人口部の報告によれば、2020年の世界の人口は約78億人と推定されている。今後、サブサハラ・アフリカ及び南アジアを中心に世界の人口が増加し、2050年までに約97億人に達すると見込まれている。更に、畜産物の消費量が増加すればその数倍の穀物需要が発生することから、今後開発途上国において食生活が変化して畜産物の消費量が増加すると、畜産向けの飼料需要も急速に増加する。2013年の国連食糧農業機関（FAO）のレポートによると、2050年までに食料生産を2005-07年の水準から約60％増大させる必要があるとされている。

一方、日本国内に目を向けると、日本の食料自給率（カロリーベース（農林水産省発表））は長期的に低下傾向で推移してきたが、近年は横ばいで推移しており、2020年度実績は37％となっている。日本は長期間にわたって食料の多くを輸入に依存している状況が続いており、国民への安定的な食料の供給のためには、国内の食料生産の増大を図ることを基本とし、これと輸入及び備蓄とを適切に組み合わせることにより確保することが必要である。世界的には中長期的に需給のひっ迫が懸念される中、今後とも安定的な輸入を確保するためには、世界全体の食料増産を積極的に推し進める必要がある。更に、食料需要が伸びる中、一時的な食料増産ではなく、環境負荷を低減しつつ食料増産を図る持続可能性の確保が求められる。加えて、食料は品質の経年劣化や病虫害等の被害を受け易いという面があり、生産した農産物を効率的に消

第三章

費に繋げるために、安定的な農産物市場や貿易システムを形成し、物流を改善する必要がある。これらの取組等を通して、日本の食料安全保障の確立を図っていかなければならない。

(2)　世界の栄養不足の状況及び食料需給

世界の栄養不足人口は、2015年までは過去10年以上着実な減少を続けてきたが、同年から増加傾向となっている。FAOが国際農業開発基金（IFAD）、国連世界食糧計画（WFP）等と合同で発行した「世界の食料安全保障と栄養の現状 2021年報告（SOFI 2021）」によれば、2020年には、8億人（世界の約10人に1人）近くが栄養不良の状態にあったと推定されている。2015年に国連で採択された「持続可能な開発のための2030アジェンダ」においては、2030年までに飢餓のみならずあらゆる形態の栄養不良も含めて解消することを目標として掲げているが、目標を達成するには更なる努力が不可欠な状況である。同報告書では、栄養不足人口の増加の背景として、干ばつ・洪水などの気候変動、紛争、経済の停滞や貧困といった要因に加え、新型コロナのパンデミックやアフリカ・中東・南アジアにかけて農作物に大被害をもたらしたサバクトビバッタの襲来などの深刻な影響を挙げている。

世界全体で見ると、子どもの発育阻害（年齢相応の身長に達していない状態）や消耗症（身長に対し体重が少なすぎる状態）が引き続き課題となる一方で、5歳未満児の過体重と成人の肥満も増加傾向にある。多くの国では、子どもの低栄養と成人の肥満が同時に高い割合で発生しており、これは様々な形態の栄養不良の解消に取り組む必要があることを示している。

一方、世界における食料の供給状況について見ると、近年は主要作物である小麦・とうもろこし・コメ・大豆等に関しては、南米諸国での大豆・とうもろこしの増産など、穀物供給地の多角化が進み、世界全体では十分な生産が行われてきた。一方で、米国などの主要生産国における干ばつなどの天候不良による減産、バイオエタノールやバイオディーゼルなどの燃料向け利用の進展、コロナ禍からの経済活動の回復などを受け、供給逼迫の可能性から価格が大幅に上昇し、輸出規制措置を講じる国が相次いだことには十分な注意が必要である。また、燃料用需要は他のエネルギー源の需給や政策の動向に大きく左右され得るため、注視が必要である。

世界の穀物貿易量は、2021年現在、年間6億4千万トン規模に達すると見込まれており、世界の食料安全保障には円滑な貿易システムの確保が重要である。米中間の貿易不均衡の是正を巡り、米中双方が互いに追加関税措置を発動した対象品目には農産品も含まれた（ただし、2021年8月現在、大豆・とうもろこしなどは同措置の適用除外とされている）。特に大豆については、年間貿易量が1億7千万トンにのぼる中で、年間1億トンを輸入する中国と、6千万トンを輸出する米国の動きは、二国間のみならず世界の穀物貿易全体に与える影響も大きく、今後の展開を注視する必要がある。

なお、2018年以降、中国、ベトナム等アジア諸国にASF（アフリカ豚熱）の感染が広がり、豚の飼育頭数の減少により飼料用の大豆需要が減少する一方で、豚肉や牛肉の輸入が増加するなどの影響が生じた。2020年に中国の飼育頭数が回復し、飼料用穀物の需要が再び増加する一方で、2021年にも新たなASF発生地域が確認されており、今後の伝染状況を引き続き注視する必要がある。

(3) 国際的なフォーラムやルールの活用と主な動き

❶G7

G7/G8の枠組みにおいては、2008年の北海道・洞爺湖サミットで食料安全保障を取り上げて以来、様々な食料安全保障強化のための取組が行われてきている。2015年6月のG7エルマウ・サミット（於：ドイツ）において、2030年までに開発途上国の5億人を飢餓と栄養不良から救出するという目標（エルマウ・コミットメント）と、その達成に向けた「食料安全保障と栄養のための広範な開発アプローチ」（ブロード・アプローチ）が策定された。2016年のG7伊勢志摩サミットでは、日本の主導により「食料安全保障と栄養に関するG7行動ビジョン」が採択され、エルマウ・コミットメントの目標の達成のために3つの重点分野（女性のエンパワーメント、栄養改善、農業・フードシステムにおける持続可能性及び強靱性の確保）を特定し、各重点分野において目的達成のための具体的な行動を決定した。2017年5月のG7タオルミーナ・サミット（於：イタリア）では、特にサブサハラ・アフリカにおける食料安全保障、栄養及び持続可能な農業に対する共同の支援を高めることが決定された。

2021年は、英国がG7議長を務め、食料安全保障作業部会（FSWG）において、食料安全保障及び栄養に関する広範なアプローチがテーマとして議論が行われ、12月16日に英国にて開催された外務開発大臣会合の機会に、FSWGによる文書として公表され、作業部会における議論を踏まえ、同大臣会合で発出されたG7持続可能なサプライチェーンイニシャティブを基に、議長国外務大臣主催で各国閣僚級及び食料関連企業が参加して持続可能な活動を後押しするためのイベントが実施された。

❷G20

G20においては、2011年のG20カンヌ・サミット（於：フランス）の際に農業市場情報システム（Agricultural Market Information System、略称AMIS）が立ち上げられ、国際的な主要農作物の需給、作柄、市況等、農業市場に係る情報を収集し、毎年公表するとともに、参加国の情報の正確性の向上に向けた取組も進めている。2015年11月のG20アンタルヤ・サミット（於：トルコ）においては、「食料安全保障と持続可能なフードシステムに係るG20行動計画」が採択されたほか、2017年1月には、G20農業大臣会合（於：ドイツ）において、世界の食料安全保障と栄養改善を確保するための農業関連の目標を達成するための責任を真剣に受けとめることや、G20農業大臣会合を定期的に開催し、行動計画の実行にコミットすること等が確認された。

2019年5月に開催されたG20新潟農業大臣会合では、「農業・食品分野の持続可能性に向けて－新たな課題とグッドプラクティス」をテーマとして、人づくりと新技術、フード・バリューチェーン、SDGsについて議論が行われた。また、越境性動植物疾病への対応についても議論が行われ、特にASF（アフリカ豚熱）については、国際社会が一致団結して対処することの重要性について認識を共有した。

2021年6月に開催されたG20外務・開発大臣合同会合では、「食料安全保障」が単独のテーマとして取り上げられた。新型コロナの感染拡大による飢餓人口の増加及び、食料安全保障に対する国際的な関心の高まりを受け、SDG2（飢餓ゼロ）の達成及び持続可能な食料システムの構築に向けた議論を行い、会合では、「食料安全保障、栄養及び食料システムに関するマテーラ宣言」が採択され

た。

❸APEC

APEC（アジア太平洋経済協力）においては、2010年に新潟市において第1回食料安全保障担当大臣会合が開催され、食料安全保障についてAPECとして目指すべき共通目標を定めた「APEC食料安全保障に関する新潟宣言」と共通目標の実現のための具体的な行動を定めた「行動計画」が採択された。翌2011年、APECにおける食料安全保障を推進すべく、民間部門が政策に実質的に関与する枠組みとして、APEC食料安全保障に関する政策パートナーシップ（PPFS）が立ち上げられた。2014年9月の第3回食料安全保障担当大臣会合において「APEC食料安全保障に関する北京宣言」が採択され、食品ロス削減に関し、アジア太平洋域内における食品ロスを2020年までに2011-12年比で10％削減する目標が承認された。

2021年のニュージーランド議長国下では、PPFS会合の優先分野を「2030年に向けた食料安全保障ロードマップ」の策定と、PPFSへの民間企業の参画とした。同年8月19日には食料安全保障担当大臣会合が開催され、新型コロナ禍での食料安全保障のためのイノベーションの重要性やロードマップについて議論が行われた。会合では、成果文書として「APEC食料安全保障担当大臣会合共同閣僚声明」とともに「2030年に向けた食料安全保障ロードマップ」が採択された。

❹ASEAN関連会合

ASEAN＋3（日本、中国、韓国）の協力枠組みでは、ASEAN＋3緊急米備蓄（The ASEAN Plus Three Emergency Rice Reserve、略称APTERR）協定が2012年に発効しており、これに基づき日本は2013年以降、フィリピン、ラオス、カンボジア及びミャンマーに対する米支援を実施した。ま

た、2016年9月のASEAN＋3首脳会議では、安倍総理大臣から日本が推進しているフード・バリューチェーンの構築のための官民連携協力を更に拡大する意向を表明するとともに、日本産食品に対する放射能レベルに関する輸入規制の緩和・撤廃についても要請した。2017年11月のASEAN＋3首脳会議（於：フィリピン）においては、「食料安全保障協力に関する声明」が採択された。2018年10月には、APTERR協定発足以来初となる申告備蓄プログラム（災害発生時に1万トン規模の米の供給を可能とする契約を締結するもの）の実施に向けた覚書の署名が日本とフィリピンの間で行われた。

❺国連食料システムサミット／プレサミット

国連食料システムサミットは、食料の生産、加工、流通、消費などに関わる様々な活動を意味する「食料システム」の変革により、2030年までのSDGs達成に寄与することを目的に、グテーレス国連事務総長の呼びかけにより、2021年9月23日及び24日に、国連本部を起点にオンラインで初めて開催された。同サミットには、150か国以上から首脳・閣僚級の政府関係者が出席したほか、国際機関、民間企業、市民社会など幅広い分野から代表者が参加し、食料システムが抱える様々な課題の解決に向けた方途について議論が行われ、国連事務総長による「議長サマリー及び行動宣言」が発表された。

我が国からは、菅総理大臣がビデオメッセージにより出席し、新型コロナの感染拡大などにより食料不安が深刻化する中、サミットの開催が時宜を得たものであると歓迎するとともに、我が国は、(1)イノベーションやデジタル化の推進及び科学技術の活用による生産性の向上と持続可能性の両立、(2)恣意的な科学的根拠に基づかない輸出入規制の抑制を含む自由で公正な貿易の維持・強化、

（3）各国・地域の気候風土や食文化を踏まえたアプローチの3点を重視しながら、世界のより良い「食料システム」の構築に向けて取り組んでいく旨述べた。さらに、我が国として2021年12月に「東京栄養サミット2021」を主催し、世界の貧困と飢餓の撲滅、人々の栄養改善に向けて、国際的な取組をリードしていく決意を表明した。

同サミットに先立ち、2021年7月26日から28日には、閣僚級のプレサミットがローマにおける対面及びオンラインにより開催され、我が国からは、野上農林水産大臣が対面で出席し、鷲尾外務副大臣がビデオメッセージにより出席した。鷲尾外務副大臣は、新型コロナの感染拡大に伴い、各国で農産物や食品の輸出規制などの措置が執られるなど、サプライチェーンの脆弱さが露呈した現状を指摘し、強靱かつ持続可能な食料システムの構築のためには、自由で公正な貿易体制の強化が重要であり、我が国として国際機関を活用した市場の透明性向上に資するルール・メイキングを主導していく意図を述べた。また、我が国によるアフリカにおけるコメの品種改良支援も紹介しつつ、世界の農業生産性の向上のためには、イノベーションとデジタル化の促進、それに伴う知的財産権及びデータプライバシーの適切な保護、並びに気候変動に適応した農業への転換が重要である点を強調した。

⑷　「責任ある農業投資」の促進に向けた日本の取組

世界の食料増産が進められる中、これまで緑の革命や日本とブラジルの協力で実施されたセラード開発など、農地拡大や単位面積当たりの収量の改善のために様々な取組が行われてきた。国際的な農業投資が行われる一方で、2008年の食料価格高騰を契機に、食料

輸入国の企業や政府投資ファンド等がアジアやアフリカにおいて大規模農地開発を活発化させた。この動きは、世界中のメディアにより「農地争奪」（"land grabbing"）という言葉で盛んに報じられ、FAOは「新植民地主義」として警笛を鳴らすに至った。多くの開発途上国では農業従事者が人口の過半数を占め、また貧困層の4分の3が農村部に居住しており、農業が主要な産業となっている。そのため、農業の振興は開発途上国における経済の改善の重要な手段であるが、2つの競合する課題、すなわち、農業投資の増加の必要性と、農業投資に伴う意図せざる負の影響への対応に直面している。開発途上国において持続可能で包摂的かつ貧困削減に繋がるような経済成長を達成するために、国際社会は官民・国内外を問わず、開発途上国における農業投資を促進すべきである一方、投資が稚拙に計画・実施された場合、投資受入国の人々に対し、政治安定性、人権、持続可能な食料生産や環境保護に関する意図せざる負の影響を与え得る。

これらの課題に対処するべく、日本は、2009年7月のG8ラクイラ・サミット（於：イタリア）の機会に「責任ある農業投資」というコンセプトを提唱した。このコンセプトは、投資受入国の政府、小農を含めた現地の人々、投資家という三者の利益の調和及び最大化を目指すものである。そして、日本のイニシアティブのもと、4国際機関（FAO、IFAD、UNCTAD、世界銀行）が「責任ある農業投資原則（the Principles for Responsible Agricultural Investment：PRAI）」を策定した。日本は関連国際機関等と協力して、様々な国際会議等の機会にセミナーを開催するなど、同原則の普及を図ってきた。

第三章

(5)　食に関する啓発活動と情報発信

2019年には、食料安全保障を様々な側面から強化するための試みとして、主に食品ロス削減に向けた啓発活動に取り組んだ。食品ロス削減は、持続可能な生産・消費としてSDGsの達成に寄与し、また、食料の多くを輸入に頼る日本にとって、日本と世界の食料安全保障の強化につながる重要な取組である。

2019年3月に都内で開催された講演会では、日本担当FAO親善大使を迎え、持続可能な開発目標（SDGs）の達成に向け、FAOがどのような貢献を果たしているのか、また日本の官民はFAOとの協力の下でどのような役割を果たしているのかなどについて議論するとともに、SDGs達成のためのテーマの1つとして、食品ロス削減に寄与する料理の紹介などが行われた。

日本では「食品ロスの削減の推進に関する法律」が2019年10月1日から施行され、毎年10月16日は、国連が定めた「世界食料デー」でもあることから、この機会を捉え、関係省庁・地方自治体・民間企業等の協力を得ながら、FAOとの共催で「世界食料デー記念シンポジウム「食料問題を考える、『食品ロス』を知ろう！」を10月に開催した。

また2020年10月には、新型コロナウイルスの感染拡大に伴うフードサプライチェーンの混乱や食料供給の不安定化を受けて、世界と日本の食料安全保障を、より強靱かつ持続可能なものとする方策を議論すべく、世界食料デー記念シンポジウム「日本のオイシイを守る―コロナ時代の食料安保リスク―」を開催した。冒頭、主催者を代表して鷲尾外務副大臣から、新型コロナウイルスの感染拡大が世界の食料事情にも影響を及ぼす中、本シンポジウムが、世界と日本の食料をめぐる課題についての理解を深めるとともに、世界の「食料安全保障」に寄与するきっかけとなることを期待する旨述べた。シンポジウムでは、ジェミー・モリソンFAO食料システム・食料安全部長らによる基調講演が行われたほか、パネルディスカッションでは、政府関係者、生産者及び有識者らとともに、日本が誇る食文化を守る方途や、コロナ時代の世界と日本の食料安全保障について活発な議論が行われた。

3　漁業

(1)　日本の漁業外交

世界有数の水産物消費国である日本は、漁業資源を持続可能な形で利用できるよう、責任ある漁業国として取組を進めている。古くは万葉集にまぐろ漁の歌[1]が収められているように、四方を海に囲まれた日本は水産物の恵みと共にあり、四季折々の海の恵みは、ユネスコ無形文化遺産である和食の基礎ともなってきた。本節で紹介する漁業外交の取組は、海洋環境や生物多様性の保全の観点、食料安全保障の観点に加え、食文化の振興という観点からも重要である。

漁業資源の中には、まぐろを始め、一国の管理する水域を越えて生息するものが多く存在する。また、日本を含む遠洋漁業国の漁船は、公海及び他国の排他的経済水域（EEZ）においても漁業を行っている。このように漁業資源の利用には国際的な側面があり、関係

1）鮪（しび）突くと　海人の燭せる　漁り火の　穂にか出でなむ　我が下思ひを（大伴家持　巻19-4218）

国が科学的根拠に基づく国際的なルールを作り、遵守していくことが重要である。ここにおいて主要な役割を果たしているのが、地域漁業管理機関（Regional Fisheries Management Organization：RFMO）である（下記(2)❶）。

RFMOにおける海域・魚種別の資源管理に加えて、漁業に関する新たな国際的課題に対応するためのルール作りも行われており、日本はこれに積極的に参画している。特に、違法・無報告・無規制（IUU）漁業対策は、国連持続可能な開発目標（SDGs）に含まれ、G7、G20及びAPECを始めとする主要な枠組みで議論されるなど、国際的な関心を集める重要な課題である。漁業外交の地理的フロンティアは、北極海にも拡大しつつある（下記(3)）。

また、漁業外交の重要な一部として、捕鯨がある。日本にとって鯨類は、持続可能な形で利用できる漁業資源の一つであり、鯨肉は多くの地域・人々にとって食生活の重要な一部を成している。政府は、持続可能な形で捕鯨を続けていくために、国際機関と連携しながら様々な取組を行っているほか、立場を共有する国々との連携を強化していくこととしている（下記(4)）。

(2)　漁業権益の維持と国際的合意形成プロセス

❶地域漁業管理機関（RFMO）

世界中で魚食が広がる中、商業的に利用される漁業資源の34.2％が過剰漁獲の状況にあり、59.6％がこれ以上漁獲を増やせない状況とされている[2]。この状況下で、日本の消費者に水産物を安定的に供給するため、日本は地域漁業管理機関（RFMO）を通じ、資源の持続可能な利用の確保に取り組んでいる。

海洋生物資源の保存及び管理については国連海洋法条約（UNCLOS）に規定があり、特にストラドリング魚種[3]と高度回遊性魚種[4]については、国連公海漁業協定（UNFSA）に講じるべき措置が具体的に示されている。こうした規定に基づいた漁獲可能量の設定や、IUU漁業対策を含む国際的な取組を可能にするのが、海域や魚種毎に設置されるRFMOである。RFMOでは、その設立条約で設置された科学委員会において資源状況が科学的に評価され、これを踏まえて保存管理措置を採択する。沿岸国及び公海で漁獲を行う国は保存管理措置を達成するために協力する義務を負い、締約国等は遵守状況を報告することとなっている。

日本は主要なRFMOに加盟し、国際的な資源管理に積極的に貢献してきた。RFMOによる国際的な漁業ガバナンスの中核をなす保存管理措置の採択に際しては、水産庁における技術的論点の精査に加え、外務省において、国際情勢や二国間関係、国際法上の他の権利及び義務との整合性、そして国内担保の側面などを踏まえて方針を検討した上で、関係省庁で連携して交渉を行っている。

個別のRFMOとの関与のあり方は、日本の漁船の操業実態等を踏まえて判断している。日本は、2020年10月31日に地中海漁業一般委員会（GFCM）を脱退したが、これは、日本の漁船が2010年以降地中海において操業を行っていなかったことや、日本が地中海において関心を有しているまぐろ類の保存管理措置が、近年大西洋まぐろ類保存国際委員会（ICCAT）においてのみ採択されて

---

2)　国連食糧農業機関（FAO）「世界漁業・養殖業白書（2020年）」
3)　沿排他的経済水域（EEZ）の内外に存在する魚類資源（タラ、サバ、イカ等）
4)　太平洋、大西洋、インド洋といった広い海域を回遊する魚種（まぐろ類、サンマ等）

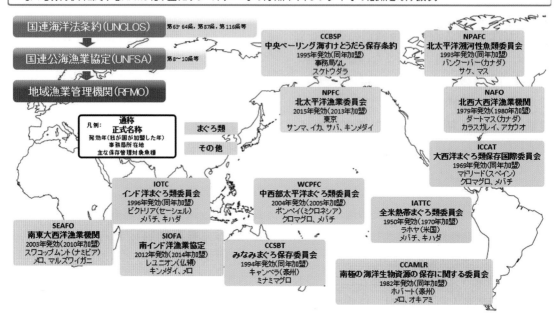

日本が加盟している地域漁業管理機関（RFMO）

➢ まぐろ類については、5つのRFMO（ICCAT、CCSBT、IATTC、WCPFC、IOTC）が全世界の海域に生息するまぐろ類を管理（我が国はすべてのまぐろ系RFMOに加盟）。

➢ 我が国周辺水域を含む中西部太平洋まぐろ類委員会（WCPFC）と最多のメンバーからなる大西洋まぐろ類保存国際委員会（ICCAT）は特に重要。

➢ まぐろ類以外に関するRFMOは、主にサンマ、サバ等の浮魚や、キンメダイ等の底魚を取り扱う。

いることを踏まえたものである。

❷マグロ

　数多ある魚種の中でも日本にとって特に重要なのが、かつお・まぐろ類である。ここでは、RFMOのうち、日本周辺水域を対象に含む中西部太平洋まぐろ類委員会（WCPFC）と、最多のメンバーからなる大西洋まぐろ類保存国際委員会（ICCAT）を取り上げる。

　太平洋クロマグロについては、各国の漁獲量の制限等の国際的な資源管理を通じた積極的な取組の成果が上がりつつある。2018年の中西部太平洋まぐろ類委員会（WCPFC）北小委員会[5]において、日本から、親魚資源量の回復等の科学的知見を踏まえ、資源の回復目標の達成確率が一定以上を維持する範囲での漁獲枠の増枠を提案した。増枠については、慎重な意見が一部に見られたため、2020年までは合意に至らなかったが、2021年、日本から、最新の科学的知見を踏まえ改めて増枠を提案した結果、大型魚の漁獲枠を15%増枠する措置が採択された。

　ICCATにおいて資源管理が行われている大西洋クロマグロは、2000年代には資源状況が非常に悪いと評価されていたが、同委員会が厳しい保存管理措置を継続的に採択し、締約国等がこれを遵守した結果、近年資源量が回復している。2017年の年次会合においては、総漁獲可能量（TAC）を増加させることが決定された。さらに、2021年、新型コロナの影響を受けてオンラインで行われた

5）主に北緯20度以北の水域に分布する資源（太平洋クロマグロ、北太平洋ビンナガ、北太平洋メカジキ）の保存管理措置について本委員会に勧告を行うWCPFCの補助機関。

年次会合において、2022年までの総漁獲可能量の増加が決定された。

2021年7月、日本は、大西洋のまぐろ類の保存のための国際条約を改正する議定書を締結した。同議定書は、まぐろ類に加えて対象魚種をサメ・エイ類等にも拡大し、条約の解釈又は適用に関する紛争が生じた際の制度・手続を新設する規定や台湾が漁業主体として同委員会の関連活動に参加できる規定等を含むものである。

現時点で同議定書は未発効であるが、まぐろ類等の長期的な保存及び持続可能な利用の観点からも、早期の発効が望まれる。

❸サンマ

サンマ、サバ類など、日本の食卓に馴染み深い魚種の一部は北太平洋漁業委員会（NPFC）において資源管理が行われている。北太平洋公海は、日本漁業における重要な海域であり、日本はこの条約の作成段階から主導的な役割を果たしてきた。NPFCの事務局は東京に置かれている。日本のサンマの漁獲量は急速に減少しているが、その理由として、海洋環境の変化、違法漁船の操業や中国、台湾等による漁獲量の増加等が指摘されている。2020年の日本のサンマの漁獲量は約3万トンで、これは2010年の約21万トンの7分の1である。科学的な資源評価を行い、適切な保存管理措置を採択し、国際的な資源管理を進めることが急務となる中、日本から重点的な働きかけを行った結果、2019年の第5回委員会会合において、漁獲量に初の規制が設けられた。2020年の第6回委員会会合では、日本は漁獲枠の更なる縮減の議論を主導し、サンマ分布域全体の現行の総漁枠可能量の4割減（約33万トンへの縮減）に合意した。サンマの資源量の回復が確認されない中で、主要なサンマの漁獲国として、資源管理の充実を主導することが求められている。

❹ニホンウナギ

ニホンウナギは、蒲焼きとして多くの日本人に好んで食されるなど、日本の食文化の一部を担ってきた食材であるが、資源が減少しており、その要因として、生息環境の悪化や、成魚及び稚魚（シラスウナギ）の過剰漁獲等が指摘されている。シラスウナギは養殖用の種苗として日本、中国、韓国及び台湾によって利用されており、持続可能な利用のためには、これらの国・地域が協力して資源管理を行うことが必要である。

ウナギ資源の減少を受け、2014年、国際自然保護連合（IUCN）は、ニホンウナギをレッドリストに掲載した。また、2019年のワシントン条約（CITES）第18回締約国会議（COP18）では、ニホンウナギ等の資源管理のための関係国間の協調が呼びかけられるなど、国際的な関心は高まっている。

日本は、2012年から「ウナギの資源保護・管理に係る非公式協議」の定期的な開催を主導し、その成果を発信してきた。2021年5月から7月にかけてオンラインで開催された第14回非公式協議には、日本、韓国及びチャイニーズ・タイペイが参加し、2020年に引き続き、シラスウナギの養殖池への池入れ上限の設定や、国際取引におけるトレーサビリティー（追跡可能性）の改善に向け協力することに加えて、資源管理措置に対する科学的な助言を行うことを目的とした定期的な科学者会合の第1回会合を2021年後半に開催すること等が日本、韓国、台湾の間で確認された。

（3）　国際的なルール作り（IUU漁業対策及び中央北極海を中心として）

IUU漁業とは、国の法令や関係する地域漁業管理機関（RFMO）による保存管理措置等に違反した漁業、これらに定められた報

第三章

特別寄稿

IUU漁業と外交

中谷好江
駐パラグアイ特命全権大使

2018年11月より2年弱、漁業室長を務めた。外務省に漁業担当部局があることを不思議に思われる方もあるかもしれないが、捕鯨をはじめ国際的漁業管理が国際約束に基づいて行われているためである。漁業管理に関するある国際会議に出席した経験の話から始めたい。まず、各国とも大規模な代表団を送ってきていることが目を引いた。科学者、複数の政府機関の代表、漁業団体から構成されており、利害・見解が完全に一致しているわけではない。

この会議の構図は、単純化すると、先進国と途上国の対立だった。科学的な資源管理を主張する先進国に対し、途上国は、大規模な漁業活動で地球を疲弊させた先進国は、漁業を制限していくべきとのロジックだ。熱のこもった弁論を聞きながら、このままでは、産業としての漁業が認められず、生き延びるための最低限の捕獲しか認められない日が来てしまうかもしれない、と肌身で感じた。現に、捕鯨は欧米先進国の同旨の主張が先鋭化した最たる例である。どうすれば今後も日本人が海の恵みを享受し続けていくことができるか、強い危機感を持ちながら仕事をするようになった。

SDGにも掲げられている、「海の豊かさを守る」ために、何をすべきなのか。漁業室長として、商業捕鯨の再開・継続と共に特に強い関心をもって取り組んだのは、SDGsにも明記されている、このIUU漁業（違法・無報告・無規制漁業）対策である。その高まる重要性に比して日本での知名度は低いが、簡単に言ってしまえば国際的な密漁のようなものだ。国際機関を中心にルールが作られたり、国内で流通面をはじめとした対策がとられたりしているが、やはり海の上というのは管理や摘発、法執行が難しい。

IUU漁業が引き起こす問題は、水産資源の枯渇に留まらない。IUU漁船による活動は、日本海で起きているように船の旗国と沿岸国の摩擦を引き起こす。今まで食べていた魚を獲れなくなり、地元経済や日々の生活が打撃を受ける。収入源を絶たれた漁師が海賊となり、航行の安全を脅かしている地域もある。IUU漁船で、外国人船員の強制労働や人身売買が行われていることも明らかになっているほか、麻薬取引、密輸の疑いも指摘されている。もはやIUU漁業は、「漁業」の枠を越え、人権、国際組織犯罪、安全保障の問題の観点から看過できない、外交当局、政府全体で取り組むべき問題となっている。

外交当局としてできることは、まずは海に関する会合、途上国支援に関する国際会議、そしてG20やAPECといった経済外交のフォーラムなど、様々な機会を捉えてIUU漁業対策の重要性を主張し、国際社会の意識を高めていくことだ。2019年に開催されたG20大阪サミットの首脳宣言や2021年の第27回日EU定期首脳会合の共同声明で、IUU漁業対策の重要性を首脳レベルで明記したことは、目立たないものの画期的な一歩だった。これからは、有志国と、IUU漁業に対する危機感を共有し、より具体的な連携を進めていくことが課題になるだろう。

また、IUU漁業により獲られた水産物が、市場に出回り、知らないうちにそれらを消費している可能性がある点が指摘されている。外交当局の取組のみならず、消費者一人ひとりが、IUU漁業由来の疑いのある商品にレッドカードを突きつけて欲しい。海の豊かさを守るために、使い捨てプラスチックを使わないだけでなく、魚の切り身を買う際に、ツナマヨの入ったおにぎりを頬張る際に、これはどこから来た魚なのだろうかと考えてみることから始めてはいかがだろうか。

外務省としてIUU漁業に戦略的に対処すべきという問題意識を持ちながら志半ばで漁業のフロントを去ることとなった。しかし、今でも、様々な方々に教えを乞いながら、漁業や捕鯨のことを必死に理解し、政策に反映することに努めていた日々を思い出しながら、海のないパラグアイで、重い宿題の答えを考え続けている。

告がなされていない漁業、RFMO非加盟国による当該RFMOの保存管理措置に準拠しない漁業等を指す。世界の総漁獲量に占めるIUU漁業の割合は推定で20％にもなるとの見方[6]もあり、海洋生物資源の保存や持続可能な利用への重大な脅威となることから、SDGsのゴール14の一つに挙げられるなど、早急な対策の重要性が指摘されている。

日本は、IUU漁業対策のための議論に積極的に参画するとともに、国際的なルール作りに貢献している。RFMOの枠内で保存管理措置の策定やIUU漁船リストの作成に取り組むほか、ODAを通じて途上国に対し、違法操業の取締りを行うための漁業資源管理指導船や巡視船の供与、IUU漁業の抑止にかかる政策・対策をテーマとした研修といった様々な支援を実施している。ルール作りの観点では、日本は、寄港国がIUU漁船に対して入港拒否等の措置をとることについて規定する違法漁業防止寄港国措置協定（PSMA）を2017年に締結し、未締結国に対して加入を働きかけている。

責任ある漁業国としての姿勢は、水産分野に限られない国際的枠組みにおいても同様であり、日本は、2019年のG20大阪首脳宣言においてIUU漁業対策の重要性を確認したことを手始めに、IUU漁業対策に関する議論をリードしている。2021年には、G7首脳会合、[G20首脳会合、東アジア首脳会議（EAS）、APEC首脳会議]、第9回太平洋・島サミット等の成果文書においてIUU漁業対策の重要性が盛り込まれた。また、第27回日EU定期首脳協議の共同声明においては、IUU漁業を海洋生物資源の保全及び持続可能な利用に対する最も深刻な脅威と位置

付け、協力して取り組まねばならない課題であるとの認識を盛り込んだほか、PSMAへの加入を引き続き促進することを明記した。

中央北極海においては、海氷の融解の進行に伴い、規制されていない漁獲が行われることを懸念し、北極海沿岸5か国（米、カナダ、ロシア、ノルウェー、デンマーク）に主要関心漁業国・機関である日本、中国、韓国、アイスランド、EUを加えた全10か国・機関によって交渉が進められた結果、2018年10月に「中央北極海における規制されていない公海漁業を防止するための協定[7]」が署名され、2021年6月に発効した。この協定は、同水域のルール作りに初期段階から参加し、日本の将来の漁業機会を確保することを可能にする点で、日本にとって意義深いものである。今後、科学的調査及び監視に関する共同計画を作成することや、試験漁獲に関する保存管理措置等を作成することが予定されている。

（4）　捕鯨
❶捕鯨をめぐる日本の立場

日本は、水産資源を科学的根拠に基づき持続的に利用するとの基本姿勢の下、2019年6月末に国際捕鯨取締条約（ICRW）から脱退し、同年7月、十分な資源が存在することが明らかになっている大型鯨類（ミンククジラ、ニタリクジラ及びイワシクジラ）を対象とした捕鯨業を再開した。捕鯨業は、2018年12月26日付の内閣官房長官談話のとおり、日本の領海及びEEZに限定し、科学的知見に基づく資源管理を徹底する観点から、国際捕鯨委員会（IWC）で採択された方式に沿って算出された捕獲可能量の範囲内で行わ

第三章

6）FAOホームページ
7）本協定は、保存管理措置策定までは中央北極海での公海漁業を行わないこととした同協定水域における協力についてのもの。

れている。2020年10月、政府が「鯨類の持続的利用の確保に関する法律」に基づいて閣議決定した「鯨類の持続的な利用の確保のための基本的な方針」においては、捕鯨業が科学的知見や国際法に基づき適切に行われることなどを明記している。

ICRWから脱退し大型鯨類を対象とした捕鯨業を再開するという決定について、脱退当初は一部の主要な反捕鯨国政府から批判的な声明の発出が見られたものの、その後の反応は落ち着いたものとなっている。これは、上記官房長官談話に示された日本の方針を関係国に対して丁寧に説明し、着実に実施してきた結果である。今後とも、科学的根拠に基づいた客観的な捕獲枠の設定や、国際機関との協力といった取組を着実に実施しつつ、水産資源の持続可能な利用を支持する国々との連携を維持していくことが重要である。

❷鯨類の持続的な資源管理への貢献

日本は、ICRWからの脱退後も、国際機関と連携し、科学的知見に基づく鯨類の資源管理に協力している。IWC科学委員会に対しては、科学調査や捕鯨業から得られたデータを継続的に提供しており、同委員会から謝意が表明されている。例えば、2021年に開催されたIWC科学委員会では、①日本が2020年に実施した科学調査の結果、②過去に収集した調査データの分析結果、③商業捕鯨による捕獲情報などを提供した。また、日本は、北西太平洋及び南極海における鯨類科学調査計画を提出し、同委員会から歓迎されているほか、IWCとの共同プログラムである太平洋鯨類生態系調査（IWC-POWER）への支援も継続しており、長年にわたるこの日本の支援に対しても同委員会から謝意が表明されている。日本は今後も、IWCと連携しながら、科学的知見に基づく鯨類の資源管理に貢献していくこととしている。

このほか、日本は北大西洋海産哺乳動物委員会（NAMMCO）に対しても科学調査で得られた情報や捕鯨に関するデータ等を継続的に提供するなど、鯨類の資源管理における議論に積極的に参加してきている。鯨類の国際的な資源管理に貢献していくこのような姿勢は、鯨類が科学的根拠に基づき持続可能な形で利用すべき水産資源であるという日本の立場に裏打ちされたものである。

❸鯨類の持続可能な利用とICRW脱退の経緯

鯨類が科学的根拠に基づき持続可能な形で利用すべき水産資源であるという日本の立場は、長年にわたって不変である。1960年代から1970年代にかけて、鯨油の需要が低下し、一部地域において鯨類が動物愛護や環境保護の象徴として扱われるに従い、捕鯨国と反捕鯨国の対立は顕著となった。反捕鯨国は次第に国際捕鯨委員会（IWC）で多数派となり、1982年にはいわゆる商業捕鯨モラトリアムが可決された。

日本は、一部の鯨類については持続可能な形で利用ができることを科学的に証明するため、科学調査を通じて収集したデータを提供しつつ、解決策を模索してきた。三十年以上にわたる対話の中で、管理方式が完成し、また、一部の鯨種について資源が豊富であることはIWCの科学委員会によって確認されている。一方、IWCにおいてはいかなる捕鯨にも非科学的な理由で反対する国が多くを占め、モラトリアムの見直しは極めて困難な状況となっている。ICRWから脱退するという決断は、このように、IWCにおいて鯨類に対する異なる意見や立場が共存する可能性すらないことが明らかとなった結果である。この経緯については、脱退後も国際機関と連携しながら科学的知見に基づく鯨類の資源管理に貢献するという日本の姿勢とともに、2018年12月26日付の内閣官房長官談話に記載さ

特別寄稿

和歌山県太地町：伝統的な捕鯨町で動物権利運動の「今」を知る　ジェイ・アラバスター

元AP通信記者／アリゾナ州立大学マス・コミュニケーション学部博士課程

　和歌山県太地町は紀伊半島の南端にほど近く位置する小さな漁村だ。都市からの交通の便は著しく悪く、東京からはおよそ7時間。大雨で道路が冠水したり、強風や線路への鹿の侵入で電車が止まったりすれば、もっと長くかかる。

　しかし、その遠い道のりを厭わずに町を訪れるなら、唯一無二の港町に出会えるだろう。太地町は日本でも最も小さな町の一つで、6平方キロメートルの町域に、およそ3千人の住民が暮らす。深い緑の山々と黒潮の恵み、豊かな海に囲まれ、細い石畳みの両側には古い木造の家が立ち並ぶ。熊野古道の一つである大辺路が通り、那智の滝へと続いている。

　太地は、日本で今も捕鯨に従事する捕鯨基地の一つでもある。過去400年間に渡り、地元の漁師たちは、海岸近くを回遊するクジラとイルカを捕って生活の糧としてきた。太地町の漁協組合は、現在日本で操業を続ける小型捕鯨船5隻のうちの一隻、「第七勝丸」を所有し、勇魚組合は黒潮海域で小型クジラとイルカ漁に従事する。勇魚組合の12隻の小型船は、沖合で見つけたイルカの群れを入江へと追い込み、食肉および生体販売のために捕獲する漁法「イルカ追い込み漁」を行う、現在日本で唯一の組織だ。町のたった一つのスーパーである太地漁協スーパーでは、四季折々の旬の魚介類と共に、新鮮な鯨肉やイルカ肉を買うことができる。勇魚組合が捕獲した小型クジラやイルカのうち、約100頭については町のいたる所にある湾内で観察することが可能で、これよりはるかに多くの頭数が国内およびアジア各国の水族館へと生体販売されている。つまり、もし、あなたが日本のどこかの水族館でイルカを見たことがあるのであれば、そのイルカは高い確率で太地弁を話す、太地出身のイルカだろうと言えるのだ。

　都心から遠く離れた小さな漁村であるにも関わらず、太地町はイルカ漁をやめさせようとする動物愛護活動家たちの抗議の対象となってきた。反捕鯨運動家が特定の港や地域を攻撃対象とはせず、国際水域における捕鯨を批判してきたのとは対象的に、日本近海における小型鯨類やイルカ漁への抗議活動はほぼすべて、この一つの町を標的として行われている。東北では太地町よりも多くのイルカが捕獲されているが、太地町の追い込み漁は誰でも海岸に立てば目視可能な形で行われる。すなわち漁と解体の光景を観察し、録画し、録画した映像をソーシャルメディアを通じてライブ配信できることを意味する。これが、活動家たちに好都合なのだ。2010年にドキュメンタリー映画『ザ・コーヴ』がアカデミー賞を受賞してから、太地町への注目はさらに顕著なものとなった。それ以降、町の追い込み漁は世界中の抗議運動のターゲットとなり、小さな町に世界各地から活動家が訪れるようになったのである。

　太地町における抗議活動の変化は、クジラとイルカを保護しようとする国際的な運動の変遷を映し出している。数十年前は、こうした運動はより広範な環境保護運動と直結していた。つまり、太地町でイルカ漁に抗議する活動家の主張は、絶滅危惧種を対象とする捕鯨に抗議する活動家の主張と同様のものだった。「セーブ・ザ・ホエールズ」のスローガンと共に展開された初期の反捕鯨運動と同様である。しかし、もはや捕鯨がクジラの絶滅の原因になっていないのと同様に、太地のイルカ漁は厳格な捕獲枠によって規制されているため、捕獲対象種はどれも絶滅の危機に瀕していない。この状況の中、国外のクジラ保護であれ、太地町のイルカ保護であれ、鯨類の保護運動は「差別的保護」へとシフトしたと言える。すなわち、クジラやイルカは「カリスマ的メガファウナ（charismatic megafauna）」と呼ばれる、人から見て「知的で、人懐こく、可愛らしい」動物、ゆえに特別に手厚い保護を享受すべき動物階

第三章

級だと見なされるようになったのだ。こう考えると、より資源が不安定でありながら、外見上の魅力には劣るマグロやウナギの保護活動をする活動家が少ないことも説明がつくのかもしれない。

そして近年、動物保護運動にさらなるシフトが起きている。クジラ・イルカの保護運動は、数や可愛らしさに関わらずすべての動物を救おうとする、より大きな動物保護運動の一部となったのである。過去10年以上にわたってイルカ漁を監視し、その撮影した映像がSNSや主流なメディアを独占してきた外国人活動家が、突如海外に渡航できなくなったことに伴い、少数ではあるが増えつつあるのが、日本人の活動家たちである。外国人活動家がイルカの扱いにだけ焦点を当てる傾向にあった一方で、この日本人活動家はほぼ全員が厳格なヴィーガンであり、肉や魚を食べないだけでなく、牛乳や卵も食さず、革製品も使わない。すなわち、彼らの反イルカ漁活動はヴィーガン主義に密接に繋がっており、それはすべての動物を保護しようとするより大きなアニマルライツ運動の一部なのだ。

（太地町でのデモ行進の様子／筆者提供）

日本人の活動家によるこの新しい動物愛護運動・ヴィーガン運動の波にとって、太地町はまさに国内上陸の足がかりとなっている。外国人活動家が過去何年にもわたり行ってきた反イルカ漁活動により、太地町は活動家にとって（特に海外で）注目を浴びるための一種の「ブランド」であり、ソーシャルメディアや報道に「わかりやすく、伝わりやすい」ネタを提供する。2021年8月末には、日本人活動家が太地町に集結し、デモ行進を行った。イルカ漁解禁日前日に合わせて行われたデモの参加者らは、イルカだけでなく豚や鶏の権利をも訴えた。

2021年には、この新たな展開のもう一つの例が見られた。太地町は、他の多くの漁業町と同様に定置網による漁業を行っている。定置網は湾の入り口部分に設置され、入り込んでくる魚を待つ形で行われ、年間を通じて様々な種類の魚が漁獲される。時折、クジラなどの大型種も迷い込むが、その際、漁師は、規制を遵守することを条件に、網にかかった鯨類を捕獲することが許可されている。2020年末から2021年初頭にかけて、太地町の定置網に一頭のミンククジラが入り込んだ際、イルカ漁の撮影のために町にいた日本人活動家が、ソーシャルメディア上でこのクジラを救うためのキャンペーンを展開した。町の漁業組合には連日、電話と手紙と訪問による抗議が殺到し、主要メディアの報道でも取り上げられ、ついにはイギリスのボリス・ジョンソン首相が批判の声を上げるに至った。ミンククジラは絶滅危惧種でないばかりか、それよりもはるかに絶滅が危惧されるウミガメやシュモクザメも定期的に定置網にかかっているのに、である。

日本全体で動物権利運動を根底とするヴィーガン主義が芽生えつつある。ヴィーガンレストランの数は増え、大手ファストフードチェーンでもヴィーガンバーガーが提供されるようになり、需要の高まりと共に動物由来成分を含まない製品の市場が拡大している。日本にも古来より、例えば高野山の精進料理のような、宗教に根ざした菜食主義がある。しかし、太地町で活動する日本人活動家たちが訴える動物権利とヴィーガン主義はそれとは性質が異なる、欧米から「輸入された」ものだ。それが、太地町を一つの足がかりとして成長しようとしている。太地町における日本人活動家による新たな抗議運動のあり方を知ることは、日本における新たな動物権利運動の展開を理解するための格好の題材となるのである。

れている。

（5）　持続可能な利用の推進に向けて

漁業外交の対象は、マグロ、サンマ、ウナギ、クジラを始めとする様々な漁業資源におよび、そのフィールドも、RFMOという地域協力の枠組みでの専門的な議論から、より一般的な外交フォーラムにおけるIUU漁業を規制するルール作りに至るまで、多岐にわたっている。

これらを通底する日本の漁業外交の原則は、科学的根拠に基づいた漁業資源の持続可能な利用である。一方で、漁業資源の「保護」のみを重視した主張により持続可能な利用が脅かされる例は、今日、海洋をめぐる外交の様々な場面で見られる。海の恵みを守り、自然と共に生きていくためには、国際社会において日本の立場への共感を広げる取組

さかなクン（写真提供：©2022ANAN 鈴木 AND Tm）

を、漁業を超えた海洋問題全体を俯瞰しながら展開していく必要がある。

こうした取組には、外交及び行政を通じたルール作りと共に、漁業資源の消費者である国民の、持続可能な利用に対する理解促進が欠かせない。2021年2月1日、外務省は、さかなクン（東京海洋大学名誉博士）に対し「海とさかなの親善大使」としての業務を委嘱し、豊かな海の実現を目指すSDGsゴール14の啓発を行っている。

4　観光

2015年11月に内閣総理大臣を議長とし、政府関係者と民間有識者を構成メンバーとして立ち上げられた「明日の日本を支える観光ビジョン構想会議」において、観光は成長戦略の柱、地方創生の切り札であるとの認識の下、訪日外国人旅行者数を2020年に4千万人、2030年に6千万人、訪日外国人旅行者消費額を2020年に8兆円、2030年に15兆円といった具体的な目標が設定された。

豊かな観光資源に恵まれている我が国は、成長著しいアジア諸国の近隣に位置しており、観光立国の大きなポテンシャルを有している。他方、インバウンドの受入環境については、依然として早急な整備を進める必要性に迫られており、政府は、戦略的なビザ緩和、免税制度の拡充、出入国管理体制の充実、航空ネットワークの拡大等の取組を進め

てきた。その結果、2019年の訪日外国人旅行者数は2014年の約1,341万人から約3,188万人に、その消費額は2.0兆円から約4.8兆円といずれも2倍以上に伸び、過去最高に達した。また、旅行収支は2014年度に1959年度以来55年ぶりに黒字に転じ、2019年度には2兆4,571億円と過去最高を更新した。

しかし、新型コロナウイルス感染症の拡大に伴い、我が国においても継続的に水際対策措置が講じられた影響により、2020年の訪日外国人旅行者数は対前年比87.1％減の412万人、その消費額は前年比84.5％減の7,446億円にまで落ち込んだ。今後、内外の感染状況を見極めながら、インバウンドの段階的な復活に向けた取組を推進する必要があり、外務省も官民一体となって観光立国の実現に引き続き取り組んでいく。

（1）　ビザの戦略的緩和

外務省は、関係省庁と連携し、政府全体の受入環境の整備やJNTOのプロモーション等も踏まえた戦略的なビザ緩和の検討を進めてきた。日本と諸外国・地域との間の人的交流の活発化は、二国・地域間関係の発展のみならず、地方を含む日本経済の活性化につながるとの観点から、訪日客が多く見込まれる国・地域を中心に、人的交流の促進を始めとする外交的効果を勘案しながら、ビザ発給要件の緩和、申請手続の簡素化等を実施、また、短期滞在ビザの免除を延べ68か国・地域に対して実施してきた。

特に、「明日の日本を支える観光ビジョン」において、ビザ緩和を戦略的に実施していく国として位置づけられた中国、ロシア、インド、フィリピン及びベトナムの5か国については、2016年来、同ビジョンを踏まえた行動計画である「観光ビジョン実現プログラム」に沿ったビザ緩和を実施してきた。具体的には、中国に対しては、同年10月、一部の大学生等に対してビザ申請に必要な経済力証明を在学証明書又は卒業証明書で代替できるよう手続を簡素化し、2017年5月には観光目的の数次ビザの経済要件を引き下げる等、更なるビザ緩和を行った。また、2019年1月、一部の大学生等に対するビザ申請手続きの簡素化の対象校を拡大したほか、訪日歴によるビザ発給要件の緩和を導入した。ロシアに対しては、2017年1月より、観光目的の数次ビザを新たに導入したほか、ビジネス目的の数次ビザの発給対象者を拡大し、2018年10月からは団体パッケージ旅行に参加するロシア人に対するビザ緩和を導入した。これに加え、2019年9月からは大学生等に対する一次ビザ申請手続きの簡素化等、更なるビザ緩和を行った。さらに、インドに対しては、2017年2月に大学生等に対する中国同様のビザ緩和措置を、2018年1月に数次ビザの発給対象者の拡大やビザ申請書類の簡素化を行ったほか、2019年1月には申請書類の簡素化を始めとする一層のビザ緩和を導入した。

一方で、ビザ発給審査は、犯罪や不法就労を目的とする等、日本にとって好ましからざる外国人や人身取引の被害者となり得る者の入国を未然に防止するという側面も有している。外務省としては、「世界一安全な国、日本」を維持しつつ、質量両面でいかに観光立国を実現していくかというバランスを考慮するとともに、新型コロナウイルス感染症の国内や諸外国における感染状況等を踏まえつつ、観光立国の実現及び二国間の人的交流の促進のため、外国人旅行者が我が国へのビザ申請を円滑に行えるよう、在外公館のビザ申請に係る必要な物的・人的体制の整備及び領事業務の合理化に引き続き取り組んでいく。

（2）　対外発信を通じた親日層・知日層の拡大

世界全体での新型コロナウイルス感染症の流行により、集客型のイベントや国際的な人の往来を伴う事業の実施は困難になったが、在外公館はSNSやオンラインプラットフォーム等も活用しながら日本の多様な魅力の発信を継続し、訪日意欲の喚起・維持に取り組んでいる。例えば2020年12月、在中国公館は、自治体等と連携しながら、日本各地の観光・文化・食などの魅力を発信するプロモーション事業を1ヶ月に亘り実施した。その中で大使館SNS（微博：ウェイボー）アカウント等にて、日本の観光・文化・食などの魅力を体感できるよう、50自治体の参加を得て、日本各地の動画を配信した（視聴数362万回以上）ほか、現地インフルエンサーを活用しながら日本の地域の魅力、各自治体の産品等をPRする動画のライブ配信（視聴

数410万回）等を実施した。また、中国各地やネット上で活動する企業や自治体等が実施する日本食・日本産品のPR・販促イベント情報を大使館SNSアカウントから発信した。このように、感染症収束後のインバウンド再開を見据え、在外公館は2020年度、オンライン形態を含め合計約1,700件の訪日観光客誘致に資する事業を実施した。

　また、国際交流基金の海外事務所やジャパン・ハウスにおいても、外務省・在外公館とも連携の下、日本の文化や芸術、地方の観光資源の発信に取り組んでいる。

　国際交流基金は、日本の人気アニメ、ドラマ、映画、バラエティ、地方紹介番組などの放送コンテンツを日本のコンテンツが放送されにくい国・地域を中心に無償提供（放送コンテンツ海外展開支援事業）しているほか、コロナ禍においてもオンラインでの文化発信・対話、日本語教育支援を継続している。特に放送コンテンツ海外展開支援事業では、海外テレビ局に無償提供した番組が放送される際に日本政府観光局（JNTO）が制作した訪日プロモーション動画をCMとして放映する取組を行った。また、同事業がきっかけとなり民間での事業化につながったケースも見られたほか、商習慣や言語等の違いが障壁となっている地域からの反響を日本のコンテンツホルダーに還元することで、現地の反応に手ごたえを感じた日本側関係者から、今後の海外展開についての意欲的な声が寄せられており、日本のコンテンツホルダーの海外展開への関心喚起や、コンテンツの海外展開に際しての先行マーケティングの機会としても機能している。

　サンパウロ、ロンドン及びロサンゼルスに設置されたジャパン・ハウスも、日本の多様な魅力を幅広い層に向けて発信し、インバウンドの観光需要促進に取り組んでいる。例え

【福島及び熊本の各動画サイト（以下URL）QRコードを掲示】
https://www.youtube.com/watch?v=YHb0j3-FRLU
https://www.youtube.com/watch?v=6qn2zLjh04E

福島のQRコード　　　　　熊本のQRコード

ばサンパウロでは、コロナ禍で国際的な人の往来が困難な状況を踏まえ、オンラインで地域の魅力や文化を旅行仕立てで紹介するシリーズ企画「せとうち探訪」を実施した。第1弾では岡山、兵庫、徳島、香川を、第2弾では広島、山口、愛媛をそれぞれ取り上げ、各地の特産を集めたキットの販売も併せて行った。

　このほか外務省は、ウェブサイトやSNSを通じ、社会、伝統文化、工芸、科学技術、流行、ポップカルチャー、建築、食、生活様式、地方の魅力など、幅広い日本紹介を継続的に展開している。さらに広報動画の配信、海外の報道関係者のオンラインでの招へい、海外主要テレビ局による番組制作・放送等を通し、国内の豊富で質の高い観光資源、東日本大震災からの復興や風評被害の払しょく、新型コロナ感染症対策等を含め幅広い情報発信を続けている。

　2021年は東日本大震災から10年、熊本地震から5年という節目に当たった。外務省は、福島県及び熊本県の各被災地の力強い復興を、自然や食、文化、地場産業に代表される豊かな観光資源と共に紹介する動画をそれぞれ制作し、オンライン配信するとともに、英国BBCや米国CNNといった海外主要テレビ局でも放送した。

　今後も、観光庁をはじめとする関係府省庁、地方自治体、民間等と連携し、我が国の

観光資源を含む多様な魅力や安全・安心への取組に関する情報の発信等により、訪日旅行に対する不安を払しょくしつつ、コロナ禍を経た旅行需要の変化に対応した訪日プロモーションに取り組んでいく。

5 対日直接投資

(1) 対日直接投資推進の背景・経緯

対日直接投資推進については、2014年から開催されている「対日直接投資推進会議」（内閣府特命担当大臣（経済財政政策）主宰、外務大臣等で構成）が司令塔として、投資案件の発掘・誘致活動を推進するとともに、外国企業経営者の意見を直接吸い上げ、外国企業のニーズを踏まえた日本の投資環境の改善に資する規制制度改革や、投資拡大に効果的な支援措置など追加的な施策の継続的な実現を図っていくこととしている。2013年6月に閣議決定された「日本再興戦略」で掲げた、「2020年までに外国企業の対内直接投資残高を35兆円に倍増する」との目標の達成に向け取り組んできた結果、2020年12月末時点（確報値）には対日直接投資残高は39.7兆円となった。日本の対日直接投資残高の対GDP比（2020年12月時点）は7.4%で、50%を超えるOECD諸国の平均値に比して依然として国際的に低水準にとどまっている。こうした状況下で、2021年6月の第9回対日直接投資推進会議では対日直接投資促進のための中長期戦略として、「対日直接投資促進戦略」が新たに定められ、政策目標（KPI）として対日直接投資残高を2030年に80兆円と倍増、GDP比12%とすることを目指すことが決定された。

(2) 外国企業の日本への誘致に向けた5つの約束と企業担当制

ジェトロの調査（日本の投資環境に関するアンケート）によると、日本でのビジネスの阻害要因として、特に、人材確保の難しさ、外国語によるコミュニケーションの難しさ等が主要な要因として挙げられている。対日直接投資の推進のためには、これらの声に対応した対策が重要であり、そのような観点から、2015年3月に開催された第2回対日直接投資推進会議において、外国企業から日本でのビジネスや生活における利便性向上が求められてきた事項の改善を図るために、以下のとおり「外国企業の日本への誘致に向けた5つの約束」が取りまとめられた。

①小売業や飲食店、医療機関、公共交通機関等における多言語対応の強化
②街中での無料公衆無線LANの整備の促進・利用手続の簡素化
③地方空港での短期間の事前連絡によるビジネスジェットの受入れ環境の整備
④外国人留学生の日本での就職支援
⑤日本に重要な投資を実施した外国企業を対象に副大臣を相談相手としてつける「企業担当制」の実施

5つ目の約束である「企業担当制」は、一定の基準（直接投資額200億円以上等）を満たした企業が公募によって選定され、これら企業の業種に応じて担当副大臣が割り当てられている。2016年4月に制度の運用が開始されて以降、外国企業が本制度を活用し担当副大臣との面会を行っている。面会には、外務省からも外務副大臣又は外務大臣政務官が2021年12月までに14回同席しており、相談内容への対応のサポートを行っている。

⑶　外交リソースを活用した取組

　対日直接投資の促進は、日本外交の重点分野の1つである経済外交の強化における主要課題であり、「対日直接投資推進会議」で決定された各種施策について関係府省庁が連携して参画しているほか、在外公館を通じた取組や、国際約束の締結による投資環境の整備、外交日程を活用した政府要人によるトップセールスなど、外交リソースを活用した様々な取組を行っている。

　2016年4月に126の在外公館に設置した「対日直接投資推進担当窓口」では、任国政府や国際機関、経済団体事務局等の関係者との連絡・調整に際しての窓口として、対日直接投資に関連する活動を支援しているほか、対日投資案件に関する情報収集や日本の規制・制度の改善要望調査を継続的に行い、ジェトロとも連携しつつ情報の収集・集約に努めている。また、これらの在外公館において

は、その人脈を最大限に活用し、対日直接投資イベントの開催や、外国政府要人や現地企業の幹部との接触機会を活用した対日投資の呼びかけ等を積極的に行い、2020年度の各公館の活動実績合計は500件を超えた。

　また、日本国内では、2021年3月に外務省主催（共催：経産省、協力：内閣府・ジェトロ）で、デジタル時代の投資の可能性と地方への投資誘致をテーマとして、グローバル・ビジネスセミナーを開催した。同セミナーでは、米国、欧州、インドのデジタル経済の動向、デジタル・イノベーションビジネス展開を通じた投資拡大の展望のほか、同ビジネスにおける投資先としての日本、更には地方の魅力について、日本に進出しているアジア、米国、欧州の企業関係者、在京大使館、駐日経済団体・商工会議所関係者、政府・地方自治体関係者、有識者等約190名が参加し活発な議論が行われた。

第三章

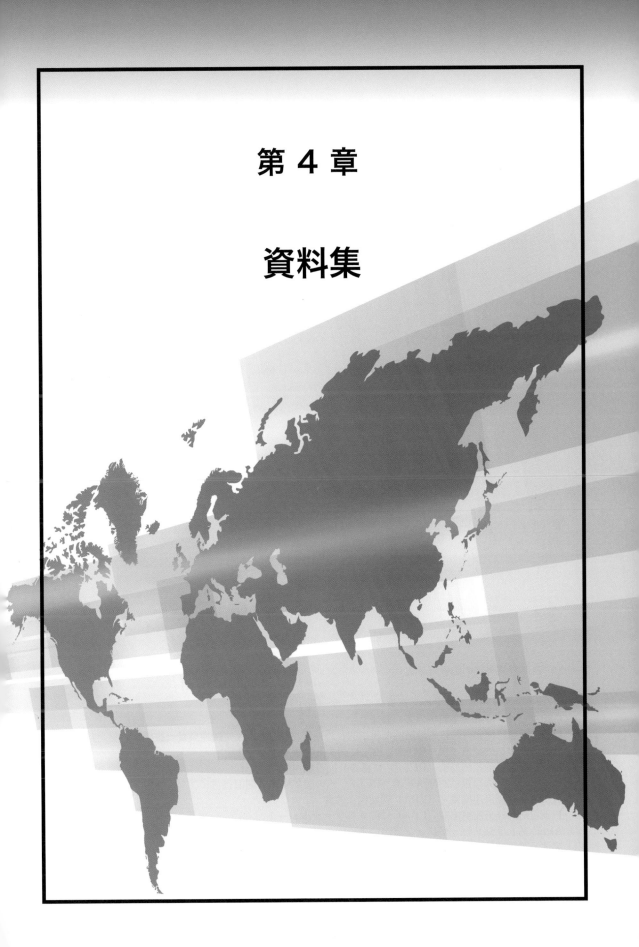

第 4 章

資料集

2020年経済外交の動き

> 所属・肩書きは当時
> 日付は現地日時
> 課長級以上の会議等の主要日程、出来事等を記載
> 例：第5回日米EU三極貿易大臣会合（米国・ワシントンDC）

日付	主要日程
1月	
8日	日・モロッコ投資協定の署名（モロッコ・ラバト）
11日	国際再生可能エネルギー機関（IRENA）第10回総会（〜12日、アラブ首長国連邦・アブダビ）
13日	日・コートジボワール投資協定の署名（コートジボワール・アビジャン）
20日	日EU・EPA規制協力に関する専門委員会第1回会合（テレビ会議方式）
21日	日・FAO年次戦略協議（東京）
22日	世界経済フォーラム（WEF）（スイス・ダボス）
	「大阪トラック」セッションの開催（スイス・ダボス）
23日	カナダ主催WTO少数国グループ（オタワ・グループ）閣僚会合（スイス・ダボス）
24日	スイス政府主催WTO非公式閣僚会合（スイス・ダボス）
	WTO・電子商取引に関する有志国による閣僚級朝食会（スイス・ダボス）
29日	日EU・EPA貿易及び持続可能な開発に関する専門委員会第1回会合（〜30日、東京）
31日	日EU・EPA貿易及び持続可能な開発章に基づく第1回市民社会との共同対話（東京）
	英国のEU離脱に関する政府タスクフォース第15回会合（東京）
2月	
8日	第8回日英外相戦略対話（東京）
9日	第50回APEC知的財産権専門家会合（IPEG）（〜10日、マレーシア・プトラジャヤ）
13日	WTO・電子商取引に関する有志国会合（〜14日、スイス・ジュネーブ）
17日	第1回APEC貿易・投資委員会（CTI1）（〜18日、マレーシア・プトラジャヤ）
21日	第1回APEC高級実務者会合（SOM1）（〜22日、マレーシア・プトラジャヤ）
3月	
4日	ラ・カメラ国際再生エネルギー機関（IRENA）事務局長の若宮外務副大臣表敬
16日	G7首脳テレビ会議
25日	G7外相会合（テレビ会議方式）
26日	G20首脳テレビ会議
30日	第1回G20貿易・投資担当大臣臨時テレビ会議
4月	
1日	第18回日EU環境高級事務レベル会合（テレビ会議方式）
16日	G7首脳テレビ会議
20日	第29回RCEP交渉会合（〜24日、テレビ会議形式）
	IGC予算委員会（英国・ロンドン）
28日	ICO第126回理事会（〜29日、英国・ロンドン）
5月	
7日	第60回世界知的所有権機関（WIPO）加盟国総会（〜8日、スイス・ジュネーブ、テレビ会議方式）
11日	IGC運営委員会（英国・ロンドン）
14日	第2回G20貿易・投資担当大臣臨時テレビ会議
15日	第30回RCEP交渉会合（〜20日、テレビ会議形式）
18日	若宮外務副大臣とアダムズ英外務・英連邦省閣外大臣との電話会談
20日	日英外相電話会談
26日	日EU首脳テレビ会議

第四章

27日	APEC臨時高級実務者会合（ESOM）（テレビ会議方式）

6月

2日	国際再生可能エネルギー機関（IRENA）第19回理事会（～3日、アラブ首長国連邦・アブダビ）
8日	IGC第51回理事会（英国・ロンドン）
	FAO第164回理事会（～12日、イタリア・ローマ）
9日	茂木外務大臣とトラス英国国際貿易大臣とのテレビ会談（日英EPA交渉開始）
10日	IGC第29回穀物カンファレンス（テレビ会議方式）
	日英EPAに関する第1回首席交渉官会合（テレビ会議方式）
11日	WTO・電子商取引に関する有志国会合（テレビ会議方式）
15日	カナダ主催WTO少数国グループ（オタワ・グループ）閣僚会合（テレビ会議方式）
17日	国際エネルギー機関（IEA）理事会（～18日、フランス・パリ）
23日	第10回RCEP中間閣僚会合（テレビ会議形式）
24日	日英EPAに関する第2回首席交渉官会合（テレビ会議方式）

7月

3日	WTO・電子商取引に関する有志国会合（テレビ会議方式）
7日	国際エネルギー機関（IEA）クリーンエネルギー転換サミット（～8日、フランス・パリ）
8日	日英EPAに関する第3回首席交渉官会合（テレビ会議方式）
9日	第31回RCEP交渉会合（テレビ会議形式）
15日	日英EPAに関する第4回首席交渉官会合（テレビ会議方式）
22日	日英EPAに関する第5回首席交渉官会合（テレビ会議方式）
24日	第2回APEC臨時高級実務者会合（ESOM2）（テレビ会議方式）
25日	APEC貿易担当大臣会合（MRT）（テレビ会議方式）
27日	WTO・電子商取引に関する有志国会合（スイス・ジュネーブ、テレビ会議方式）
29日	日英EPAに関する第6回首席交渉官会合（テレビ会議方式）

8月

1日	日・ASEAN包括的経済連携（AJCEP）協定第一改正議定書の発効（日本、タイ、シンガポール、ラオス、ミャンマー及びベトナム）
3日	日英EPAに関する第7回首席交渉官会合（テレビ会議方式）
6日	日・ヨルダン投資協定の発効
	日英EPAに関する茂木外務大臣とトラス英国国際貿易大臣との協議（～7日、英国・ロンドン）
26日	第3回TPP委員会（テレビ会議形式）
27日	日・アラブ首長国連邦投資協定の発効
	第8回RCEP閣僚会合（テレビ会議形式）

9月

2日	日英首脳電話会談
10日	ICO第127回理事会（～11日、英国・ロンドン）
11日	茂木外務大臣とトラス英国国際貿易大臣とのテレビ会談（日英EPA大筋合意）（テレビ会議形式）
17日	WTO・電子商取引に関する有志国会合（スイス・ジュネーブ、テレビ会議方式）
21日	第61回世界知的所有権機関（WIPO）加盟国総会（～24日、スイス・ジュネーブ、テレビ会議方式）
	APEC保健と経済に関するハイレベル会合（テレビ会議形式）
22日	G20貿易・投資担当大臣会合（テレビ会議方式）
23日	日英首脳電話会談
24日	第2回APEC貿易・投資委員会（CTI2）（テレビ会議方式）
25日	APEC財務大臣会合（テレビ会議方式）
	IEF閣僚会議（～26日、サウジアラビア・アル・コバール）
27日	G20エネルギー大臣会合（～28日、テレビ会議方式）
28日	第2回APEC高級実務者会合（SOM2）（～29日、テレビ会議方式）
30日	APEC女性と経済フォーラム（テレビ会議方式）

10月

1日	ブルネイについてAJCEP協定第一改正議定書の発効
6日	日EU首脳電話会談

8日	第51回APEC知的財産権専門家会合（IPEG）（テレビ会議方式）
14日	菅総理大臣とシュワブ世界経済フォーラム（WEF）会長及びCEOとのテレビ会議
	国際エネルギー機関（IEA）理事会（〜15日、フランス・パリ）
20日	茂木外務大臣とドムブロウスキス欧州委員会上級副委員長兼貿易担当欧州委員との電話会談
23日	日英EPA署名式及び茂木外務大臣とトラス英国国際貿易大臣の会談（東京）
	APEC中小企業担当大臣会合（テレビ会議方式）
	WTO・電子商取引に関する有志国会合（テレビ会議方式）
26日	鉄鋼の過剰生産能力に関するグローバル・フォーラム閣僚会合（テレビ会議方式）
27日	APEC食料安全保障に関するハイレベル政策対話（テレビ会議方式）
	オーストラリア政府主催WTO非公式閣僚会合（テレビ会議方式）
28日	OECD閣僚理事会（〜29日、テレビ会議方式）
	ICO第128回理事会（英国・ロンドン）
29日	FAO世界食料デー記念シンポジウム（テレビ会議方式）

11月

3日	国際再生エネルギー機関（IRENA）第19・20回理事会（〜4日、アラブ首長国連邦・アブダビ）
5日	日EUビジネス・ラウンドテーブル第22回年次会合（東京・ブリュッセル、テレビ会議方式）
	WTO・電子商取引に関する有志国会合（テレビ会議方式）
10日	第10回日米欧三極クリティカルマテリアル会合（テレビ会議方式）
13日	APEC最終高級実務者会合（CSOM）（テレビ会議方式）
15日	第4回RCEP首脳会議及びRCEP協定署名式（テレビ会議形式）
	→日本を含む15か国がRCEP協定に署名
16日	APEC閣僚会議（AMM）（テレビ会議方式）
17日	WTO・電子商取引に関する有志国会合（テレビ会議方式）
19日	APEC CEOとの対話（〜20日、テレビ会議方式）
	IGC運営委員会（英国・ロンドン、テレビ会議方式）
20日	APEC首脳会議（AELM）（テレビ会議方式）
21日	G20リヤド・サミット（〜22日、テレビ会議方式）
24日	第2回アフリカ連合委員会・IEA共催閣僚級フォーラム（テレビ会議方式）
	カナダ主催WTO少数国グループ（オタワ・グループ）閣僚会合（テレビ会議方式）
30日	FAO第165回理事会（〜4日、イタリア・ローマ）

12月

3日	WTO・電子商取引に関する有志国会合（テレビ会議方式）
7日	中国知的財産担当官会議（テレビ会議方式）
8日	総合的なTPP等関連政策大綱の改定
9日	国際エネルギー機関（IEA）理事会（〜10日、フランス・パリ）
	日EU・EPA衛生植物検疫措置に関する専門委員会第2回会合（テレビ会議方式）
10日	APEC非公式高級実務者会合（ISOM）（〜11日、テレビ会議方式）
	日EU・EPA物品の貿易に関する専門委員会第2回会合（テレビ会議方式）
	WTO・電子商取引に関する有志国会合（テレビ会議方式）
14日	OECD条約署名60周年記念式典（テレビ会議方式）
15日	日EU・EPAぶどう酒に関する作業部会第2回会合（テレビ会議方式）
16日	エネルギー憲章会議第31回会合（テレビ会議方式）
17日	宇都外務副大臣とアダムズ英外務・英連邦・開発省閣外大臣とのテレビ会談

2021年経済外交の動き

（所属・肩書きは当時）

日付	主要日程
1月	
1日	日英EPA発効
	日英EPAぶどう酒に関する作業部会
15日	第6回日・インド包括的経済連携協定に基づき設置された合同委員会会合（テレビ会議形式）
16日	国際再生可能エネルギー機関（IRENA）第7回総会（～17日、アラブ首長国連邦・アブダビ）
22日	IGC第52回理事会（テレビ会議方式）
26日	日EU・EPA貿易及び持続可能な開発に関する専門委員会第2回会合（～27日、テレビ会議方式）
29日	菅総理大臣の「ダボス・アジェンダ」出席（テレビ会議方式）
	日EU・EPA貿易及び持続可能な開発章に基づく市民社会との共同対話第2回会合（テレビ会議方式）
	スイス政府主催WTO非公式閣僚会合（テレビ会議方式）
	日・ジョージア投資協定の署名（ジョージア・トビリシ）
2月	
1日	英国によるTPP11加入申請
	カンボジアについてAJCEP協定第一改正議定書の発効
	日EU・EPA合同委員会第2回会合（テレビ会議方式）
5日	WTO・電子商取引に関する有志国会合（テレビ会議方式）
8日	世界食料安全保障委員会（～12日、イタリア・ローマ）
9日	日EU・EPA農業分野における協力に関する専門委員会第2回会合（テレビ会議方式）
10日	日EU・EPA政府調達に関する専門委員会第2回会合（テレビ会議方式）
12日	日EU・EPAサービスの貿易、投資の自由化及び電子商取引に関する専門委員会第2回会合（テレビ会議方式）
17日	日EU・EPA貿易の技術的障害に関する専門委員会第2回会合（テレビ会議方式）
	第49回EITI理事会（～18日、テレビ会議方式）
18日	アジア・エネルギー安全保障セミナー（テレビ会議方式）
19日	エネルギー・鉱物資源に関する在外公館戦略会議（テレビ会議方式）
20日	G7首脳テレビ会議
24日	第52回APEC知的財産権専門家会合（IPEG）（～25日、テレビ会議方式）
3月	
1日	日EU・EPA自動車及び自動車物品に関する作業部会第2回会合（テレビ会議方式）
2日	日EU・EPA原産地規則及び税関に関連する事項に関する専門委員会第2回会合（テレビ会議方式）
3日	第1回APEC貿易・投資委員会（CTI1）（～4日、テレビ会議方式）
9日	第1回APEC高級実務者会合（SOM1）（～11日、テレビ会議方式）
10日	FAO商品問題委員会（～12日、イタリア・ローマ）
15日	東南アジア知的財産担当官会議（テレビ会議方式）
16日	日EU・EPA規制協力に関する専門委員会第2回会合（テレビ会議方式）
	WTO・電子商取引に関する有志国会合（テレビ会議方式）
17日	APEC財務大臣・中央銀行総裁代理会議（テレビ会議方式）
22日	カナダ主催WTO少数国グループ（オタワ・グループ）閣僚会合（テレビ会議方式）
24日	国際エネルギー機関（IEA）理事会（～25日、フランス・パリ）
26日	日・コートジボワール投資協定の発効
31日	G7貿易大臣第1回会合（テレビ会議方式）
4月	
15日	ICO第129回理事会（英国・ロンドン）
20日	WTO・電子商取引に関する有志国会合（テレビ会議方式）
26日	FAO第166回理事会（～30日、イタリア・ローマ）
5月	
1日	フィリピンについてAJCEP協定第一改正議定書の発効
3日	G7外務・開発大臣会合（～5日、英国・ロンドン）

11日	IGC運営委員会（英国・ロンドン、テレビ会議方式）
12日	国際エネルギー機関（(IEA) 鉱物資源ウェビナー会合
20日	OECD東南アジア地域プログラム（SEARP）第7回地域フォーラム（〜21日、テレビ会議方式）
	WTO・電子商取引に関する有志国会合（スイス・ジュネーブ、テレビ会議方式）
25日	国際再生可能エネルギー機関（IRENA）第21回理事会（〜26日、テレビ会議方式）
26日	第2回APEC貿易・投資委員会（CTI2）（〜28日、テレビ会議方式）
	カナダ主催WTO少数国グループ（オタワ・グループ）閣僚会合（テレビ会議方式）
27日	第27回日EU定期首脳協議（テレビ会議方式）
	G7貿易大臣第2回会合（〜28日、テレビ会議方式）
31日	OECD閣僚理事会第1部（〜6月1日、テレビ会議方式）

6月

1日	マレーシアについてAJCEP協定第一改正議定書の発効
2日	第4回TPP委員会（テレビ会議形式）
	第2回APEC高級実務者会合（SOM2）（〜3日、テレビ会議方式）
4日	APEC貿易担当大臣とAPECビジネス諮問委員会（ABAC）との対話（テレビ会議方式）
5日	APEC貿易担当大臣会合（MRT）（テレビ会議方式）
8日	IGC穀物カンファレンス（テレビ会議方式）
9日	第50回EITI理事会（〜12日、テレビ会議方式）
11日	G7コーンウォール・サミット（〜13日、英国・コーンウォール）
14日	FAO第42回総会（〜18日、イタリア・ローマ）
16日	APEC構造改革担当大臣会合（テレビ会議方式）
	国際エネルギー機関（IEA）理事会（〜17日、フランス・パリ）
18日	国連食料システムサミット国内全体対話（テレビ会議方式）
21日	国連エネルギーハイレベル対話閣僚会合（テレビ会議方式）
	WTO・電子商取引に関する有志国会合（スイス・ジュネーブ、テレビ会議方式）
22日	APEC財務高級実務者会合（SFOM）（〜23日、テレビ会議方式）
23日	日・ジョージア投資協定の発効
25日	日本によるRCEP協定受託書の寄託
29日	G20外務大臣会合、外務・開発大臣合同会合、開発大臣会合（イタリア・マテーラ）
	FAO第167回理事会（テレビ会議方式）
30日	G20人道支援に関する閣僚級イベント（イタリア・ブリンディジ）

7月

7日	日EU・EPA局長級ストックテイク会合（テレビ会議方式）
15日	WTO貿易交渉委員会（TNC）漁業補助金に関する閣僚級会合（テレビ会議方式）
16日	APEC非公式首脳リトリート会合（テレビ会議方式）
22日	カナダ主催WTO少数国グループ（オタワ・グループ）閣僚会合（テレビ会議方式）
	WTO・電子商取引に関する有志国会合（スイス・ジュネーブ、テレビ会議方式）
23日	G20気候・エネルギー大臣会合及びエネルギー大臣会合（イタリア・ナポリ）
26日	国連食料システムサミット・プレサミット（〜28日、イタリア・ローマ）

8月

12日	第53回APEC知的財産権専門家会合（IPEG）（〜13日、テレビ会議方式）
19日	APEC食料安全保障担当大臣会合（テレビ会議方式）
24日	第3回APEC貿易・投資委員会（CTI3）（〜26日、テレビ会議方式）

9月

1日	第5回TPP委員会（テレビ会議形式）
2日	第3回APEC高級実務者会合（SOM3）（〜3日、テレビ会議方式）
9日	ICO第130回理事会（〜10日、英国・ロンドン）
13日	WTO・電子商取引に関する有志国会合（スイス・ジュネーブ、テレビ会議方式）
16日	中国によるTPP11加入申請
19日	ペルーについてTPP11協定の発効
22日	台湾によるTPP11加入申請
23日	国連食料システムサミット（〜24日、テレビ会議方式）
24日	APEC女性と経済フォーラム（テレビ会議方式）
	国連エネルギーハイレベル対話（テレビ会議方式）

第四章

28日	第1回TPP英国の加入作業部会の開始（〜29日、テレビ会議形式）
10月	
1日	鉄鋼の過剰生産能力に関するグローバル・フォーラム閣僚会合（テレビ会議方式）
3日	第15回UNCTAD総会（〜7日、テレビ会議方式）
4日	第62回世界知的所有権機関（WIPO）加盟国総会（〜8日、スイス・ジュネーブ、テレビ会議方式）
5日	OECD閣僚理事会第2部（〜6日、フランス・パリ）
	オーストラリア政府主催WTO非公式閣僚会合（フランス・パリ）
6日	東京ビヨンドゼロウィーク（〜7日、テレビ会議方式）
	カナダ主催WTO少数国グループ（オタワ・グループ）閣僚会合（フランス・パリ）
7日	国際エネルギー機関（IEA）理事会（〜8日、フランス・パリ）
9日	APEC中小企業担当大臣会合（テレビ会議方式）
11日	世界食料安全保障委員会 第49回総会（〜14日、イタリア・ローマ）
12日	G20貿易・投資担当大臣会合（イタリア・ソレント）
13日	WTO・電子商取引に関する有志国会合（スイス・ジュネーブ、テレビ会議方式）
15日	FAO駐日連絡事務所主催 世界食料デーイベント
20日	ISA第4回総会（テレビ会議方式）
	第51回EITI理事会（〜21日、テレビ会議方式）
22日	APEC財務大臣会合（テレビ会議方式）
	G7貿易大臣第3回会合（イギリス・ロンドン）
26日	国際再生エネルギー機関（IRENA）第22回理事会（〜27日、アラブ首長国連邦・アブダビ）
30日	G20ローマ・サミット（〜31日、イタリア・ローマ）
11月	
1日	日英EPAサービスの貿易、投資の自由化及び電子商取引に関する専門委員会（テレビ会議方式）
5日	APEC最終高級実務者会合（CSOM）（テレビ会議方式）
8日	APEC閣僚会議（AMM）（〜9日、テレビ会議方式）
	FAO/WHO合同食品規格コーデックス委員会（CAC）※議長選挙（〜18日、スイス・ジュネーブ）
9日	国連気候変動枠組条約第26回締約国会議（COP）（〜20日、英国・グラスゴー）
	中南米知的財産担当官会議（11日、テレビ会議形式）
10日	WTO・電子商取引に関する有志国会合（スイス・ジュネーブ、テレビ会議方式）
11日	CEOサミット（〜12日、テレビ会議方式）
	IGC運営委員会（〜12日、テレビ会議方式）
	APEC首脳とAPECビジネス諮問委員会との対話（テレビ会議形式）
	APEC首脳会議（AELM）（テレビ会議方式）
	日EU・EPA物品の貿易に関する専門委員会（テレビ会議方式）
25日	世界農業遺産（GIAHS）国際会議2021（〜27日、石川県）
	日英EPA政府調達に関する専門委員会（テレビ会議方式）
29日	FAO第168回理事会（〜12月3日、テレビ会議方式）
30日	日EU・EPAぶどう酒に関する作業部会（テレビ会議方式）
12月	
1日	APEC非公式高級実務者会合（ISOM）（〜3日、タイ・プーケット）
2日	WTOサービス国内規制に関する交渉の妥結
3日	日EU・EPA政府調達に関する専門委員会（テレビ会議方式）
6日	日英EPA物品の貿易に関する専門委員会（テレビ会議方式）
7日	東京栄養サミット（〜8日、東京）
	日EU・EPA衛生植物検疫措置に関する専門委員会（〜9日、テレビ会議方式）
	IGC第53回運営委員会（テレビ会議方式）
10日	G7外務・開発大臣会合（〜12日、英国・リバプール）
13日	日EU・EPA規制協力に関する専門委員会（テレビ会議方式）
	日EU・EPA知的財産に関する専門委員会（テレビ会議方式）
14日	エネルギー憲章会議第32回会合（テレビ会議方式）
	WTO電子商取引交渉に関する共同議長国閣僚声明の発出
15日	国際エネルギー機関（IEA）理事会（〜16日、フランス・パリ）
17日	エクアドルによるTPP加入申請

G20ローマ・サミット首脳宣言（骨子）

前文

- G20首脳は、パンデミックによって発生した、国際保健危機や経済危機を克服することにコミット。
- 最も脆弱な人々のニーズに特別な関心を払いながら、パンデミックへの我々の共通の対応を更に強化することに合意。
- 気候変動に対応するための共通のビジョンに合意。

世界経済

- 世界の経済活動は強固なペースで回復しているが、引き続き各国間・各国内で大きく差異があり、新たな変異株の拡大の可能性やワクチン接種ペースの違いなどの下方リスクが存在。必要とされる間は、全ての利用可能な政策手段を用いるとの決意を継続。

保健

- 安全で、安価で、質が高くかつ有効なワクチン、治療薬、診断薬への適時、公平かつ普遍的なアクセスを確保するための努力を推進。
- 全ての国において、2021年末までに少なくとも人口の40％、2022年中頃までに人口の70％にワクチンを接種するという世界全体の目標に向けた進歩を促すための措置をとる。
- COVAXを含むACTアクセラレータのすべての柱への支持を再確認。ACTアクセラレータのマンデートを2022年まで延長することを支持。
- G20としての集団的な取組として、ワクチン、治療薬及び診断薬の供給と、アクセスを増大することにコミット。
- グローバル・ヘルス・ガバナンスの強化にコミット。十分かつ持続可能な形で資金提供を受けたWHOによる、主導的かつ調整的な役割を強化するために進行中の作業を支持。
- 財務省及び保健省の間の連携体制の発展、パンデミックの予防、備え及び対応のための資金の効果的な管理の奨励等を目的とする、「G20財務・保健合同タスクフォース」を設立。同タスクフォースでは、金融ファシリティを設置する方途についても検討。
- 保健に関する持続可能な開発目標（SDGs）、特にユニバーサル・ヘルス・カバレッジを達成す

るための我々のコミットメントを再確認。
- ワン・ヘルス・アプローチを追求することにコミット。
- 新型コロナウイルスにとどまらない、保健サービスの継続を確保することや、国家保健システムやプライマリー・ヘルスケア・サービスを強化することの重要性を再確認。
- エイズ、結核及びマラリアと戦うためのイニシアティブを引き続き支持。

持続可能な開発

- 公平性を増進させ、全てのSDGsの進捗を加速できるような、世界中で持続可能、包摂的、強靱な復興を支援するためのグローバルな対応へのコミットメントを再確認。

脆弱国への支援

- 国際通貨基金（IMF）の特別引出権（SDR）の自発的な融通について、最もニーズのある国のために世界合計で1,000億ドルを自発的に貢献するという野心に向けた、約450億ドル相当の最近のプレッジを歓迎。
- 「DSSI後の債務措置に係る共通枠組」を適時かつ秩序だった方法で連携して実施するための取組を強化することにコミット。債務国に一層の確実性を与え、IMFと国際開発金融機関（MDBs）による資金支援の迅速な提供を促進。
- 債務の透明性の向上に引き続き取り組むための、民間債権者を含む全ての関係者による協働の重要性を確認。

国際金融アーキテクチャ

- 長期的な金融の強じん性を高め、包摂的な成長を支えるとのコミットメントを再確認。

食料安全保障、栄養、農業及び食料システム

- 誰も置き去りにせず、すべての人のための食料安全保障及び適切な栄養摂取を実現することにコミット。マテーラ宣言及びその行動の呼びかけを承認。

環境

- 2030年までに生物多様性の損失を止めて反転させるための行動を強化することにコミット。生物多様性条約（CBD）締約国に対し、第15回締約国会議（COP15）における「ポスト2020生物多様性枠組」の採択を呼びかけ。
- 自主的に2040年までに土地劣化を50％削減させるという共通の野心を再確認し、2030年までに土地劣化の中立性を実現すべく努力。2030年までに世界の陸地・海洋それぞれの少なくとも30％が保全または保護されることを確保するために実施している取組を認識。他国も同様の野心的なコミットメントをすることを奨励、支持。
- 自然資源の保存、保護及び持続可能な利用を確保するための取組を追求し、過剰漁獲を終わらせるための具体的な措置を講じ、違法・無報告・無規制（IUU）漁業を終わらせるというコミットメントの実現に取り組む。
- 「自然を活用した解決策または生態系を活用したアプローチ」の実施を拡大、奨励。
- 「大阪ブルー・オーシャン・ビジョン」に沿って、海洋プラスチックごみに対処するというコミットメントを再確認。
- 1兆本の木を共に植えるという野心的な目標を共有。民間部門及び市民社会の関与の下、このグローバルな目標を2030年までに達成すべく他の国にG20の取組に参画することを要請。

都市及び循環経済

- 資源効率性の増大にコミットし、持続可能な開発を実現する要素としての都市の重要性や、都市の文脈における持続可能性、健全性、強じん性、福祉を向上させる必要性を認識。
- 循環経済のアプローチも採用すること等により、持続可能な消費と生産の形態の実現に向けた取組を強化し、気候変動の緩和と適応のための現地における行動を支援。

エネルギー及び気候

- 気候変動という重大で緊急の脅威に対処し、国連気候変動枠組条約（UNFCCC）第26回締約国会議（COP26）の成功に向けて共に取り組むことにコミット。
- 1.5℃の気候変動の影響は、2℃の場合よりもはるかに低いことを認識。1.5℃に抑えることを射程に入れ続けるためには、長期的な野心と短・中期的な目標とを整合させる明確な国別の

道筋の策定を通じ、全ての国による意味のある効果的な行動及びコミットメントが必要。

- G20メンバーがこの10年にさらなる行動をとり、必要に応じて2030年の国が決定する貢献（NDC）を策定・実施・更新・強化し、今世紀半ば頃までに、人為的な排出量と吸収源による除去量の均衡を達成することと整合的である、明確かつ予測可能な道筋を定めた長期戦略（LTS）を策定することにコミット。
- 特に発展途上国において、万人のためのクリーンエネルギーへのアクセスを確保することを含め、費用同等性と商業的実現性の迅速な達成を支援するために協働。
- 途上国のニーズに対応するため、今後2025年にかけて毎年、そして2020年までにも共同で毎年1,000億米ドルの動員という、先進国によるコミットメントを想起かつ再確認し、可能な限り速やかにその目標を完全に達成することの重要性を強調。
- 2025年までに、国際的な公的な気候資金の貢献を全体として増加及び改善するという、いくつかのG20メンバーによる新しいコミットメントを歓迎。その他の国による新しいコミットメントに期待。
- 温室効果ガス排出量を全体として大幅に削減することにコミット。メタンガスの削減が気候変動とその影響を抑制するための最も迅速で、実行可能で、最も費用対効果の高い方法の一つとなり得ることを認識。
- 無駄な消費を助長する非効率な化石燃料補助金を、中期的且つ段階的に廃止・合理化するための努力を向上させ、この目標を達成することをコミット。
- 気候とエネルギーの間に密接な関係があることを認識し、エネルギー部門におけるエネルギー強度を削減することにコミット。
- 低炭素な電力システムに向けた移行を可能にするため、持続可能なバイオエネルギーを含むゼロ炭素又は低炭素排出及び再生可能な技術の展開及び普及に関して協力。これは、排出削減対策が講じられていない新たな石炭火力発電所への投資をフェーズアウトさせていくことにコミットする国々が、可能な限り早くそれを達成することを可能にする。
- グリーンで、包摂的で、持続可能なエネルギー開発を支援するために、国際的な公的及び民間資金の動員にコミット。
- 排出削減対策が講じられていない海外の新規の石炭火力発電に対する国際的な公的資金の提供を2021年末までに終了。
- ここ何年ものトレンドを考慮しつつ、エネ

ギー市場の進化を注視し続け、国際エネルギー・フォーラム（IEF）と連携して、生産者と消費者の間の対話を促進。開放的で競争的かつ自由な国際エネルギー市場を促進するとともに、エネルギー安全保障と市場の安定性を強化するための道筋を模索しつつ、様々な供給源、供給者、ルートからのエネルギーの途絶のない流れを維持することの重要性を強調。
- クリーンエネルギーへの移行には、様々な側面を統合した、エネルギー安全保障に関する理解の向上が必要であることに留意。

移行及びサステナブル・ファイナンスのための政策

- 気候変動から生じるマクロ経済リスク、緩和・適応政策のマクロ経済・分配面への影響等について、より体系的な分析を実施することの重要性に同意。
- サステナブル・ファイナンスは、よりグリーンで持続可能な経済と包摂性のある社会への秩序ある公正な移行を促進するために極めて重要。サステナブル・ファイナンス作業部会（SFWG）の設立を歓迎し、G20サステナブル・ファイナンス・ロードマップ及び統合レポートを承認。

国際課税

- OECD/G20「BEPS包摂的枠組」が公表した最終的な政治的合意は、より安定的で公正な国際課税制度を確立する歴史的な成果。2023年に新たな課税ルールがグローバルなレベルで発効することを確保するため、モデル規定と多国間協定を迅速に策定することを要請。

ジェンダー平等と女性のエンパワーメント

- ジェンダー平等へのコミットメントを再確認。無償ケア労働やジェンダーに基づく暴力を始めとする、パンデミックにより不均衡に影響を受けた女性と女児の諸問題の解決に向けて取り組むことにコミット。
- 女性の経済代表性向上のための民間アライアンス（EMPOWER）の活動を歓迎するとともに、女性経営の中小企業を支援するための重要なパートナーシップとして、女性起業家資金イニシアティブ（We-Fi）を認識。

雇用及び社会的保護

- 安全で健康的な労働条件、全ての人のためのディーセント・ワークを確保するために、人間を中心とした政策アプローチを採用。
- リモート・ワーカーやプラットフォーム・ワーカーの適正な労働条件の確保に取り組み、規制の枠組を新たな労働形態に適応させるために努力。

教育

- 女性、女児及び脆弱な状況に置かれた生徒に注意しつつ、質の高い教育への全ての者によるアクセス確保にコミット。
- 持続可能な開発に向けた教育の重要な役割を認識。

移住及び強制移動

- パンデミックへの対応と回復に取り組む上で、移民労働者を含む移民及び難民の完全な包摂を支援するために前進することにコミット。
- 非正規移住の流れと移民を密入国させることの防止の重要性を認識。

交通及び往来

- 国際的な往来を安全かつ秩序だった方法で再開させるために努力。シームレスな往来を確保するために共有された基準が適当であると認識。

金融規制

- ノンバンク金融仲介の強じん性を強化することにコミットし、マネー・マーケット・ファンドの強じん性を強化するための政策提案に関する金融安定理事会（FSB）の最終報告書を承認。
- FSBの報告書において設定された、クロスボーダー送金の4つの課題（コスト、スピード、透明性、アクセス）に2027年までに対処するためのグローバルな定量目標を承認。

貿易及び投資

- 開かれた、公正で、公平で、持続可能で、無差別かつ包摂的な法に基づく多角的貿易体制の役割の重要性と、WTOを中心とした、体制強化へのコミットメントを確認。
- WTOの全機能を改善しつつ必要な改革を担うため、すべてのWTO加盟国と積極的にかつ建

第四章

設的に取り組んでいくことに引き続きコミット。

- 公正な競争の重要性を強調し、好ましい貿易及び投資環境を育成するため、公平な競争条件の確保に引き続き取り組む。

インフラ投資

- 回復の段階における質の高いインフラ投資の不可欠な役割を認識。
- 「インフラのメンテナンスに関するG20政策アジェンダ」を承認。
- 「質の高いインフラ投資に関するG20原則」に関する作業を引き続き推進。

生産性

- 「G20政策オプション・メニュー─デジタル・トランスフォーメーションと生産性回復─」を承認。
- 回復を支えるために、優れたコーポレート・ガバナンスの枠組及びよく機能する資本市場が重要であることを認識。「G20/OECDコーポレート・ガバナンス原則」の見直しに期待。

デジタル経済、高等教育及び研究

- 世界の回復と持続可能な開発を実現させる鍵として、技術及びイノベーションの役割を認識。
- 信頼性のある自由なデータ流通及び国境を越えたデータ流通の重要性を認識。

金融包摂

- 脆弱で十分なサービスを受けられない社会の層のデジタル金融包摂を強化し、金融包摂のためのグローバル・パートナーシップ（GPFI）の取組を前進させるとのコミットメントを再確認。

データ格差

- 考え得る新たなG20データギャップ・イニシアティブに向けた取組に留意し、そのさらなる発展に期待。
- アジャイルな規制枠組を促進し、人間中心で、能動的で、使いやすく全ての人にアクセス可能

な公的なデジタル・サービスを提供。

- 2025年までに全ての人のための連結性に向けた普遍的で、手頃なアクセスを促進。
- 研究及び労働力が、その能力を急速に展開するデジタル環境に適応させることを確保するための取組を強化。
- デジタル・タスクフォースを作業部会へ移行することを歓迎。

観光

- パンデミックにより最も大きな影響を受けた観光部門において、迅速で、強じんで、包摂的で、持続可能な回復を引き続き支援。

文化

- 持続可能な開発の原動力として、また経済・社会の強じん性及び再生を促進させる上で、文化が果たす役割を強調。

腐敗対策

- 公的部門及び民間部門における腐敗に対するゼロ・トレランス及び腐敗に対するグローバルな闘いにおける共通目標の達成へのコミットメントを新たにし、「腐敗対策行動計画2022-2024」を採択。
- G20諸国が、外国公務員に対する贈賄を含む贈収賄を犯罪化する関連する義務を遵守するために、規制及び法律を適合させ、国内外の贈収賄を効果的に防止、発見、捜査、起訴及び制裁するための取組を強化することを確保。全てのG20諸国がOECD外国公務員贈賄防止条約を遵守する可能性を期待。
- 実質的支配者の透明性を向上させるための金融活動作業部会（FATF）勧告の強化への支持を確認し、特にFATFの報告書の結果に基づいて行動することで、環境犯罪からのマネーロンダリングと闘うことを各国に要請。

結語

- 今後は、2022年にインドネシア、2023年にインド、2024年にブラジルでG20サミットを開催予定。

── 第204回通常国会における地域的な包括的経済連携（RCEP）── 協定関連質疑（抜粋）

1）RCEP協定の意義

2021年4月9日（金）衆議院外務委員会

（茂木外務大臣）「RCEP協定は、ASEAN十か国、そして、日、中国、韓国、豪州、ニュージーランドの計十五か国で参加をして、物品、市場サービスのみならず、知的財産、電子商取引等の幅広い分野での新たなルールを構築して、地域の貿易・投資を促進することを目的とした経済連携協定であります。

この参加十五か国のGDPの合計、また貿易総額、人口、それぞれ世界全体の三割に当たる。また、RCEP協定参加国と我が国の貿易額は、我が国の貿易総額の半分、約五割近くを占める、こういう状況であります。

RCEP協定によりまして、世界の成長センターであるこの地域と我が国とのつながりがこれまで以上に強固になり、これを通じて、我が国及び地域の経済発展に寄与することが期待をされるわけであります。

そして、経済的なメリットだけではなくて、私は、これまでの日本の経済外交、主導的に取り組んできて、TPP11以来、こういった取組によって、日本の国際社会でのプレゼンス、これは間違いなく高まってきていまして、また、このRCEP協定、これは途上国も含んだ協定でありまして、こういったことをまとめ上げたということで、また一つ日本のプレゼンスを上げることができたのではないかなと思っております。

世界で保護主義とか内向き志向が強まる中で、自由で公正な経済圏を広げる、こういった取組をこれからも日本としてしっかり主導していきたいと思っております。」

2）物品市場アクセス

2021年4月9日（金）衆議院外務委員会

（茂木外務大臣）「このRCEP協定、物品市場アクセスについては、守るべきものは守り、攻めるべきものは攻めた。また、物品・サービスの貿易だけではなくてルール面まで踏み込んだ、新たなルールを設定することができたと思っております。

具体的に、市場アクセスの攻め、守りがどうなったかということでありますが、物品市場アクセスについて、まず、いわゆる守りについては、特に農林水産品について、全ての参加国との間で、いわゆる重要五品目、米、麦、牛肉を始めとする重要五品目について、関税削減、撤廃の約束から全て除外し、関税撤廃率は近年締結された二国間のEPA並みの水準といたしました。

これに対して、攻めに関しては、我が国の関心品目であります自動車部品や鉄鋼製品を含みます工業製品について、対象国全体で九二％の品目の関税撤廃を実現をいたしました。また、農林水産物、食品についても、我が国の輸出関心品目、日本酒であったりとか幾つか入ってきますが、こういった品目について関税撤廃を獲得しているところであります。

ルールについて申し上げると、例えば、知的財産については、著名な商標が自国や他国で登録されていないこと等のみを理由として保護の対象から外すことを禁じる規定を盛り込んだり、また、投資について、ロイヤリティー規制や技術移転等を含む特定措置の履行要求禁止の規定の具体的成果、こういった成果が得られたと思っております。

RCEP協定によりまして、今申し上げたような世界の成長センターであるこの地域と我が国のつながりがこれまで以上に強固になることによって、それは、我が国にとっても、この地域にとっても、経済発展の大きな礎になっていく、そのように考えております。」

3）ASEAN及びインドとの連携

2021年4月9日（金）衆議院外務委員会

（茂木外務大臣）「このRCEPでありますが、元々インドも含めて十六か国で交渉を行ったわけでありますが、残念ながら、インドが最終的に署名できないということで、十五か国の署名に至りました。それでも、この十五か国で、世界人口、そして世界のGDP及び貿易総額の約三割をカバーする経済連携協定でありまして、世界の成長センターであるこの地域の経済成長に寄与することが期待をされます。

本協定、後発開発途上国を含め参加国の経済発展状況が大きく異なる中でも、物品・サービスにとどまらず、投資、そして知的財産や電子商取引をも含めた新たなルールまで盛り込んだものでありまして、日・ASEAN関係を更に強化しつつ、この地域の望ましい経済秩序の構築に向けた一歩になると考えております。

　また、十三億人の人口を有するインド、IT等の分野でも非常に競争力を持ち、また着実に経済成長を実現しておりまして、経済大国への歩みを進めているところであります。

　なかなか、ぎりぎりのところで説得したんですが、やはり、国内経済への影響とか様々なことから、今の段階で入ることは困難であった、こういう結論でありますが、我が国としては、インドのRCEP復帰に向けて、インドとも更に対話を行い、RCEPの内側から引き続き主導的役割を果たしていきたい、こんなふうに思っております。」

―地域的な包括的経済連携（RCEP）協定に関するファクトシート―

外務省
財務省
農林水産省
経済産業省
令和3年4月

Ⅰ．RCEP協定の意義

(1) 本協定は、ASEAN構成国、日本、中国、韓国、豪州及びNZの計15か国が参加する経済連携協定であり、2012年11月に交渉の立上げが宣言され、2020年11月に署名に至った。

(2) RCEP参加15か国のGDPの合計は、2019年ベースで25.8兆ドル、世界全体の29％、参加国の貿易総額（輸出額ベース）は5.5兆ドル、世界全体の29％にそれぞれ相当する。また、人口の合計は約22.7億人で、世界全体の30％を占める。

(3) 本協定は、日・ASEAN包括的経済連携（AJCEP）協定を始め、ASEANと日本、中国、韓国、豪州及びNZ各国との間でそれぞれの間の締結されている経済連携協定を踏まえた上で、地域の貿易・投資の促進及びサプライチェーンの効率化に向けて、市場アクセスを改善し、発展段階や制度の異なる多様な国々の間で知的財産、電子商取引等の幅広い分野のルールを整備するもの。

(4) 日本の貿易総額のうちRCEP協定参加国との貿易額が占める割合は、約46％（2019年）に上るところ、本協定は我が国の経済成長に寄与することが期待される。

〈インドの扱い〉

• インドは、2012年11月のRCEP交渉立上げ宣言以来、2019年11月の第3回RCEP首脳会議に至るまでの7年間にわたり、交渉に参加してきたが、その後の交渉には参加しなかった。我が国を始め、各国は、その戦略的重要性から、インドの復帰を働きかけたが、2020年の本協定の署名は、インドを除く15か国となった。

• RCEP協定上、発効の日から、インドによる加入のために開かれている（なおインド以外の国又は独立の関税地域による本協定への加入については、協定発効後18か月を経過した後に可能とすることとなっている。）旨規定した（第20章 最終規定）。

• また、インドの将来的な加入円滑化や関連会合へのオブザーバー参加容認等を定める15か国の閣僚宣言を発出した。

Ⅱ．市場アクセス交渉の結果

1 物品市場アクセス

• RCEP協定参加国全体での関税撤廃率は91％（品目数ベース）となった。

• 我が国の関税撤廃率は、ASEAN構成国・豪州・ニュージーランド向けが88％、中国向けが86％、韓国向けでは81％（いずれも品目数ベース）となった。

• これに対し、他のRCEP協定参加国の我が国に対する関税撤廃率は、ASEAN構成国・豪州・ニュージーランドが86％～100％、中国が86％、韓国が83％（いずれも品目数ベース）となった。

〈日本市場へのアクセス〉

(1) 農林水産品

• 重要5品目（米、麦、牛肉・豚肉、乳製品、甘味資源作物）について、関税削減・撤廃から全て除外することとした。

• 関税撤廃率に関し、ASEAN構成国等とは我が国が既に締結しているEPAの範囲内の水準（61％（TPPは82％））、中国及び韓国とはそれよりも低い水準（対中国56％、対韓国49％）に抑制した。

• 我が国にとって初のEPAとなる中国に対しては、同国からの輸入額が多い鶏肉調製品や生産者団体が加工・業務用で国産品の巻き返しを図りたいとする野菜等（たまねぎ、ねぎ、にんじん、しいたけ、冷凍さといも、冷凍ブロッコリー、うなぎ調製品等）について関税削減・撤廃の対象とせず、関税撤廃するものについても国産品だけで国内需要を賄うことが難しいものや、国産品と棲み分けができている野菜等（乾燥野菜（インスタント向けフリーズドライの具材）、朝鮮人参、貝調製品（あさり佃煮）等）、長期の関税撤廃期間を確保した（16年目に撤廃等）。

• 酒類のうち、紹興酒、マッコリ、白酒、ソジュについては長期の関税撤廃期間を確保した（21年目に撤廃）。

(2) 工業製品

• 本協定により、関税撤廃率がASEAN構成国に対して98.5％（日・ASEAN包括的経済連携協定の撤廃率）から99.1％、中国に対して47％から98％、韓国に対して47％から93％に最終的に上

昇する。
- 化学工業製品、繊維・繊維製品等については、関税を即時又は段階的に撤廃する。

〈14か国市場へのアクセス〉
(1) 農林水産品

初めて同一のEPAに参加することとなる中国及び韓国との間で、輸出関心品目について、関税撤廃を獲得した。具体的には、中国からは、パックご飯等、米菓、ほたて貝、さけ、ぶり、切り花、ソース混合調味料等について、韓国からは、菓子（キャンディー、板チョコレート）等について、関税撤廃を獲得した。また、酒類については、中国及び韓国から、清酒等の関税撤廃を獲得した。

また、ASEANとの間では、インドネシアの牛肉、醤油などで関税撤廃を獲得した。

中国からの主な獲得内容

品目	現行関税	合意内容
パックご飯等	10%	関税撤廃（21年目）
米菓	10%	関税撤廃（21年目）
ほたて貝（養殖用(無税)除く）	10%	関税撤廃（11年目又は21年目）
さけ	5%、7%又は10%	関税撤廃（11年目又は21年目）
ぶり	7%	関税撤廃（11年目又は16年目）
切り花	10%又は23%	関税撤廃（11年目又は21年目）
ソース混合調味料	12%	関税撤廃（21年目）
清酒	40%	関税撤廃（21年目）

韓国からの主な獲得内容

品目	現行関税	合意内容
菓子(キャンディー、板チョコレート)	8%	関税撤廃（即時又は10年目）
清酒	15%	関税撤廃（15年目）

インドネシアからの主な獲得内容

品目	現行関税	合意内容
牛肉	5%	関税撤廃（即時又は15年目）
醤油	5%	関税撤廃（10年目）

(2) 工業製品
- 工業製品について、14か国全体で関税撤廃率92%を獲得した（品目数ベース）。
- 初めて同一のEPAに参加することとなる中国及び韓国につき、RCEP協定により、工業製品の無税品目の割合が
  - 中国：8%→86%

  - 韓国：19%→92%

に上昇する（2か国合計で輸出額約16兆円分に相当）。

- 個別の具体的成果は以下のとおり。
- ➢ 中国
- ─ 自動車部品について、電気自動車用の重要部品（モーターの一部（16年目又は21年目に撤廃）、リチウムイオン蓄電池の電極・素材の一部（16年目に撤廃））、ガソリン車用の重要部品（エンジン部品の一部（11年目又は16年目に撤廃）、カムシャフトの一部（16年目に撤廃）、エンジン用ポンプの一部（即時撤廃））等の関税撤廃を獲得した。
- ─ 乗用車の一部については、中国が自主的に引き下げた税率（2018年7月、MFN税率を25%から15%に引下げ）を本協定で約束した。
- ─ その他の工業製品では、陰極銅（即時撤廃）、プラスチック押出造粒機（即時撤廃）、フェロニッケル（即時撤廃）、ポリウレタンの一次材料（即時撤廃）、熱延鋼板の一部（即時、11年目、16年目又は21年目に撤廃）、合金鋼の一部（即時撤廃）、合成繊維の織物の一部（11年目、16年目又は21年目に撤廃）、不織布（11年目又は16年目に撤廃）等の関税撤廃を獲得した。

- ➢ 韓国
- ─ 自動車部品について、自動車の電動化に必要な電子系部品（10年目又は15年目に撤廃）、シートベルト（10年目に撤廃）、ゴム製タイヤ（即時又は10年目に撤廃）、カムシャフト（15年目に撤廃）、エアバッグ及びその部品（10年目又は15年目に撤廃）等の関税撤廃を獲得した。
- ─ その他の工業製品では、炭素電極（電炉用）（即時撤廃）、ブタンガス（即時撤廃）、布地巻取機（即時撤廃）、酢酸セルロース（液晶ディスプレイ用保護フィルム等の原料）（即時撤廃）、精製銅のはく（プリント回路基板用）（15年目に撤廃）、合成繊維の織物の一部（即時又は10年目に撤廃）、綿織物の一部（即時又は10年目に撤廃）等の関税撤廃を獲得した。

- ➢ ASEAN構成国
- ─ 我が国の締結済みのEPAにおける関税撤廃に加えて、新たに以下のような日本側関心品目について関税撤廃を獲得した。
  - タイ：ディーゼルエンジン部品の一部（10年目に撤廃）、カムシャフトの一部（10年目に撤廃）
  - インドネシア：鉄鋼製品（ばねの一部（10年目に撤廃）、貯蔵タンク（10年目に撤廃）等）
  - フィリピン：自動車部品の一部（20年目に撤

廃）

カンボジア：メカニカルショベル（15年目に
撤廃）、乗用車の一部（13年目、15年目又は
20年目に撤廃）

ラオス：乗用車の一部（15年目に撤廃）、駆動
軸（15年目に撤廃）、綿織物（即時、13年目
又は15年目に撤廃）

ミャンマー：貨物自動車（15年目又は20年目
に撤廃）、自動車用ゴム製タイヤ（20年目に
撤廃）

2　物品以外の市場アクセス

(1) サービス

- 本協定において、各国が行った約束には、サービ
スの貿易に関する一般協定（WTO・GATS）や、
これまでの我が国の締結済みのEPAにはない約
束が含まれており、協定上に規定することによ
り、日本企業の海外展開における法的安定性や予
見可能性が高まることが期待される。具体例とし
ては以下が挙げられる。

（インドネシア）

- 先端技術を活用するプロジェクト等を対象とした
エンジニアリング・サービスについて外資出資比
率の上限を51％とすることを約束。
- 映画の製作・上映サービスについて外資出資比率
の上限を51％とすることを約束。
- 排水処理サービスについて外資出資比率の上限を
51％とすることを約束。

（タイ）

- 居住型福祉施設サービス（デイケアサービスを除
く）について外資出資比率の上限を70％とする
ことを約束。
- 海運貨物取扱サービスについて外資出資比率の上
限を70％とすることを約束。
- 冷凍・冷蔵貨物向け倉庫サービスについて外資出
資比率の上限を70％とすることを約束。

（中国）

- 理容及びその他美容サービスについて外資出資比
率に係る規制を行わないことを約束。
- 生命保険及び証券サービスについて外資出資比率
に係る規制を行わないことを約束。
- 高齢者向け福祉サービスについて外資出資比率に
係る規制を行わないことを約束。
- 高級物件（アパート・オフィスビル等）の不動産
サービスについて外資出資比率に係る規制を行わ
ないことを約束。

（フィリピン）

- 居住用の不動産の賃貸・管理サービスについて外
資出資比率の上限を51％とすることを約束。

- 高級品や贅沢品の小売サービス（たばこ、医薬品
等は除く。）について、事前資格審査、最低払込
資本要件、1店舗当たり投資額の要件等を満たす
ことを条件に、外資出資比率の上限を70％とす
ることを約束。

（ミャンマー）

- 広告サービスについて外資出資比率に係る規制を
行わないことを約束。
- 海運貨物向け倉庫サービスについて外資出資比率
に係る規制を行わないことを約束。

（ラオス）

- 国内道路貨物運送サービスについて外資出資比率
に係る規制を行わないことを約束。
- 国際道路貨物運送サービスについて合弁会社形態
（外資出資比率49％まで）での参入を認めること
を約束。

(2) 投資

- 本協定において、各国が行った約束には、これま
での我が国との投資関連協定にはない約束が含ま
れており、協定上に規定することにより、日本企
業の海外展開における法的安定性や予見可能性が
高まることが期待される。具体例としては以下が
挙げられる。

（韓国）

- 一部の分野を除き、ライセンス契約に基づくロイ
ヤリティを一定の率や額にするよう要求しないこ
とを約束。

（タイ）

- 自動車・自動車部品、家電、産業用ロボット及び
プラスチック製品などの製造について外資系企業
による出資比率制限なしの参入ができることを約
束。

（中国）

- 農業、漁業、鉱業及び製造業について、同国の外
商投資参入特別管理措置（2019年版）等の国内
法令に基づく措置（特殊自動車及び新エネルギー
車の製造について外資規制を行わないこと等）か
ら自由化の程度を悪化させないことを約束。
- 一部の分野を除き、投資の条件として、投資先企
業への技術移転や関連情報の開示等を要求しない
ことやライセンス契約に基づくロイヤリティを一
定の率や額にするよう要求しないこと等を約束。

（ベトナム）

- 製紙について、内国民待遇を与えること及び投資
の条件として輸出についての要求等を行わないこ
とを約束。

（ミャンマー）
- 熟練労働者・技術者等に自国民の雇用を求めないことを約束。

（ラオス）
- アルコール類及び自動車の製造について内国民待遇を与えることを約束。
- 一部の分野を除き、投資の条件として、輸出についての要求及び原材料の現地調達についての要求を行わないことを約束。

Ⅲ．ルール分野の概要

- ルールについては、以下の分野が全20章及び17の附属書において規定されている。

  冒頭の規定及び一般的定義、物品の貿易、原産地規則、税関手続及び貿易円滑化、衛生植物検疫措置、任意規格、強制規格及び適合性評価手続、貿易上の救済、サービス貿易（金融サービス、電気通信サービス、自由職業サービスを含む。）、自然人の一時的な移動、投資、知的財産、電子商取引、競争、中小企業、経済協力及び技術協力、政府調達、一般規定及び例外、制度に関する規定、紛争解決、最終規定

  各分野の概要は、以下のとおり。

（1）冒頭の規定及び一般的定義（第１章）
- 本協定の目的及び一般的定義等について規定する。

（2）物品の貿易（第２章）
- 内国の課税及び規則に関して他の締約国の産品を国内産品と同等に取り扱う（「内国民待遇」）義務を規定する。
- 附属書Ⅰ（「関税に係る約束の表」）（その内容についてはⅡ．市場アクセス交渉の結果の１物品市場アクセスを参照）の自国の表に従って他の締約国の原産品について関税を引き下げ、又は撤廃する義務を規定する。同一の品目に複数の適用税率が設けられている場合について、いずれの税率を適用するかを決定するためのルールも規定する。
- 締約国が、国内法令の定めるところにより、特定の期間内に再輸出されることが予定される等一定の条件を満たす場合に、輸入税の納付について全額又は部分的に免除を受けて産品が自国内に持ち込まれること（産品の一時免税輸入）を認める義務を規定する。
- 締約国は、WTO協定又は本協定に基づくもの以外は、他の締約国の産品の輸入又は他の締約国の領域に仕向けられる産品の輸出について、非関税措置を採用又は維持してはならない義務を規定する。また、1994年のガット第11条を組み込み、数量制限の一般的廃止義務を規定し、一定の条件

の下で輸出の禁止や制限を行う場合に、要請があったときには協議のための合理的な機会を与える義務を規定する。加えて、貿易に悪影響を及ぼす非関税措置について、締約国からの要請に応じて協議を行う義務を規定する。
- 輸入許可手続について、新たな手続を採用する際や既存の手続を修正する際には、一定期間内に通報を行う義務を規定した上で、その通報項目等を規定する。

（3）原産地規則（第３章）
- 輸入される産品について、本協定に基づく関税の撤廃又は削減（「特恵待遇」）の対象となる原産品として認められるための要件（第Ａ節）及び特恵待遇を受けるための証明手続等（第Ｂ節）について規定する。
- ある産品が特恵待遇の対象となる原産品となるためには、当該産品が、本協定の締約国において、①完全に得られ、又は生産される（動植物、鉱物資源等）、②締約国からの原材料のみから生産される、又は③非原産材料を使用している場合には、附属書3A（「品目別規則」）において品目別に定められた特定の要件を満たす必要がある旨規定している。
- 各締約国は、産品の生産に当たって他の締約国の原産材料を使用した場合、当該他の締約国の原産材料を自国の原産材料とみなすこと（「累積」）を規定し、RCEP域内のサプライチェーン構築を支援する。また、本協定が全ての署名国について発効した場合には、他の締約国での生産行為や付加される価値も累積の対象に含めることを検討の上で本協定の見直しを行う義務を規定する。
- 原産地証明について、全ての締約国において第三者証明制度及び認定された輸出者による自己申告制度を採用しているほか、後発開発途上国も含め、各締約国について協定が発効した日から一定期間内に輸出者又は生産者による自己申告制度を導入する義務を規定する。また、我が国への輸入については、その協定発効日から輸入者による自己申告制度を導入できる旨規定する。

（4）税関手続及び貿易円滑化（第４章）
- 各締約国の関税法令の適用における予見可能性、一貫性及び透明性を確保するとともに、通関の迅速化や税関手続の簡素化を図るためのルールを規定する。
- 各締約国における統一的な税関手続の確保のため、各締約国が、自国の関税法令が国内において一貫して実施され、及び適用されることを確保することを規定する。
- 輸出入や通過のための手続等の透明性を確保する義務を規定する。
- 輸入の前に、輸出入者、その代理人等の要請に応

じて関税分類等の事項を教示する制度（「事前教示」）について、必要な情報の受領後、可能な限り、90日以内に行う義務や、教示された内容を原則として、少なくとも3年間有効なものとし、根拠法令等の変更により、教示の内容に変更が生じる場合には書面で通知する義務を規定する。

- 貿易を円滑にするため、可能な限り、物品が到着し、かつ、通関に必要な全ての情報が提出された後48時間以内に物品の通関を許可する手続を採用し、又は維持する義務を規定する。

- 急送貨物の通関を迅速に行うため、可能な限り、6時間以内に急送貨物の引取りの許可を行う手続を採用し、又は維持する義務を規定する。

- ブルネイ、カンボジア、中国、インドネシア、ラオス、マレーシア、ミャンマー、ベトナムについては、この章の規定に基づく約束のうち附属書4Aに特定するものの実施について、協定発効後一定の期間内又は特定の期日までに実施する旨規定している。

（5）衛生植物検疫措置（第5章）

- 衛生植物検疫措置の適用に関する協定（WTO・SPS協定）に基づく自国の権利及び義務の確認のほか、要請に応じて、WTOに通報したSPS措置の案の要件を説明する文書又は当該文書の要約を英語により提供する義務を含め、SPS措置に係る手続の透明性の確保に係る義務等を規定する。なお、日本の制度変更が必要となる規定は設けられておらず、日本の食の安全が脅かされることはない。

- また、輸出促進を念頭に、SPS措置の適用により生ずる特定の問題に関する懸念を解決するため、専門家間の技術的協議を要請することができる旨規定した上で、要請を受けてから30日以内に当該技術的協議を開始する義務等を規定する。また、当該技術的協議においては、180日以内又は当事国間で合意した期間内に問題を解決することを目標とすべき旨規定する。

（6）任意規格、強制規格及び適合性評価手続 （第6章）

- 産品の生産方法等について、遵守が義務付けられていない要件（任意規格：日本の日本産業規格（JIS）、日本農林規格（JAS）等）及び義務付けられた要件（強制規格：日本の電気用品安全法（PSE）、有機農産物JAS等）並びにそれらに適合しているかどうかを評価するための手続（適合性評価手続）が貿易の不必要な障害とならないようにするための手続や透明性の確保に係る義務等を規定する。

- 具体的には、貿易の技術的障害に関する協定（WTO・TBT協定）に基づく自国の権利及び義務の確認、任意規格及び強制規格に関する情報交

換等の協力のほか、要請に応じて、WTOに通報した強制規格及び適合性評価手続の英語による全文又は要約を提供する義務を含め、強制規格又は適合性評価手続を導入する際等の透明性の確保に係る義務等について規定する。

- また、輸出促進を念頭に、各締約国が自国の領域内において強制規格を一律に、かつ、一貫して適用する義務や、貿易及びこの章の規定に関する問題に関し、他の締約国から要請があった場合には、要請を受けてから原則として60日以内に、当該問題を解決するための技術的討議を開始する義務を規定する。

（7）貿易上の救済（第7章）

- 締約国が本協定に従って関税を引き下げ、又は撤廃した結果として、特定の産品の輸入が増加し、当該締約国の国内産業に対する重大な損害又はそのおそれを引き起こしている場合に、当該産品に対し、関税の更なる引下げの停止又は関税の引上げを一時的に（原則として3年間）行うことができる（「経過的RCEPセーフガード措置」）旨規定するとともに、そのための手続的要件や、措置をとった場合の補償等について規定する。

- ダンピング防止税及び相殺関税については、1994年のガット第6条の規定、ダンピング防止協定及び補助金及び相殺措置に関する協定に基づく権利及び義務を確認した上で、調査手続の透明性及び手続の正当性を確保するため、現地調査の事前通知期間や重要な事実の開示期間に関する努力義務等を規定する。

- 附属書7Aにおいては、ダンピング防止税及び相殺関税の手続に関し、貿易上の救済の手続における透明性及び正当な手続の目標を推進するものと認められる慣行を列挙する。

（8）サービスの貿易（第8章）

- 他の締約国のサービス及びサービス提供者に対し、自国の同種のサービス及びサービス提供者に与える待遇よりも不利でない待遇を与える内国民待遇義務、サービス提供者の数、取引総額、事業の総数、雇用者の総数、事業体の形態、及び外国資本の比率等の制限を行わない市場アクセス義務並びにその他の締約国や非締約国の同種のサービス及びサービス提供者に与える待遇よりも不利でない待遇を与える最恵国待遇義務等について規定する。それらの義務は、附属書Ⅱ（「サービスに関する特定の約束に係る表」）又は附属書Ⅲ（「サービス及び投資に関する留保及び適合しない措置に係る表」）（その内容についてはⅡ.市場アクセス交渉の結果の2（1）サービスを参照）に従って適用される。ただし、フィリピンについては、最恵国待遇義務を負わない代わりに、内国民待遇又は市場アクセスに関する義務の規定に適合

第四章

しない現行の措置を記載した「透明性に係る表」（法的拘束力なし）を作成・公表する義務を負い、後発開発途上国であるカンボジア、ラオス及びミャンマーについては、最恵国待遇義務及び透明性に係る表の作成・公表の義務の双方を負わないこととされている。

- 締約国のうち、カンボジア、ラオス、ミャンマー、フィリピン、タイ、ベトナム、中国及びニュージーランドについては、附属書Ⅱに記載する特定の分野についてのみ、そこに掲げる条件及び制限に従って義務を負う「ポジティブ・リスト」方式を採用し、日本を含むそれ以外の国については、全ての分野について一括して義務を負った上でそれに適合しない自国の措置を附属書Ⅲに記載する「ネガティブ・リスト」方式を採用する。その上で、「ポジティブ・リスト」方式を採用する国については、本協定の発効日の後3年以内（カンボジア、ラオス及びミャンマーについては12年以内）に「ネガティブ・リスト」方式への転換のため手続を開始する義務を規定する。
- その他、各国の規制・措置の透明性の確保に係る義務、当該措置を合理的、客観的かつ公平に適用する義務、資格・免許手続及び手数料等の合理化に係る義務等を規定する。

（金融サービス（附属書8A））

- この附属書の規定は、金融サービスの提供に影響を及ぼす締約国による措置について適用する。
- 具体的には、自国の法令に従ったデータの管理及び保管やシステムの維持等を要求することを除き、金融サービス提供者の業務上必要な情報の移転及び処理を妨げる措置をとってはならない義務、証券取引所等の自主規制団体への参加を求める場合に第8・4条に基づく内国民待遇を与える義務、公的機関が運用する支払・清算の制度等（例：我が国における日銀当座預金を用いた銀行間決済）の利用について、内国民待遇を確保しつつこれを認める義務等を規定する。

（電気通信サービス（附属書8B））

- 公衆電気通信サービスへのアクセス及び利用に関する措置並びにその提供者の義務等、公衆電気通信サービスの貿易に影響を及ぼす措置等について規定する。
- 具体的には、合理的な、差別的でない、及び透明性が確保された状態で適時に他の締約国のサービス提供者が公衆電気通信ネットワーク等へのアクセス及び利用を認められることを確保する義務や、自国の領域内の主要なサービス提供者が、他の締約国の提供者に対して、差別的でない待遇を与えることを確保する義務を規定する。加えて、公衆電気通信ネットワーク又はサービスのために締約国内で運営される海底ケーブルに関し、他の

締約国の提供者によるアクセスに対して、差別的でない待遇を与えることを確保する義務を規定する。また、携帯端末の国際ローミングサービスに関し、その料金が、透明性があり、かつ、合理的なものとなることを促進することについて、協力するよう努める義務を規定する。

（自由職業サービス（附属書8C））

- 自由職業サービス（例えば弁護士、公認会計士といった専門的な職業）の職業上の資格、免許又は登録の承認に関する問題について、相互承認や共通の基準の作成等の取組等、締約国の関係団体間の取組を奨励する義務を規定する。

（9）自然人の一時的な移動（第9章）

- 物品の貿易、サービスの提供又は投資の遂行に従事する自然人の一時的な入国及び一時的な滞在の許可及び許可に関する手続等を行う際のルールを規定する。
- 具体的には、各締約国が、附属書Ⅳ（自然人の一時的な移動に関する特定の約束に係る表）に記載する各区分について、そこに記載された条件及び制限（滞在期間を含む。）に従い、一時的な入国及び一時的な滞在を許可する義務を規定する。また、出入国管理に関する文書の申請について、可能な限り速やかに処理する義務や、出入国管理に関する文書に係る説明資料を公表し、又は公に利用可能なものにする義務等を規定する。
- 締約国が他の締約国の自然人の一時的な入国又は一時的な滞在を規制するための措置を適用することや、査証等の出入国管理に関する文書を取得するよう要求することは認められており、また、我が国の附属書Ⅳでは、GATS及び我が国の締結済みのEPAを上回る約束は行っておらず、例えば「単純労働者」の受入れを義務付けるような規定はない。

（10）投資（第10章）

- 投資家の権利保護及び投資家の投資環境整備のための法的枠組みを提供し、投資家にとっての予見可能性を高めることにより、締約国間の投資活動の更なる促進を目的とするルールを規定する。具体的には、投資財産の設立、取得、拡張、経営、管理、運営及び売却その他の処分に関し、原則として、他の締約国の投資家及び対象投資財産に対し、同様の状況において自国の投資家及びその投資財産に与える待遇よりも不利でない待遇を与える内国民待遇義務、同様の状況においてその他の締約国又は非締約国の投資家に与える待遇よりも不利でない待遇を与える最恵国待遇義務、現地調達や技術移転等を含む特定措置の履行要求の禁止、経営幹部への特定の国籍を有する者の任命の要求を行わない義務等を規定する。なお、特定措

置の履行要求の禁止の規定については、貿易に関連する投資措置に関する協定（WTO・TRIMs協定）を上回る内容として、ロイヤリティ規制の禁止（ライセンス契約に基づくロイヤリティ支払いに関する特定の対価率等の要求を禁止）及び技術移転要求の禁止（投資先企業への技術移転や関連情報の開示等の要求を禁止）を規定する。

- これらの義務に適合しない各締約国の現行の措置及び特定の分野又は活動に関し採用する措置は、附属書III（「サービス及び投資に関する留保及び適合しない措置に係る表」）に記載され、義務の適用が留保されている。また、附属書IIIに記載された現行の措置については、自由化の程度を悪化させる改正は行わないことを約束する、いわゆるラチェット義務（インドネシア、フィリピン並びに後発開発途上国であるカンボジア、ラオス及びミャンマーについては協定発効日の時点よりも自由化の程度を悪化させないことを約束する、いわゆるスタンドスティル義務）を規定する。
- また、対象投資財産に対して公正かつ衡平な待遇及び十分な保護及び保障を与える義務、正当な補償等を伴わない収用の禁止等についても規定する。
- 投資家と国との間の投資紛争の解決のための手続（ISDS）のほか、締約国による収用を構成する租税に係る課税措置に対する収用に関する規定の適用については、本協定において規定されていないが、協定発効の後2年以内に、討議を開始する義務を規定する。

（11）知的財産（第11章）

- 知的財産権の効果的かつ十分な創造、利用、保護及び行使を通じて一層深い経済的な統合及び協力を促進することにより、貿易及び投資にもたらされるゆがみ及び障害を軽減するためのルールを規定する。
- 著作権及び関連する権利、商標、地理的表示、意匠、特許等を対象に、知的財産権の取得や行使（民事上及び刑事上の権利行使手続並びに国境措置等、デジタル環境においても適用される。）など、WTO協定の知的所有権の貿易関連の側面に関する協定（TRIPS協定）を上回る保護等を規定する。
- また、締約国がWIPO著作権条約（WCT）、WIPO実演・レコード条約（WPPT）、視覚障害者等による著作物の利用機会促進マラケシュ条約等の知的財産に関する多数国間協定を批准し、又はこれに加入する義務を規定する。
- 知的財産権の取得について、TRIPS協定を上回る規定として具体的には、①広く認識されている商標であることを決定するための条件として、自国又は他国で商標として登録されていること等を要求することを禁止する義務、②自国の法令に従

い、商標の登録の出願が悪意で行われたものである場合に、自国の権限のある当局が当該出願を拒絶し、又は当該登録を取り消す権限を有することを定める義務、及び③物品の一部に具体化された意匠又は物品の全体との関係において当該物品の一部について特別に考慮された意匠が意匠としての保護の対象となることの確認等について規定する。

- 知的財産権の行使について、TRIPS協定を上回る規定として具体的には、①民事上の司法手続において司法当局が、知的財産権の侵害行為から生じた損害賠償の額を決定するに当たり、権利者が提示する合理的な価値の評価を考慮し、侵害者に対し損害賠償を支払うよう命じる権限を有すること、②著作権侵害物品及び不正商標商品の輸入を権限のある当局が職権で差し止めることができる手続を採用し、又は維持すること、③映画館において上映中の映画の著作物の許諾を得ない商業的規模の複製に関して適当な刑事上の手続及び刑罰を含む措置を採用し、又は維持すること等を規定する。

（12）電子商取引（第12章）

- 電子商取引を促進し、その利用に対する信用及び信頼の環境を醸成することに寄与するため、電子商取引に影響を及ぼす締約国の措置に関するルールについて規定する。
- 特に、電子的な送信に対して関税を賦課しないという現在の慣行を維持する義務、公共政策の正当な目的を達成するために必要であると認める場合や安全保障上の重大な利益の保護に必要であると認める場合を除き、自国の領域において事業を実施するための条件として、コンピュータ関連設備を自国の領域内に設置すること（データ・ローカライゼーション）を要求してはならない義務及び事業実施のために行われる情報の電子的手段による越境移転を妨げてはならない（データ・フリーフロー）義務について規定する。
- さらに、電子署名について、原則として、署名が電子的形式によるものであることのみを理由として法的な有効性を否定してはならない義務、電子商取引を利用する消費者を保護することを定める法令を採用し、又は維持する義務及び個人情報の保護を確保する法的枠組みを採用し、又は維持する義務等について規定する。
- デジタル・プロダクトの待遇やソースコードの開示要求の禁止等について対話し、協定発効後の一般的な見直しにおいては、同対話の結果を考慮するとともに、第19章に規定する紛争解決の適用について見直しを行う義務を規定する。

（13）競争（第13章）

- 市場における競争を促進し、並びに経済効率及び

消費者の福祉を向上させるためのルールを規定する。

- 具体的には、反競争的行為を禁止する競争法令を制定し、又は維持し、及び当該競争法令を執行する義務、競争法令を実施する当局を設置し、又は維持する義務、企業の所有形態にかかわらず競争法令を適用する義務、及び競争法令の執行における透明性や公平性を確保するための手続等を規定する。また、競争当局間の協力の推進、他の締約国から協力のために共有される秘密の情報の保護、技術協力及び能力開発、消費者の保護等について規定する。

（14）中小企業（第14章）
- 中小企業が本協定によって創出される機会を利用し、当該機会から利益を得るための能力を向上させるための協力を推進することを目的として、情報の共有、中小企業による市場へのアクセス及び世界的なバリューチェーンへの参加向上や、電子商取引の利用促進等に関する協力を強化する義務等を規定する。

（15）経済協力及び技術協力（第15章）
- 締約国間における開発格差の縮小及び本協定から得られる利益の最大化を目的とし、物品の貿易、サービスの貿易、投資、知的財産、電子商取引、競争等を中心に経済協力及び技術協力に関する活動を検討し、実施する義務を規定する。

（16）政府調達（第16章）
- 本協定の適用対象を中央政府機関が行う政府調達に関する法令及び手続とし、関連法令及び手続の透明性、締約国の協力促進、本章の規定を将来改善することを目的とした見直し等について規定する。

（17）一般規定及び例外（第17章）
- 地理的適用範囲、法令等の公表・情報提供、行政手続の透明性確保、行政行為の速やかな審査及び是正、秘密の情報の取扱い、腐敗行為の防止、生物多様性条約上の権利及び責任の確認、例外規定等について規定する。
- 行政手続の透明性関連規定に関しては、各締約国が、本協定の対象となる事項に関する法令等を公表すること、意見提出のための適当な機会を可能な限り与えること、他の締約国の要請がある場合には本協定の対象となる事項に関する法令等に関する情報を提供すること、可能な場合には、行政手続によって直接に影響を受ける他の締約国の者に対し、当該手続がいつ開始されるかについての適当な通知等を行うこと、行政上の行為の審査及び是正のために司法裁判所等を設置・維持すること等を規定する。

- 例外規定に関しては、締約国による外国投資の提案の承認又は許可の可否に関する決定等は、第19章の紛争解決の対象とならない旨規定するほか、一般的例外、安全保障のための例外、原則として締約国が課す税に係る措置（輸入・通関に関するものを除く）について本協定の適用がないこと、国際収支の擁護のための措置の許容等を規定する。

（18）制度に関する規定（第18章）
- RCEP合同委員会の設置、任務及び意思決定の方法等を規定する。
- RCEP合同委員会の任務には、本協定の実施及び運用に関する問題を検討すること、本協定の改正の提案を検討すること、本協定の解釈や適用に関する意見の相違について討議すること、締約国が合意する条件に基づきRCEP事務局を設立し、その後監督すること等が含まれる。附属書18Aでは、RCEP合同委員会の補助機関の任務を規定する。
- RCEP合同委員会は、協定発効後1年以内に開催し、その後毎年開催すること、また、RCEP合同委員会の議長は、ASEANの構成国である締約国のうち1か国とASEANの構成国ではない締約国のうち1か国が順次共同議長を務める旨規定する。

（19）紛争解決（第19章）
- 本協定の解釈又は適用に関する締約国間の紛争を解決する際の協議、パネル手続等について規定する。
- 第19章の規定は、本協定の規定の解釈及び適用に関する締約国間の紛争の解決につき、締約国が他の締約国の措置が本協定の義務に適合していないと認める場合等に適用する（適用範囲）。締約国は、この適用範囲内の事案について、他の締約国との協議を要請することができ、被申立国が協議に応じない場合、一定期間内に協議によって紛争を解決することができない場合等には、申立国はパネルの設置を要請することができる。パネルの構成員は、紛争当事国によって合意された方法で任命されるが、合意できない場合には、申立国及び被申立国がそれぞれ一名のパネルの構成員を任命し、議長を務めるパネルの構成員の任命に合意する。これらの任命がなされなかった場合は、WTO事務局長又は常設仲裁裁判所事務総長に任命を要請することができる。
- 問題となっている措置が本協定に基づく義務に適合しない又は被申立国が本協定に基づく義務を履行しなかったとパネルが決定した場合には、被申立国は、合理的な期間内に当該措置を義務に適合させ、又は当該義務を履行する旨規定する。被申立国が合理的な期間内に義務を履行しないとパネ

ルが決定した場合等には、申立国は代償及び譲許その他の義務の停止を開始することができる。履行状況の審査のみならず、申立国が被申立国に対する譲許を既に停止している場合における履行状況の再審査のためにパネルを再招集することにより、解決を求めることができる旨規定する。

● 本協定のうち、一部の章及び規定は、本章の規定ないし紛争解決の対象とはならない。

（20）最終規定（第20章）

● 他の国際約束との関係、本協定の改正、寄託者、効力発生、脱退、一般的な見直し、加入等について規定する。

● 本協定は、ASEANの構成国である署名国のうち少なくとも6か国及びASEANの構成国ではない署名国のうち少なくとも3か国が、それぞれの関係する国内法上の手続に従って批准、受諾、又は承認し、批准書、受諾書又は承認書を寄託した後

60日で、当該署名国について発効する旨規定する。また、その他の署名国については、協定発効後に批准書、受諾書又は承認書を寄託した後60日で、発効する旨規定する。締約国は、別段の合意をする場合を除くほか、本協定についての一般的な見直しを本協定が効力を生じた日から5年を経過した後に行うものとし、その後においては5年ごとに行う旨規定する。

● 脱退については、締約国が書面により寄託者（ASEAN事務局長）に対して通告を行った後6か月で効力を生ずる旨規定する。

● 協定発効後18か月後、本協定は全ての国又は独立の関税地域による加入のために開放され、加入は全ての締約国の同意を条件とし、かつ、締約国と加入要請を行う国又は独立の関税地域との間で合意される条件に従う旨規定する。

（了）

第四章

─── 地域的な包括的経済連携（RCEP）に係る共同首脳声明（仮訳）───

我々、東南アジア諸国連合（ASEAN）の構成国であるブルネイ、カンボジア、インドネシア、ラオス、マレーシア、ミャンマー、フィリピン、シンガポール、タイ及びベトナム並びにオーストラリア、中国、日本、韓国及びニュージーランドの国家元首又は行政府の長は、2020年11月15日、第4回RCEP首脳会議の機会にテレビ会議形式で会合した。

我々は、2019年の新型コロナウイルス感染症（COVID-19）の世界的な感染拡大がもたらした未曽有の挑戦に世界が直面している時にRCEP協定への署名に立ち会ったことを喜ばしく思う。我々の経済に対する感染拡大の悪影響並びに人々の生活及び福利の観点から、RCEP協定への署名は、経済回復、包摂的な発展、雇用の創出を支援し、地域のサプライチェーンを強化するという強いコミットメント、並びに開かれた、包摂的な、ルールに基づく貿易・投資協定に対する我々の支持を示すものである。我々は、RCEP協定がCOVID-19の感染拡大に対する我々の地域の対応にとって重要であり、感染拡大後の包摂的かつ持続可能な経済回復の過程を通じて地域の強靱性を構築する上で重要な役割を果たすことを認識する。

我々は、RCEP協定が、地域の先進国、開発途上国及び後発開発途上国という多様な国々により構成される前例のない巨大な地域貿易協定であることに留意する。世界のGDPのほぼ30％に当たる合計26.2兆米ドルのGDPを伴う、世界人口の約30％に当たる22億人の市場を対象とし、世界の貿易の28％近くを占めることとなる（2019年統計に基づく）協定として、我々は、RCEPが、世界最大の自由貿易協定として、世界の貿易及び投資のルールの理想的な枠組みへと向かう重要な一歩であると信じる。

我々は、また、RCEP協定が、ASEANにより開始された最も野心的な自由貿易協定であり、地域枠組みにおけるASEAN中心性の増進及びASEANの地域パートナーとの協力の強化に寄与することに留意する。RCEP協定は、20章から構成され、現代的な、包括的な、質の高い、及び互恵的な協定として、ASEANとRCEPに参加する非ASEAN諸国との間の既存の自由貿易協定がかつて対象としていなかった分野及び規律を含むものである。物品及びサービスの貿易並びに投資を対象とする特定の規定とは別に、RCEP協定は、知的財産、電子商取引、競争、中小企業（SMEs）、経済協力及び技術協力並びに政府調達に関する章を含むものである。我々は、RCEP協定の物品及びサービスの貿易並びに投資における自由化の水準を考慮すると、同協定が特に市場アクセスの観点から、域内のビジネスに広範な機会を開くことを確信している。

我々は、RCEP協定から得られる機会及び同協定の完全な潜在力は、同協定が効力を生ずることでのみ実現され得るということに同意した。この目的のため、我々は、少なくとも6のASEAN構成国及び3の非ASEANの署名国が批准書、受諾書又は承認書を同協定の寄託者に寄託することで実現する、同協定の早期発効のための各国の批准等の国内手続を迅速化するよう、事務方に指示した。我々は、また、閣僚に対し、地域に影響する貿易及び経済の問題に関する対話及び協力のプラットフォームとしてRCEPを発展させ、定期的に我々に報告するよう要請した。

我々は、RCEPが開かれた包摂的な協定であり続けることを確保することを約束する。さらに、我々は、RCEPにおけるインドの役割を高く評価し、RCEPがインドに対して引き続き開かれていることを改めて強調する。また、2012年からのインドのRCEP交渉への参加及びより深化したかつ拡張された地域のバリューチェーンを構築する地域のパートナーとしてのインドの戦略的な重要性を考慮し、16の原交渉参加国の1国として、インドのRCEP協定への加入は歓迎される。この点に関し、我々は、RCEPの担当閣僚により確認された別添の「インドの地域的な包括的経済連携（RCEP）への参加に係る閣僚宣言」を歓迎した。

━━━━ インドの地域的な包括的経済連携（RCEP）への ━━━━ 参加に係る閣僚宣言（仮訳）

東南アジア諸国連合（ASEAN）の構成国（ブルネイ、カンボジア、インドネシア、ラオス、マレーシア、ミャンマー、フィリピン、シンガポール、タイ、ベトナム）、豪州、中国、日本、韓国及びニュージーランド（以下「RCEP協定署名国」という。）のRCEPの担当閣僚は、インドが2020年にRCEP協定署名国とともにRCEP協定に署名する立場にないことを認識するとともに、地域の全ての人々が裨益するより深化したかつ拡張されたバリューチェーンを有する地域を構築し、及び世界経済の発展に一層貢献するために、インドがいずれRCEP協定の締約国となることの戦略的な重要性を認識して、次のことを確認した。

1. RCEP協定第20・9条（加入）に定めるところにより、RCEP協定は、同協定が効力を生じた日から、インドによる加入のために開放しておく。

2. RCEP協定署名国は、インドがRCEP協定の寄託者に対しRCEP協定に加入するとの意図を書面により提出すれば、インドのRCEP交渉参加に関する最新の状況及びその後のあらゆる新たな進展を考慮しつつ、RCEP協定への署名の後いつでも、インドとの交渉を開始する。

3. インドは、同協定に加入する前にいつでも、RCEP協定署名国により共同で決定される条件に従い、RCEPの会合にオブザーバーとして参加することができ、また、RCEP協定の下でRCEP協定署名国により実施される経済協力活動に参加することができる。

RCEPの担当閣僚は、RCEP協定にインドを再び関与させることへの強い意思を表明し、上記の取決めがRCEP協定への署名日に開始され、インドがRCEP協定に加入するまで継続することを確認した。

第四章

——— 日英包括的経済連携協定（EPA）関連国会答弁 ———

1）日英EPAの意義
令和2年11月12日（木）衆議院本会議
　（茂木外務大臣）「日英EPAは、EU離脱後の英国との間で、日・EU・EPAにかわる貿易・投資の枠組みを規定するもので、日系企業のビジネスの継続性を確保し、日英間の貿易・投資の促進につながることが期待をされます。新型コロナにより貿易・投資が停滞をする中、これまでTPP11や日米貿易協定を通じて自由貿易の国際的な取組をリードしてきた我が国が、日英EPAの締結により、自由貿易を更に推進していくという力強いメッセージを発信することは意義深いものと考えております。仮に、本年末の移行期間終了までに日英EPAを締結できなければ、日英間の関税率が上昇するなど、日英間の貿易や日系企業のビジネスに大きな影響が出ることとなるため、日英EPAの早期締結は極めて重要であると考えております。」

2）日英EPAを踏まえたデジタル分野への取組
令和2年11月27日（金）参議院本会議
　（茂木外務大臣）「日本はこれまで、データ・フリー・フロー・ウイズ・トラスト、すなわち信頼性ある自由なデータ流通の実現に向けて、TPPや日米デジタル貿易協定を始めとするデジタル分野の国際的なルール作りを主導してまいりました。
　日英EPAにおいても、情報の越境移転の制限の禁止、コンピューター関連施設の設置要求の禁止、ソースコード、アルゴリズムの開示要求の禁止等を規定しており、これらの規定は、デジタル貿易、電子商取引分野における国際的なルール作りにおける議論をリードするハイスタンダードなものであります。

　我が国として、昨年六月のG20大阪サミットの機会に立ち上げた大阪トラックの下、WTOにおける取組を始め、ポストコロナで重要性が増すデジタル分野に関する新たなルール作りにおいて引き続き主導的な役割を果たしてまいりたいと考えております。」

3）貿易と女性の経済的エンパワーメント
令和2年11月18日（水）衆議院外務委員会
　（茂木外務大臣）「今回の日英EPAでは、協定によりまして創出をされます機会であったりとか利益を女性が十分に享受できるように、日英双方が女性の経済的エンパワーメントに関して協力することが重要である、この点で認識が一致いたしまして、貿易及び女性の経済的エンパワーメントに関する章を新たに設けたところであります。女性の活躍というものは、国際社会全体にとって、経済社会に多様な視点や新たな創意工夫をもたらし、社会の活力を生み出す大きな源であることから、このような章を日英両国間で設けることができたことは大きな意義があると思っております。
　その上で、作業部会をつくるということにしておりまして、作業部会での運営方法等の詳細は今後英国側と調整をしていくことになりますが、女性の社会進出であったりとかエンパワーメント、こういう分野では、残念ながら日本より英国の方が進んでいる分野が多いと思いますので、どちらかというと学ぶ分野が多いかなと思っておりまして、そういった中でどういう議論をするかということも含めて、積極的にイギリスの知見等も活用しながら、それが両国の経済的なエンパワーメントの推進につながれば、こんなふうに思っております。」

── 日英包括的経済連携協定（EPA）に関するファクトシート ──

外務省経済局
令和2年10月23日

【目次】

Ⅰ　日英包括的経済連携協定（EPA）の意義

● 本協定は、EU離脱後の英国との、日EU・EPA
　に代わる新たな貿易・投資の枠組みを規定するも
　のである（注）。

● 英国のEU離脱後の移行期間終了（2020年末）ま
　でに本協定を締結すれば、日EU・EPAの下で日
　本が得ていた利益を継続し、日系企業のビジネス
　の継続性が確保される。また、高い水準の規律の
　下で、日英間の貿易・投資の更なる促進につなが
　る。

● 新型コロナウイルス感染症が世界的に拡大し、貿
　易・投資が停滞する中、自由貿易を推進するとい
　う力強いメッセージを国際社会に対して発信。

● EU離脱後の英国が、主要国と署名する初のEPA

となる。

● 本協定は、良好な日英関係を更に強化し、深化さ
　せていくための重要な基盤となる。

（注）英EU間の離脱協定の下で設定された移行期
　　　間が2020年末に終了するのに伴い、日EU・
　　　EPAは日英間に適用されなくなる。

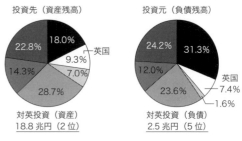

対英投資（資産）
18.8兆円（2位）　　対英投資（負債）
　　　　　　　　　　2.5兆円（5位）

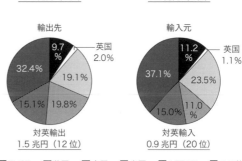

対英輸出
1.5兆円（12位）　　対英輸入
　　　　　　　　　　0.9兆円（20位）

■EU27　□英国　▨中国　▨米国　▨ASEAN　■その他
（2019年データ）

Ⅱ　物品市場アクセス交渉の結果

● 全体として日EU・EPAの関税率・撤廃期間に追
　いつく形で適用（いわゆる「キャッチアップ」）。

〈日本市場へのアクセス〉

（1）農林水産品

（概要）

● 日本側の関税については、日EU・EPAの範囲内
　で合意。

・日EU・EPAで関税割当枠が設定されている25
　品目について、新たな英国枠は設けない。（注1）

・日EU・EPAでセーフガードが設定されている品
　目について、日EU・EPAの下でと同じ内容の
　セーフガードを措置。（注2）

・その他の農林水産品についても、日EU・EPAと
　同じ内容を維持。

（米）

・関税削減・撤廃等から除外（米・米粉等の国家貿

易品目や、原料に米を多く使用する米菓等の加工品・調製品等も含め除外）（日EU・EPAと同内容）。

（麦）
• 国家貿易制度、枠外税率を維持（日EU・EPAと同内容）。英国向けの関税割当ては設けない。（注1）

（麦芽）
• 現行の関税割当制度（枠内無税）を維持するとともに、枠外税率を維持（日EU・EPAと同内容）。英国向けの関税割当ては設けない。

（砂糖）
• 現行の糖価調整制度（輸入品と国産品の価格調整を通じて国内生産の安定を図るための制度）を維持（日EU・EPAと同内容）。英国向けの関税割当ては設けない。（注1）

（でん粉）
• 現行の糖価調整制度を維持するとともに、枠外税率を維持（日EU・EPAと同内容）。英国向けの関税割当ては設けない。（注1）

（豚肉）
• セーフガード付きで長期の関税削減期間を確保、従価税部分について関税を撤廃、従量税部分について関税を50円/kgまで削減、差額関税制度と分岐点価格（524円/kg）を維持（日EU・EPAと同内容（注2））。

（牛肉）
• セーフガード付きで長期の関税削減期間を確保し、9％まで関税削減（日EU・EPAと同内容（注2））。

（乳製品）
ⅰ．脱脂粉乳・バター
• 国家貿易制度を維持（日EU・EPAと同内容）。英国向けの関税割当ては設けない。

ⅱ．ホエイ
• ホエイ（たんぱく質含有量45％未満）について、セーフガード付きで関税削減に留める（日EU・EPAと同内容（注2））。

ⅲ．チーズ
• 熟成ハード系チーズ（チェダー、ゴーダ等）等については、長期の関税撤廃期間を確保（日EU・EPAと同内容）。ソフト系チーズについて、英国向けの関税割当ては設けない。（注1）

（林産品）
• 構造用集成材、SPF製材等の主な林産品10品目について、一定の関税撤廃期間を確保（日EU・EPAと同内容）。

（水産品）
• 海藻類（のり、こんぶ等）は、関税削減・撤廃等から除外、あじ、さば等は、長期の関税撤廃期間を確保（日EU・EPAと同内容）。

注1　ソフト系チーズや一部の調製品について、日EU・EPAで設定された関税割当ての利用残が生じた場合に限り、当該利用残の範囲内で、事後的に日EU・EPAの関税割当てと同じ税率を適用する仕組みを設ける。
注2　数量セーフガードについては、英国とEUからの合計輸入数量が、日EU・EPAと同じ発動基準数量に達した場合に、英国に対して発動。
注3　農産品について、協定発効5年後の再協議規定あり。

（酒類）
• ワイン（ボトルワイン、スパークリングワイン等）については、関税を即時撤廃（日EU・EPAと同内容を維持）。
• 清酒、焼酎等については、関税を段階的に撤廃（撤廃時期は日EU・EPAと同様）。

（たばこ）
• 紙巻たばこ（暫定税率で無税）については、協定税率として無税（日EU・EPAと同内容を維持）。
• 手巻きたばこ、加熱式たばこについては、関税を段階的に撤廃（撤廃時期は日EU・EPAと同様）。
• 葉巻たばこについては、関税を段階的に撤廃（撤廃時期は日EU・EPAと同様）。

（塩）
• 精製塩については、関税を段階的に撤廃（撤廃時期は日EU・EPAと同様）。

(2) 工業製品
●日EU・EPAと同様、鉱工業品（経済産業省所管品目）について、品目数及び輸入額（日本向け約8,200億円）で、100％を関税撤廃。
●日EU・EPAで即時撤廃をしたものを、同様に即時撤廃。
(注) 貿易額は、2018〜19年の平均値。

〈英国市場へのアクセス〉
(1) 農林水産品
○牛肉、茶、水産物など主要な輸出関心品目について、ほとんどの品目で即時撤廃を獲得（全ての品目で、日EU・EPAと同内容）

（酒類）
○日本産酒類の輸出拡大に向け、日EU・EPAでの関税撤廃の継続に加えて、輸入規制の撤廃や日本産酒類のGIの保護を継続。

• 全ての酒類の関税について、日EU・EPAの即時撤廃を継続。

• 「日本ワイン」の輸入規制（醸造方法・輸出証明）について、日EU・EPAでの撤廃を継続。
⇒日EU・EPAに基づく制度と同様に、英国は「日本ワイン」の醸造方法を容認（補糖、補酸、ぶどう品種の承認等）。
⇒協定発効後は、日EU・EPAに基づく制度と同様に、「日本ワイン」の流通・販売が可能。また、業者の自己証明を引き続き可能にすることによる、コスト負担軽減を引き続き享受。
　（参考）「日本ワイン」とは、国産ぶどうのみを原料とし、日本国内で製造した果実酒をいう。国際的な認知の向上等のため、ワインの表示ルールとして策定された「果実酒等の製法品質表示基準」において定義が定められている（平成27年10月）。

• 単式蒸留焼酎の容量規制について、日EU・EPAでの緩和を継続。
⇒引き続き、焼酎の四合瓶及び一升瓶での輸出が可能。また、これに加えて焼酎の五合瓶での輸出が可能となる。

• GI「日本酒」などの酒類GIの相互保護を継続。
⇒模造品等の流通が防止され、ブランド価値向上が期待できる。GI「日本酒」が引き続き保護されることにより、日本酒と他国で製造された清酒が英国域内で差別化されるなど、将来にわたり日本酒のブランド価値保護が実現される。

（たばこ・塩）
○全ての品目の関税について、日EU・EPAでの即時撤廃を継続。

(2) 工業製品
●鉱工業品（経済産業省所管品目）について、品目数及び輸出額（英国向け約1.4兆円）で、100％の関税撤廃を実現。

●日EU・EPAで獲得した即時撤廃を維持。
　（例）自動車部品では、ギヤボックス、リチウムイオン電池、ガソリンエンジン等、日EU・EPAと同様に92％の品目について即時撤廃を維持。
　（例）乗用車：日EU・EPAと同様に2026年2月に撤廃。

●加えて、以下のような貿易額の大きな主要輸出品や英国日系自動車メーカーの競争力強化に資する自動車部品について即時撤廃を追加的に確保（品目数ベースで97％即時撤廃）。
　（例1）鉄道用車両・同部分品（日EU・EPA13年目撤廃、貿易額約700億円）：即時撤廃
　（例2）ターボジェット・同部品（日EU・EPA4年目撤廃、貿易額約1300億円）：即時撤廃
　（例3）電気制御盤（日EU・EPA6年目撤廃、貿易額約56億円）：即時撤廃
（注）例1及び例2については英国政府は来年以降の無税移行を表明しているが、日英間での無税を法的に担保。
（注）貿易額は、2018〜19年の平均値。

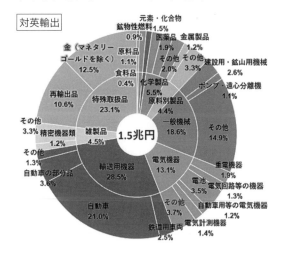

対英輸出

1.5兆円

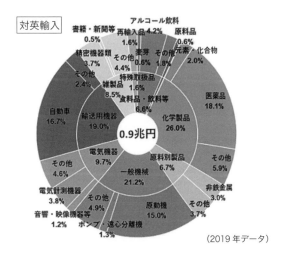

対英輸入

0.9兆円

（2019年データ）

III　ルール（含：物品以外の市場アクセス）分野の概要

ⅰ．ルールについては、以下のような分野が規定されている。

ⅱ．前文、総則、物品貿易、原産地規則、税関・貿易円滑化、貿易救済、衛生植物検疫（SPS）措

第四章

置、貿易の技術的障害（TBT）、投資、サービス、電子商取引、資本移動・支払・資金移転、政府調達、競争政策、補助金、国有企業、知的財産（地理的表示を含む）、企業統治、貿易及び持続可能な開発、透明性、規制協力、農業協力、中小企業、貿易と女性、紛争解決、制度に関する規定、最終規定。

ⅲ．各分野の概要は以下のとおり。

1　総則

ⅰ．本協定の目的、用語の定義、地理的適用範囲、他の国際約束との関係等、協定全般に関わる事項について規定する。

ⅱ．日EU・EPAとの主要な相違点として、英国の地理的適用範囲及び本協定と他の協定（北アイルランド議定書）との関係についての規定を追加。

2　物品貿易

ⅰ．物品の貿易に関し、譲許表に従い関税を削減又は撤廃することを規定するとともに、物品の分類、内国民待遇、輸出税、輸出競争、輸出入の制限、輸出入に関する手数料及び手続、輸出入許可手続、再製造品の取扱い等、物品の貿易を行う上での基本的なルールについて規定する。

ⅱ．本分野の効果的な実施のために、専門委員会を設立することについて規定する。

ⅲ．両締約国が、相手国におけるワインのより自由な流通・販売を促進するための規制撤廃、手続等を行うことを規定する。

ⅳ．附属書：

 1．自動車附属書：両締約国が、自動車及び自動車部品に関し、高い水準の安全、環境保護、エネルギー効率等を促進し、自動車基準調和世界フォーラム（WP29）における国際基準調和と国連規則に基づく型式認定の相互承認を強化すること等を規定する。

 2．焼酎附属書：日本において生産・瓶詰めされた単式蒸留焼酎は、英国市場において、四合瓶、五合瓶又は一升瓶で流通することが許されることを規定する。

ⅴ．日EU・EPAとの主要な相違点として、日本の単式蒸留焼酎について、英国市場において五合瓶での流通が追加的に認められるよう規定した。

3　原産地規則

ⅰ．輸入される産品について、関税の削減又は撤廃（関税上の特恵待遇）の対象となる原産品として認められるための要件及び関税上の特恵待遇を受けるための証明手続等について規定する。

ⅱ．多くの産品について、EU原産材料又はEU域内における生産をそれぞれ日英EPA上の原産

材料又は生産とみなすことができる規定（「拡張累積」）を設けている。また、日本及び英国双方の関心が高い一部の産品について、日EU・EPAから品目別原産地規則を更に緩和した。

4　税関・貿易円滑化

ⅰ．税関手続について、透明性及び予見可能性のある適用を確保し、簡素化を図るとともに、通関の迅速化等について規定する。また、貿易円滑化の促進や関税法令違反の防止を図るための税関当局間の協力についても規定する。

ⅱ．日EU・EPAと比較し、異なる内容を規律する規定はない。

5　貿易救済

ⅰ．本協定に基づく関税の譲許により、特定の産品の輸入が増加し、国内産業に重大な損害を与え、又はそのおそれがある場合、当該産品に対し、一時的に緊急措置（セーフガード措置）をとることができることを規定するとともに、その発動に当たり必要となる手続的要件について規定する。また、ダンピング防止措置及び相殺関税措置についても規定する。

ⅱ．日EU・EPAとの主要な相違点として、ダンピング防止税及び相殺関税の賦課額について、関連するWTO協定の規定と同旨の規定を確認的に設けている。

6　衛生植物検疫（SPS）措置

ⅰ．人、動物又は植物の生命又は健康を保護するために必要な措置を科学的な原則に基づいてとる権利を認めた上で、各締約国が実施する衛生植物検疫措置が貿易に対して不当な障害をもたらすことのないようにすることを確保する規定を設けている。具体的には、WTO・SPS協定の権利及び義務の再確認、SPS措置に係る手続の透明性向上、技術的協議の開催等について規定している。なお、日本の制度変更が必要となる規定は設けられておらず、日本の食の安全が脅かされることはない。

ⅱ．日EU・EPAとの主要な相違点として、本分野には協定上の紛争解決手続を適用しないこととした。ただし、本章に規定する技術的協議を利用できることには変わりはない。

7　貿易の技術的障害（TBT）

ⅰ．強制規格、任意規格及び適合性評価手続が貿易の不必要な障害とならないようにするための手続や透明性の確保等について規定する。具体的には、強制規格等を導入する際の手続の適正化、意見募集期間の明確化、双方の制度に関する情報交換等について規定する。

ⅱ．日EU・EPAとの主要な相違点として、専門委員会の新たな任務に係る規定及びロット識別コードに関する情報交換等に係る規定を新たに設けている。また、相互承認に関する議定書を新たに設けている。

8　投資・サービスの貿易・電子商取引

ⅰ．投資、国境を越えるサービスの貿易、電子商取引に関する全体的な枠組みのほか、金融サービス（金融規制協力を含む。）、電気通信サービス、郵便サービス及びクーリエ・サービス、国際海上運送サービス等の分野別の枠組み並びに自然人の入国及び一時的な滞在に関する枠組みを規定する。

【投資】

（市場アクセス総論）

ⅰ．原則全ての分野を自由化の対象とし、自由化を留保する措置や分野を列挙する「ネガティブ・リスト」方式を採用し、透明性の高い自由化約束を確保した。日EU・EPAと同様、投資保護規律及び投資家と国家の紛争解決（ISDS）手続は含まない。

ⅱ．日本は、既存の国内法令に加え、宇宙開発産業、放送業、社会事業サービス（保健、社会保障及び社会保険等）、初等及び中等教育サービス並びにエネルギー産業等について包括的な留保を行っており、必要な政策について裁量の余地を確保した。

（規定内容）

ⅰ．投資財産の設立・運営段階の内国民待遇及び最恵国待遇、市場アクセス、特定措置の履行要求の禁止等について規定する。

ⅱ．日EU・EPAとの主要な相違点として、投資保護規律及び投資家と国家の紛争解決（ISDS）手続に関して、一方の締約国が投資保護規律又はISDSを含む投資章を規定する国際約束を他国との間で締結した際の見直し協議について規定した。

【サービスの貿易】

（市場アクセス総論）

ⅰ．サービス分野の市場アクセス改善については、特定の約束を行った分野のみ自由化の対象となる「ポジティブ・リスト」方式のサービスの貿易に関する一般協定（GATS）と比較して、原則全てのサービス分野を自由化の対象とし、自由化を留保する措置や分野を列挙する「ネガティブ・リスト」方式を採用した。

ⅱ．また、サービスの個別分野毎の自由化の内容についても、GATSと比較して、英側が自由化を約束した分野が拡大した。

ⅲ．なお、日本は、既存の国内法令に加え、社会事業サービス（保健、社会保障及び社会保険等）、初等及び中等教育サービス並びにエネルギー産業等について包括的な留保を行っており、必要な政策について裁量の余地を確保した。

（規定内容）

ⅰ．越境形態によるサービスの提供に関し、内国民待遇、最恵国待遇、市場アクセス（数量制限の禁止等）等について規定する。その他、金融サービス（金融規制協力を含む。）、電気通信サービス、郵便サービス及びクーリエ・サービス、国際海上運送サービス等に関する個別のルールを定めている。

ⅱ．自然人の入国及び一時的な滞在に関しては、締約国間の自然人の商用目的での入国及び一時的な滞在の許可、許可の要件、申請手続の迅速化及び透明性の向上、滞在中の活動等について規定する。また、日英双方が、設立を目的とした商用訪問者、企業内転勤者及びその帯同家族、投資家、契約に基づくサービス提供者及び独立の自由職業家につき約束している（下線は、GATSで英国が約束していない区分）。

ⅲ．また、正当な政策目的等に基づく規制措置を採用することが妨げられないことが確認されている。

（日EU・EPAとの主要な相違点）

ⅰ．日EU・EPAとの主要な相違点として、免許や資格に関する手続の簡素化・効率化のための国内規制に関するルールについて、WTOにおける議論に準じる高いレベルの規律を規定した。

ⅱ．音響・映像サービスに関しては、日EU・EPAと同様にサービス貿易・投資自由化の適用除外となっているものの、将来的な適用範囲の見直しに向けた議論を継続するとともに、国内法制にかかる情報交換や協力を新たに規定した。

ⅲ．自然人の移動については、英国は新たに企業内転勤者の帯同家族について入国及び企業内転勤者と同期間の滞在許可、並びに投資家の入国及び滞在許可を約束し、さらに、企業内転勤者の入国及び一時的滞在に係る申請について、申請から90日以内に結果を通知することを規定した。これらは日EU・EPAでは英側が約束していなかったものである。

ⅳ．金融サービスに関しては、事業者が関連するデータの越境移転に関する規律について日EU・EPAの規定から情報技術の発展を踏まえて更新したほか、金融サービスにおけるコンピュータ関連設備の設置要求を禁止する規定を新規に追加した。

ⅴ．その他、日EU・EPA上は約束されていなかったが、本協定では、英国が鉄道の旅客輸送に関

して一定の留保は残しつつも内国民待遇に反する取扱いをしないことを約束した。

【電子商取引】

ⅰ．情報の越境移転の制限の禁止、コンピュータ関連設備の設置要求の禁止、ソース・コード及びアルゴリズムの開示要求の禁止、電子的な送信に対する関税賦課の禁止といった電子商取引を促進するための規定や、消費者保護及び個人情報保護といった電子商取引の信頼性を確保するための規定が含まれている。

ⅱ．日EU・EPAとの主要な相違点として、情報の越境移転の制限の禁止、コンピュータ関連設備の設置要求の禁止、暗号情報の開示要求及び特定の暗号の使用要求の禁止等を新たに規定したことの他、ソース・コードの開示要求の禁止規定の対象にアルゴリズムを追加したことが挙げられる。

9　資本移動・支払・資金移転

ⅰ．日英間で行われる資本の移動や資金の支払い等は原則自由に行われること、一定の特別な状況が生じた場合には、これを例外的に制限できるセーフガード措置等について規定する。

ⅱ．日EU・EPAと比較し、異なる内容を規律する規定はない。

10　政府調達

ⅰ．本協定が対象とする調達機関が、基準額以上の物品・サービスを調達する際の規律を規定する。

ⅱ．具体的には、WTO政府調達協定（GPA）を本協定に組み込んだ上で、GPAが規定する、入札における無差別原則等の原則を再確認するとともに、入札の手続、調達手続における透明性・公平性を確保するためのメカニズム、適用範囲の修正・訂正の手続等について規定する。また、本章の効率的で円滑な実施を確保するための専門委員会の設置について規定する。

ⅲ．日EU・EPAと比較し、異なる内容を規律する規定はない。

11　競争政策

ⅰ．公正で自由な貿易・投資を確保するため、反競争的行為に対して適当な措置をとること及び反競争的行為に対し当局間で互いに協力すること等を規定する。

ⅱ．日EU・EPAとの主要な相違点として、消費者保護に係る規定を新たに設けている。

12　補助金

ⅰ．自由な貿易・投資を確保するため、特定性を有する補助金について、通報、協議及び一定の類型の補助金の禁止等を規定する。

ⅱ．日EU・EPAと比較し、異なる内容を規律する規定はない。

13　国有企業

ⅰ．自由な貿易・投資を確保するため、国有企業及び指定独占企業等が、物品又はサービスを購入し、又は販売するに当たり、商業的考慮に従って行動すること及び他方の締約国の企業に対して無差別待遇を与えることを確保すること等について規定する。

ⅱ．日EU・EPAとの主要な相違点として、一定の国有企業の一覧表の公開に係る規定を新たに設けている。

14　知的財産

ⅰ．特許、商標、意匠、著作権及び関連する権利、地理的表示、植物の新品種、営業秘密及び医薬品等の開示されていない試験データその他のデータ等の知的財産を対象とする。

ⅱ．日英双方とも既に高いレベルの知的財産保護制度を有しているところ、これらの知的財産について、WTO協定の一部である「知的所有権の貿易関連の側面に関する協定」（TRIPS協定）よりも高度又は詳細な規律を定める観点、並びに日EU・EPAの規定をベースとしつつ、更なる効果的な保護を確保する観点から、知的財産に関する制度の運用における透明化、知的財産権の行使（民事上の救済及び刑事上の制裁に係る権利行使、国境措置に係る権利行使）、協力及び協議メカニズム等について規定し、もって、知的財産権の保護と利用の推進を図る内容となっている。

ⅲ．地理的表示（GI）について、農産品及び酒類GIの保護のための双方の制度と保護の対象を確認し、TRIPS協定第23条と概ね同等の高いレベルでの相互保護を規定する（日EU・EPAで保護の対象となっていた日本GI（55産品）及び英国GI（6産品）を国内手続を行った上で引き続き保護する旨規定している。）。

ⅳ．日EU・EPAとの主要な相違点として、悪意で行われた商標の出願の拒絶・登録の取消しの権限に係る規定、知的財産権侵害に対する刑事上の制裁及びデジタル環境における権利行使に係る規定等を新たに設けている。

15　企業統治

ⅰ．健全なコーポレート・ガバナンス（企業統治）の発展という観点から、日英双方の既存の制度等を踏まえ、各国の状況に応じた柔軟な対応を確保すべきとの方針に基づき、定義、一般原則を定めるとともに、株主の権利、取締役会の役割等に係る基本的要素について規定する。

ⅱ．日EU・EPAと比較し、異なる内容を規律する
　　規定はない。

16　貿易及び持続可能な開発
ⅰ．貿易及び持続可能な開発に関わる環境や労働分
　　野に関し、労働者の基本的権利（結社の自由・
　　団体交渉権、強制労働の撤廃、児童労働の廃
　　止、雇用・職業に関する差別の撤廃）の尊重、
　　貿易又は投資に影響を及ぼす態様による環境・
　　労働関係法令からの逸脱の禁止、多数国間環境
　　条約といった環境・労働に関連する国際約束の
　　重要性の確認、環境技術の促進等における日英
　　間での協力促進について規定する。
ⅱ．また、本分野を効果的に実施するための専門委
　　員会の設置や、同分野に関連した市民社会との
　　共同対話の開催等について規定する。
ⅲ．日EU・EPAと比較し、異なる内容を規律する
　　規定はない。

17　透明性
ⅰ．本協定の対象となる事項に関する法令等を速や
　　かに公表すること、一般に適用される措置に関
　　する照会に応ずること、行政上の行為の審査及
　　び是正のため司法裁判所、仲裁裁判所若しくは
　　行政裁判所又はそれらの訴訟手続を維持するこ
　　と等について規定する。
ⅱ．日EU・EPAとの主要な相違点として、腐敗行
　　為の防止に係る規定を新たに設けている。

18　規制協力
ⅰ．貿易、投資に関する日英それぞれの規制につい
　　て、規制案の事前公表、意見提出の機会の提
　　供、事前・事後の影響評価、情報交換、日英間
　　の協力等を推進するための委員会の設置等につ
　　いて規定する。
ⅱ．動物福祉に関しては、日英双方がそれぞれの法
　　令への理解を深めるため、両者の利益にかなう
　　形で協力することとし、作業計画の作成、情報
　　交換のための作業部会の設置について規定す
　　る。
ⅲ．日EU・EPAと比較し、異なる内容を規律する
　　規定はない。

19　農業協力
ⅰ．日英間の更なる経済発展に向け、農産品・食品
　　等の輸出入を促進するための作業部会の設置
　　等、日英政府間の枠組みについて規定する。ま
　　た、農産品・食品の貿易促進、農業の生産性・
　　持続可能性の向上、食品製造における技術向上
　　等に関する協力について規定する。
ⅱ．日EU・EPAと比較し、異なる内容を規律する
　　規定はない。

20　中小企業
ⅰ．各締約国が本協定に関連する情報を掲載するた
　　めのウェブサイトを開設し、中小企業が相手国
　　の市場に参入するために必要な情報を同ウェブ
　　サイトで提供すること等を規定する。
ⅱ．日EU・EPAとの主要な相違点として、中小企
　　業の市場参入を支援するための具体的な協力事
　　項に係る規定を新たに設けている。

21　貿易及び女性の経済的エンパワーメント（日
　　EU・EPAにはない規定）
ⅰ．締約国は、女性による国内経済及び世界経済へ
　　の衡平な参加の機会の増大の重要性を認めるこ
　　と、本協定によって創出される機会に十分にア
　　クセスし、当該機会から十分に利益を得るため
　　の労働者及び事業経営者を含む女性の能力を向
　　上させることを目的とする協力活動を行うこと
　　を検討すること、本分野に関する作業部会を設
　　置すること等を規定する。

22　紛争解決
ⅰ．本協定の解釈又は適用に関する日英間の紛争を
　　解決する際の協議、仲介、パネル手続等につい
　　て規定する。
ⅱ．日EU・EPAと比較し、異なる内容を規律する
　　規定はない。

23　制度に関する規定
ⅰ．本協定の実施、運用等に関する問題の検討等を
　　行う合同委員会の設置及びその任務・意思決定
　　の方式、合同委員会の下に置かれる専門委員会
　　等の設置、日英間の連絡を円滑にするための連
　　絡部局の指定等の組織的事項について規定する。
ⅱ．日EU・EPAと比較して、合同委員会の下に新
　　たに設置した作業部会（「農業分野における協
　　力に関する作業部会」及び「貿易及び女性の経
　　済的エンパワーメントに関する作業部会」）を
　　除き、新たに設けた規定はない。

24　最終規定
ⅰ．本協定の一般的な見直し、改正、効力発生及び
　　終了等について規定。
ⅱ．日EU・EPAと比較し、効力発生に係る規定等
　　一部の規定を除いて異なる内容を規律する規定
　　はない。

【参考】
　本協定署名の機会に日英間の理解を確認すること
を目的として、日EU・EPAで設定された関税割当
ての利用残の活用、麦芽の一般関税割当て及び英国
のCPTPP加入についての関心に関する書簡（いず
れも法的拘束力のないもの）を英側と交換。

（了）

第四章

──── APECプトラジャヤ・ビジョン2040（仮訳）────

　我々のビジョンは、全ての人々と未来の世代の繁栄のために、2040年までに、開かれた、ダイナミックで、強靱かつ平和なアジア太平洋共同体とすることである。

　我々は、APECのミッションとその自主的、非拘束的、かつコンセンサスの形成という原則に引き続きコミットし、次の3つの経済的推進力を追求することにより、このビジョンを実現する。

貿易・投資：我々は、アジア太平洋が、世界で最もダイナミックで相互に連結した地域経済であり続けることを確かなものとするために、自由で、開かれた、公正で、無差別で、透明性のある、予見可能な貿易・投資環境の重要性を認識し、実現するために共に作業を継続する。我々は、良く機能する多角的貿易体制を実現させ、国際貿易の流れの安定性と予見可能性を促進させるに当たり、WTOの合意されたルールへの支持を再確認する。我々は、高水準で包括的な地域での取組に貢献するアジア太平洋自由貿易圏（FTAAP）のアジェンダに関する作業等を通じて、ボゴール目標及び市場主導による地域における経済統合を更に推し進める。我々は、継ぎ目のない連結性、強靱なサプライチェーン及び責任ある企業行動を促進する。

イノベーションとデジタル化：我々は、全ての人々及びビジネスが、相互に連結された世界経済に参画し成長するための支援を行うために、市場主導で、デジタル経済及びイノベーションにより支えられた環境改善を推進する。我々は、イノベーションを促進し、生産性及びダイナミズムを向上させるために、構造改革及び健全な経済政策を追求する。我々は、デジタル・インフラを強化し、デジタル変革を加速させ、デジタル格差を縮小させ、データの流通を促進するとともにデジタル取引に対する消費者及びビジネスの信頼を強化するために協力する。

力強く、均衡ある、安全で、持続可能かつ包摂的な成長：アジア太平洋地域が、打撃（ショック）、危機、パンデミック及びその他の緊急事態に対して強靱であることを確かなものとするために、我々は、中小零細企業（MSMEs）、女性及び未活用の経済的潜在力を有するその他の人々を含む皆に明白な恩恵並びに更なる健康及び豊かさ（ウェル・ビーイング）をもたらす、質の高い成長を促進する。我々は、将来のための技能と知識をより良く人々に身につけさせるために、包摂的な人材育成及び経済・技術協力を強化する。我々は、持続可能な地球のために、気候変動、異常気象及び自然災害を含む全ての環境上の課題に包括的に対処するための世界的な取組を支える経済政策、協力及び成長を促進する。

　APECが、地域経済協力のための主たるフォーラムとしての、また、近代的、効率的かつ効果的なアイディアのインキュベーターとしてのユニークな在り方を維持するため、我々は、良好なガバナンス及びステークホルダー・エンゲージメントを通じて、制度的枠組みとしてのAPECの継続的な改善に進んで取り組む。我々は、平等なパートナーシップ、責任の共有、相互の尊重、共通の関心及び共通の利益の精神をもって、APECプトラジャヤ・ビジョン2040を推し進める。我々は、適切な実施計画及びその進捗に関する評価を行い、2040年までにビジョンを実現する。

アオテアロア行動計画（仮訳）
（Aotearoa Plan of Action）

（参考）アオテアロア（Aotearoa）はニュージーランド（島）のマオリ語呼称で、「白く長い雲がたなびく土地」を意味する。

我々のビジョンは、全ての人々と未来の世代の繁栄のために、2040年までに、開かれた、ダイナミックで、強靱かつ平和なアジア太平洋共同体とすることである。

APECプトラジャヤ・ビジョン2040を実施するに当たって、APECエコノミーは、1994年のボゴール目標及び1995年の大阪行動指針を含む、APECの設立文書を基礎とする。APECエコノミーは、APECのミッションとその自主的、非拘束的、かつコンセンサスの形成という原則に引き続きコミットし、また、APECエコノミーは、平等なパートナーシップ、共有された責任、相互尊重、共通の関心及び共通の利益の精神をもって、APECプトラジャヤ・ビジョン2040を推し進める。

このアオテアロア行動計画は、我々がいかに我々の進捗を評価するかに加えて、我々のビジョンの達成に向けた個別及び共同の行動を提示するものである。エコノミーは、我々のビジョンの全ての要素にわたって、包括的で、均衡が取れた、意義あるものであり続けることを確保するために、時間をかけてアオテアロア行動計画を見直すとともに適合させていく。それは、生きた文書となることが意図されている。このアオテアロア行動計画は、APECプトラジャヤ・ビジョン2040を実施するためのAPECの他の取組を妨げるものではない。

3つの経済的推進力

貿易と投資

目的：我々は、アジア太平洋が、世界で最もダイナミックで相互に連結した地域経済であり続けることを確保するために、自由で、開かれた、公正で、無差別で、透明性のある、予見可能な貿易・投資環境の重要性を認識し、実現するために共に作業を継続する。

- 進捗の評価：APECの貿易・投資環境は、自由で、開かれた、公正で、無差別で、透明性のある、予見可能なものである。
- 個別行動：エコノミーは、それが自由で、開かれた、公正で、無差別で、透明性のある、予見可能なものとなるように、貿易・投資を自由化するた

めの行動を取る。
- 共同行動：エコノミーは：
○ 不必要な障壁を減らし、貿易円滑化を強化し、規制改革を促進することにより、物品の貿易の自由化を進める；
○ APECサービス競争力ロードマップの実施等により、サービスの自由化、円滑化及び協力を進める；
○ 投資円滑化及び自由化に関する取組等といった措置を通じて、質の高い投資の流れを推進する；
○ 特に経済開発及びイノベーションを促進するための能力構築を提供すること等により、十分かつ効果的な知的財産権の保護及び施行を推進する；そして
○ 貿易措置及び政策を通じて、エコノミーの透明性を向上させることにより、貿易の予見可能性及び開放性を高める。

目的：我々は、良く機能する多角的貿易体制を実現し、国際貿易の流れの安定性と予見可能性を促進するに当たり、WTOの合意されたルールへの支持を再確認する。

- 進捗の評価：APECメンバーの既存及び将来のコミットメントの効果的かつ透明性のある実施を通じて、WTOルールの適用範囲の拡大を含め、地域における国際貿易の流れの成長がより安定し予見可能なものとなる。
- 個別行動：エコノミーは、自らのWTOコミットメントを実施する。適切な場合には、エコノミーは、自らの実施を加速し、その範囲を超えて、貿易の流れの安定性及び予見可能性を更に推進するための方策に取り組むことも模索する。
- 共同行動：エコノミーは：
○ WTOをその中核として、良く機能する多角的貿易体制の実現を促進する新たなアプローチを推し進めることにより、アイディアのインキュベーターとしてのAPECの役割を支える；
○ 自由で、開かれた、公正で、無差別で、透明性のある、予見可能な貿易・投資環境を実現するために、WTOにおける交渉の進捗を支持する；
○ 有害な漁業補助金や農業交渉といった、今後期待される分野の交渉から生じるWTO規律の実施を支援する；
○ 適切な場合には、WTOの全ての機能に及ぶ必要な改革に向けたWTOメンバーの議論を奨励する；そして

第四章

○透明性及び通報義務等、WTOルールの実施及び遵守を支援するための能力構築プログラムを推し進める。

目的：我々は、高水準で包括的な地域での取組に貢献するアジア太平洋自由貿易圏（FTAAP）のアジェンダに関する作業等を通じて、ボゴール目標及び市場主導による地域における経済統合を更に推し進める。

• 進捗の評価：市場主導かつ高水準で包括的な地域の取組の発展を通じて、ボゴール目標の未達成の取組を推し進めることによって、地域において経済統合が起きる。

• 個別行動：エコノミーは、必要に応じて、高水準で包括的な貿易協定の締結、批准、履行及び見直しに向けた現行の取組を引き続き支持する。

• 共同行動：エコノミーは、

○ボゴール目標の未達成の取組を完了させ、市場主導で地域における経済統合を更に深化させる；

○リマ宣言と整合的な形で、アジア太平洋自由貿易圏（FTAAP）のアジェンダに関する取組を効果的に推し進める；

○地域における貿易・投資の課題に関して、アイディアのインキュベーターとしてのAPECの主要な役割を強化する；

○高水準な地域の取組の発展及びその参加のための能力構築プログラムを推し進め、ベストプラクティスに関して協力する；そして

○高水準で包括的な取組に貢献する、地域における貿易協定の全ての章において一致と相違する分野に関する議論及び研究を行う。

目的：我々は、継ぎ目のない連結性、強靱なサプライチェーン及び責任ある企業行動を促進する。

• 進捗の評価：継ぎ目のない連結性、強靱なサプライチェーン及び責任ある企業行動を促進するために、APECエコノミーは、物理的、制度的及び人と人との連結性を強化する。

• 個別行動：エコノミーは、継ぎ目のない連結性、強靱なサプライチェーン及び責任ある企業行動を促進するための手段を発展させ、政策を採用する。

• 共同行動：エコノミーは、

○APEC域内における連結性を強化し、強靱なサプライチェーンの構築や、ビジネスに自らのサプライチェーンをより良く理解してもらうための協力等を通じて、APEC連結性ブループリントを実施する；

○以下の取組等により、全ての人々のために貿易及び投資円滑化を促進する：

ⅰ．WTO貿易円滑化協定を完全に実施し、適切

な場合には、それを強化することを追求する；

ⅱ．国際的に認められた基準の適用によって促進される国境手続のデジタル化に向けて取り組み、税関協力を強化し、港湾協力を拡大する；そして

ⅲ．標準化、認定、計量、適合審査及び市場監視を包含する、効果的な基準及び適合性制度の採択及び改善；

○透明性のある規制環境を創出し、対話を推進し、そしてライフサイクルコストの観点から、アクセスが可能で、持続可能で、支払い可能な、質の高いインフラ開発・投資を可能とするベストプラクティスを共有することにより、主要なインフラ・ギャップに対処し、連結性を向上させる；

○地域におけるデジタル連結性を向上させる；

○観光業界、航空業界及び同様に影響を受けるセクターを強化するために、特にパンデミックに関連した保健及び渡航措置が変化するという文脈において、人々の安全な越境移動を促進する措置に関して推進及び協力する；

○責任ある企業行動を促進するために、特に民間分野とのマルチステークホルダー協力を強化する；そして

○物理的、制度的及び人と人との連結性を向上させるために、能力構築を推進する。

イノベーションとデジタル化

目的：我々は、イノベーションを促進し、生産性及びダイナミズムを向上させるために、構造改革及び健全な経済政策を追求する。

マクロ経済政策：

• 進捗の評価：地域における成長は、全ての人々にとって、安定し、持続可能で、強靱な、マクロ経済環境に基づくものである。

• 個別行動：エコノミーは、自らのマクロ経済政策、特に財政金融政策の強靱性及び持続可能性の継続的改善に取り組む。

• 共同行動：エコノミーは、

○新型コロナウイルス感染症等の世界的なパンデミックによるマクロ経済への悪影響に対処するために策定される健全な財政金融政策を含む、マクロ経済政策を促進し、回復を支援し、また、以下を通じて将来の成長に貢献する：

ⅰ．情報及びベストプラクティスを共有する；

ⅱ．優れた規制措置及び規制協力を促進する；また

ⅲ．セブ行動計画等を通じて、コミットメントの実施を支援するために、能力を構築する；

○ 長期の強靱な発展及び将来の資金需要を支援するため、財政の持続可能性及び透明性を改善する；そして
○ サービス及びデジタル経済等、マクロ経済政策に関連する課題について、関連するAPECフォーラ間で協働する。

構造改革：

- 進捗の評価：地域は、イノベーションの継続的な成長によって促進される、生産性のプラス成長を維持する。
- 個別行動：エコノミーは、生産性及びイノベーションの向上を推進させるための最大限の潜在力を持つ経済分野に、自らの改革の取組を集中させる。
- 共同行動：エコノミーは：
○ 以下の取組等を通じ、構造改革のための強化されたAPECアジェンダ（EAASR）の4本の柱のもとで、構造改革に関する将来のAPECイニシアティブを推し進める；
ⅰ．情報及びベストプラクティスを共有する；
ⅱ．優れた規制措置及び規制協力を促進する；また
ⅲ．EAASRのコミットメントの実施を支援するために能力を構築する；そして
○ サービス及びデジタル経済を含め、構造改革に関連する課題について、関連するAPECフォーラ間で協働する。

目的：我々は、全ての人々及びビジネスが、相互に連結された世界経済に参画し成長するための支援を行うために、市場主導で、デジタル経済及びイノベーションにより支えられた環境改善を推進する。

- 進捗の評価：APECのデジタル・イノベーション環境は、市場主導で、相互運用性の促進等を通じてより一層世界的に連結し、全てのAPECの人々及びビジネスが、イノベーション及びデジタル経済への参加を拡大し、そこから恩恵を享受することができる。
- 個別行動：エコノミーは、一貫性があり、相互運用性のある、無差別な、また、競争を促しイノベーションを促進する規制及び非規制アプローチを推進すること等により、ビジネス環境の改善を推進するための取組を強化する。
- 共同行動：エコノミーは：
○ 能力構築等を通じ、科学、技術及びイノベーション制度を活用することにより、強靱性及び回復を支援するための方法を特定する；
○ 成長、連結性及びデジタル変革を促進するための、新技術を採用する；
○ ベストプラクティスを共有し、また、競争を促し

イノベーションを促進するデジタル経済のためのアプローチを促進する；
○ ビジネスがしやすく、包摂的で、開かれた、公正で、無差別なデジタル及びイノベーション環境を実現するための課題及び障壁に対処する；
○ 新たな技術の発展、適用、利用及び管理を奨励するベストプラクティスに関するフレームワーク及び合意等を通じ、革新的なデジタルビジネス環境を発展させるために協働する；
○ デジタル課題に関する、APECのマルチステークホルダーのエンゲージメントと協力を、特にビジネスとの間で深める；
○ 貿易・投資を円滑化するための施策、相互運用性のあるアプローチ及びデジタル技術の利用を促進する；そして
○ デジタル経済を活用するために、創造的産業を含む中小零細企業（MSMEs）を支えるエコシステムを推進する；そして
○ 新しい持続可能な運輸・移動技術及びサービスの特定及び統合を支援する。

目的：我々は、デジタル・インフラを強化し、デジタル変革を加速させ、デジタル格差を縮小させ、データの流通を促進するとともにデジタル取引に対する消費者及びビジネスの信頼を強化するために協力する。

- 進捗の評価：情報通信技術（ICTs）の利用における信頼性と安全性及び地域におけるデジタル・インフラへのアクセス可能性と支払い可能性、デジタル経済への参画の拡大、データの流れを促進するとともにデジタル取引に対する消費者とビジネスの信頼性を強化するために協力すること等により、地域は、エコノミー、ビジネス、人々の間のデジタル連結性を向上させる。
- 個別行動：エコノミーは、自らのデジタル・インフラを強化し、デジタル変革を加速させ、デジタル格差を縮小させ、データの流れを促進することに取り組むとともに、デジタル取引に対する消費者及びビジネスの信頼を強化する。
- 共同行動：エコノミーは、
○ APECインターネット及びデジタル経済に関するロードマップ（AIDER）の迅速かつ効果的な実施等により、APECの取組及びデジタル経済に関する能力構築を加速させる；
○ デジタル・インフラへのアクセスを促進し、デジタル技能及びデジタル・リテラシーの発展を支援する等、デジタル格差に対処するための措置に関して協力する；
○ サービス、製造業及び農業等の産業のデジタル化を支援すること等により、デジタル変革を加速させるために協力する；
○ デジタル経済のための国際・地域規範及び基準の

発展及び実施、基準、規制及び制度の互換性を支援し、また、議論を支持し、電子商取引／デジタル貿易における規則及び規制に関するベストプラクティスを共有すること等により、電子商取引／デジタル貿易を促進する；

○ データの流通を促進するとともにデジタル取引に対する消費者及びビジネスの信頼を強化するために協力する；

○ デジタル環境における消費者保護の提供に関して協力する；

○ 電子取引及び、越境企業間の紛争におけるオンライン紛争解決に関するAPECの共同フレームワークを含む紛争解決等を通じ、国境を越えた企業間の取引を支援する、費用効果の高いメカニズムを促進する；そして

○ 貿易、金融、公共サービス及びヘルスケア等の分野における、包摂的かつ持続可能な成長のためのデジタル技術の実践的な適用を促す。

力強く、均衡ある、安全で、持続可能かつ包摂的な成長

目的：アジア太平洋地域が、打撃（ショック）、危機、パンデミック及びその他の緊急事態に対して強靭であることを確かなものとするために、我々は、中小零細企業（MSMEs）、女性及び未活用の経済的潜在力を有するその他の人々を含む皆に明白な恩恵並びに更なる健康及び豊かさ（ウェル・ビーイング）をもたらす、質の高い成長を促進する。

• 進捗の評価：APECの成長は、中小零細企業（MSMEs）、女性及び未活用の経済的潜在力を有するその他の人々に明白な恩恵並びに更なる健康及び豊かさ（ウェル・ビーイング）をもたらす、質の高い包摂的なものである。

• 個別行動：エコノミーは、規制アプローチを採択及び強化し、また、全ての人々のために、経済的包摂、更なる健康、豊かさ（ウェル・ビーイング）及び強靭性を支えるその他の措置を講ずる。

• 共同行動：エコノミーは：

○ 以下の取組等により、全ての人々のための経済的包摂を向上させるために、経済・金融・社会包摂の促進に関する行動アジェンダに立脚する：

　ⅰ．持続可能な経済成長の機会を促進し、社会の全ての構成員の、生活の質（クオリティ・オブ・ライフ）を向上させるために、貿易・投資の経済的推進力、イノベーション及びデジタル化等の下で、包摂的な政策を推し進める；

　ⅱ．特に、女性と包摂的成長のためのラ・セレナ・ロードマップの実施計画の完全な履行の

加速と、それに立脚した男女平等及び女性の経済的なエンパワーメントを推し進める；

　ⅲ．起業を促進し、中小零細企業（MSMEs）の金融、世界市場及びグローバル・バリュー・チェーンへのアクセスを推し進め、また、経済全体に効果的に参画するための彼らの能力を構築する支援を行う；

　ⅳ．中小零細企業（MSMEs）及び女性の経済的なエンパワーメントの支援に関するAPECの取組に依拠し、必要に応じて先住民、障がい者及び遠隔地の人々等、未活用の経済的潜在力を有するその他の集団に関する、APECの取組を更に発展させるために協力する；

　ⅴ．能力構築及び包摂的な経済参画を向上させるために、経済・技術協力を推進する；そして

　ⅵ．経済参画への障壁を撤廃するための構造改革の促進、経済関係者の非公式から公式経済への移行の奨励、そして、データ分析等を通じて、包括性及び生活の質（クオリティ・オブ・ライフ）を促進するために、経験及びベストプラクティスを共有する。

○ ユニバーサル・ヘルス・カバレッジの実現を目指し、保健制度の強化を含め、全ての人々が質の高い公平な医療アクセスと成果を享受できるよう、以下に関して協力する：

　ⅰ．パンデミックを防ぎ、発見し、対応し、それらから回復する；

　ⅱ．全ての人々のために、安全で、効果的で、品質が保証されかつ手の届く価格のワクチンへの平等なアクセスを加速させる；

　ⅲ．強靭な保健関連のサプライチェーンの安全で、確実かつ効率的な運用を支援する；そして

　ⅳ．遠隔医療及びデジタル医療等、保健システムのイノベーションを促進するデジタル技術を利用する；

○ 農業及び食品貿易、農業の持続可能性及びイノベーションを促進し、2030年に向けた食料安全保障ロードマップを実施することにより、全ての人々のための持続的な食料安全保障、食料安全性及び栄養の改善を確保し、また、地域における食品廃棄及びロスを減少させる；そして

○ 腐敗防止に関するAPEC北京宣言、腐敗との闘い及び透明性確保のためのサンティアゴ・コミットメント、そして、APECのテロ対策及び安全な貿易についての統合された戦略を実施すること等により、安全な成長を促すために、反腐敗及び透明性の措置に関する協力を向上させる。

目的：我々は、将来のための技能と知識をより良く人々に身につけさせるために、包摂的な人材育成及び経済・技術協力を強化する。

- 進捗の評価：全ての人々が、現在及び未来に適応し成功するために必要とする、技能及び知識をしっかりと身に付けている。
- 個別行動：エコノミーは、デジタル経済、包摂的な労働市場への広範囲にわたる参画を実現し、経済的なショックからの迅速な回復を支援するために、生涯を通じての技能発展及び社会保護に関する措置等、教育及び人材育成における公平性及び包摂性を保証するための政策を実施する。
- 共同行動：エコノミーは、
- 技能及び人材育成に関する専門知識を刷新及び交換し、これらの分野における教訓及びベストプラクティスの共有に関して協力する；
- 技能格差及び技能と雇用との間のミスマッチをより良く評価し解消すること等のために、技能及び労働市場に関するデータセットの収集及び分析の向上に協力する；
- 包摂的な人材育成に関する能力構築を強化するために、経済・技術的協力を強化する；
- APEC教育戦略及びデジタル時代における人材開発に関するAPEC枠組みを実施すること等により、地域のエコノミーのデジタル変革を加速するために、全ての人々のための技能及び知識の発展に関して協力する；そして
- 資格の相互承認に関する既存のAPECの取組に立脚し、その範囲を深化させ拡大する。

目的：我々は、持続可能な地球のために、気候変動、異常気象及び自然災害を含む全ての環境上の課題に包括的に対処するための世界的な取組を支える経済政策、協力及び成長を促進する。

- 進捗の評価：APECの成長及び繁栄は、より一層環境的に持続可能な基盤の上で達成される。
- 個別行動：エコノミーは、APECの目標達成に貢献すること等により、環境的に持続可能で強靭な成長を推し進めるための、国際的な義務と整合的な政策を実施する。
- 共同行動：エコノミーは、
- 気候変動を含む全ての環境課題に対処し、持続可能な成長を支えるベストプラクティスとなる政策を発展、奨励及び交換し、能力構築プログラムを促進するために、以下等を通じて、適切なAPECフォーラにおいて協力する：
  - i．構造改革；
  - ii．環境物品及びサービスにおける貿易の円滑化に関するAPECの取組を含む、貿易；
  - iii．必要不可欠なエネルギーサービスを必要とする人々へ提供することの重要性を認識しつつ、税政及び無駄な消費を助長する非効率的な化石燃料補助金を合理化し、段階的に廃止することを含む、公共財政；
  - iv．持続可能なインフラ及び交通；
  - v．複数のセクターにまたがる持続可能な成長、また、費用対効果の高い低・ゼロ排出技術、持続可能な金融、そして適切な場合は、炭素価格決定メカニズムの発展を推進する；そして
  - vi．エネルギー移行を通じて、エネルギー安全保障、アクセス、信頼性及び強靭性を保証する；
- 特に、2030年までに2010年の基準から、発電を含むAPECのエネルギーミックスにおける、再生可能エネルギーのシェアを倍増させるという2030年目標に向けた進捗を加速し、2035年までに2005年の基準から、エネルギー強度を45％削減する計画を実現するため、エネルギー課題における既存の首脳のコミットメントを実現するよう模索する；
- APEC海洋ごみロードマップ、IUU（違法・無報告・無規制）漁業と闘うためのロードマップ、そして、違法伐採及び関連貿易と戦うためのコミットメントを実施すること等により、農業、林業及び海洋資源と漁業の持続可能な資源管理に向けて取り組む；
- APEC災害リスク削減に関するフレームワークを更に実施する；
- APECの循環型経済に関する取組を推し進める；そして
- 持続可能な観光に関する取組を促進する。

制度的枠組みとしてのAPECの継続的な改善

目的：APECが、地域経済協力のための主たるフォーラムとしての、また、近代的、効率的かつ効果的なアイディアのインキュベーターとしてのユニークな在り方を維持するため、我々は、良好なガバナンス及びステークホルダー・エンゲージメントを通じて、制度的枠組みとしてのAPECの継続的な改善に進んで取り組む。

制度的枠組みとしてのAPECの継続的な改善に進んで取り組み、また、良好なガバナンス及びステークホルダー・エンゲージメントに関連した主要な課題に対処するという我々の目標と整合的な形で、APECは：

- APECプトラジャヤ・ビジョン2040の全ての要素を効率的かつ効果的に実現することを目指し、APECのガバナンス及び組織構造を改善する；
- 制度的枠組みが財政的に慎重であり続けることを確保しつつ、APEC事務局及び政策サポート・ユニット（PSU）の人員及び財源の持続可能性を確保する；
- APECメンバー及びオブザーバーを拡大させる可能性を議論する方策を探求する；
- APECビジネス諮問委員会（ABAC）及び民間部

門、そして、太平洋経済協力会議（PECC）、太平洋諸島フォーラム（PIF）、東南アジア諸国連合（ASEAN）及び他の国際・地域機関との関わりを深める；

- APECプトラジャヤ・ビジョン2040の幅広さを反映するために、NGOや市民社会等の多様な経済的ステークホルダーとの関わりを推進する；
- APECのAPECスタディ・センター・コンソーシアムとの関係を見直し、更新する；
- より幅広い市民へのAPECの取組の伝達を継続的に改善する；そして
- APECに参加するためにデジタル技術をいかにより良く活用するか検討する。

評価及び更新

目的：我々は、適切な実施計画及びその進捗に関する評価を行い、2040年までにビジョンを実現する。

個別行動の強調

2023年末までに、各エコノミーは、このアオテアロア行動計画の選択肢に基づいて、自らのいくつかの個別行動を自主的に示すこととなる。各エコノミーは、行動に関する自らの進捗を最新のものに保ち、また、適切な委員会を通じて、APECに進捗を隔年で報告することが奨励される。APECフォーラは、必要に応じて、これらに関する議論を行うことができる。進捗報告の際に、エコノミーは、必要に応じて、新たな行動を追加するとともに、既存の行動を削除することもできる。

進捗の評価

PSUからの支援を受け、APECエコノミーは、APECプトラジャヤ・ビジョン2040の実現に向けて進捗を評価する。各委員会は、この評価を支える関連指標を特定するために、PSUと共に取り組む。進捗は、既存の報告プロセスを通じて、各委員会によって2年ごとに報告される。高級実務者もまた、APEC閣僚会議に対して、継続的な改善のための分野に関する進捗を2年ごとに報告する。

共同行動の5か年レビュー

アオテアロア行動計画が"生きた文書"でありかつ意義あるものであり続けることを確保するために、APECは、5年ごと（2026年、2031年及び2036年）に、共同行動及び継続的な改善行動を見直す。共同行動は、APEC全体としての進捗の観点から評価される。既存の共同行動は、更新、修正又は削除されることがある。新たな共同行動が追加されることがある。次の5年間の共同行動は、承認のために、APEC閣僚会議に勧告される。

進捗及び個別行動の中間レビュー

共同行動の2031年の見直しと合わせて、APECは個別行動、また、我々がビジョンの全要素の達成に向けた我々の進捗をいかに評価するかについても見直す。

フォーラ及びサブ・フォーラの取り決め事項（ToR）

APECフォーラ及びサブ・フォーラは、このアオテアロア行動計画等を通じて、活動計画及び戦略的計画において、APECプトラジャヤ・ビジョン2040を実施するための準備を行う。

2021年APEC首脳宣言（仮訳）

我々、アジア太平洋経済協力（APEC）首脳は、2021年11月12日に集まった。新型コロナウイルス感染症のパンデミックは、命を奪い続け、生活に影響を及ぼし続けている。新型コロナウイルス感染症のパンデミック及びその変異株の進化を続ける性質は、アジア太平洋地域における現行の不確実性及び不均一な経済的回復を生み出す。この最も深刻な問題への対応が、2021年の最優先事項であった。これに関して、我々は成長が早く立ち直ることを確保し、世界経済の回復を促進するための措置をとっている。

本年、アジア太平洋経済協力（APEC）のエコノミーは、一致団結し、喫緊の取組を通じパンデミックにより作り出された差し迫った危機に対応し、そして、より革新的、包摂的かつ持続可能な方法で我々の地域が成長に戻れるように我々の協力を強化するというコミットメントを再確認した。

新型コロナウイルス感染症への対応

7月、我々は新型コロナウイルス感染症のパンデミックに対するAPECの対応について協議するために集まった。我々は、新型コロナウイルス感染症ワクチンへの広範なアクセスにおける不平等を認識しており、よって、安全で、有効で、品質が保証され、かつ手の届く価格の新型コロナウイルスワクチン、診断薬、治療薬、及びその他の関連する必要不可欠な医療品への公平なアクセスを引き続き強く支持する。皆が安全になるまでは誰も安全ではないため、我々は、国際的な公共財として、人々が新型コロナウイルス感染症に対する広範な免疫獲得を確保することを決意している。ワクチンの生産及び供給を拡大することは優先事項であり続ける。

この文脈において、我々は貿易と投資が、新型コロナウイルス感染症の影響に対処し、我々の経済がより力強いものに回復することを確保するための重要な成功要因であることを示した。APECメンバーは、引き続き以下に取り組む：

• 相互に合意した条件に基づくワクチン生産技術の自主的な移転等を通じ、公平にワクチンを共有し、ワクチンの生産及び供給を拡大する国際的な取組を支援する。

• 通関手続におけるベストプラクティスの実施及びデジタル化された貿易円滑化措置の取込みを含めた、新型コロナウイルス感染症ワクチン及び関連する必要不可欠な医療品の貿易を円滑化する。

• パンデミックへの対応として実施されている国境措置の諸形式に関する理解と透明性を構築するとともに、不必要な輸出規制及びその他の非関税障壁の撤廃を奨励する。

• 新型コロナウイルス感染症ワクチン及び関連する必要不可欠な新型コロナウイルス感染症医療品の価格を、自主的に低下させる。

• 「知的所有権の貿易関連の側面に関する協定（TRIPS協定）」が、より多くの新型コロナウイルス感染症ワクチンの研究、開発、投資、生産及び分配のための取組を支援することを確保する。

• 今月末に行われる、第12回世界貿易機構（WTO）閣僚会議において、新型コロナウイルス感染症に対する、実際的で、効果的で、未来指向の多国間対応を模索する。

アジア太平洋の成長の大部分は、ビジネス、観光、そして教育のための人々の越境移動の能力に刺激されてきた。新型コロナウイルス感染症パンデミックによる人々の越境移動の制限の結果、実現しなかった経済活動の損失は非常に大きい。新型コロナウイルス感染症の蔓延を防止するための取組を損なうことなく、我々それぞれが再開を検討するに当たり、我々は、情報共有及び航空機及び船舶乗務員に関係するものや、新型コロナウイルス感染症の検査及びワクチン証明書を含む、人々の越境移動に関連する協調措置の促進において、APECがより大きな役割を担うことを支持する。我々は、2022年の具体的な成果のために取り組む。

我々は、新型コロナウイルス感染症パンデミックへの対応及び将来の保健上の脅威に備える保健システムを強化している。我々は、現行の必要不可欠な保健サービスの維持、デジタルソリューションの改善、向上した保健公平性の追求及びユニバーサル・ヘルス・カバレッジの達成という我々の目標の重要性を認識している。我々は、協調的かつセクター横断的アプローチと協議を通じた、我々の対応の中心に人々を置く、新型コロナウイルス感染症に関するより深い地域的及び国際的協働を支持する。

回復への道のり

危機によりもたらされた保健の課題への喫緊の対応は依然として必要不可欠であるが、我々は現在、今後何年かにわたり我々が直面する重大な経済、社会及び環境の課題への政策的対応についても協力を行っている。我々は、我々の全ての人々を包摂し、より持続可能な地球を支え、アジア太平洋地域を世界で最もダイナミックかつ相互に連結された地域経済とし続ける経済回復の機会を有している。

我々のマクロ経済政策は、新型コロナウイルス感

染症パンデミックの影響への対応、雇用と生活の保護、必要な公的サービスへの支出及びパンデミックにより最も影響を受けた人々への支援において鍵となる役割を果たした。新型コロナウイルス感染症の危機は終局から程遠いが、我々は、新型コロナウイルス感染症の負の結果に対処し、長期的な財政の持続可能性を維持しつつ経済回復を支えるため、全ての利用可能なマクロ経済的手段を使うことを決意している。我々の経済回復は、イノベーション、ダイナミズム及び向上した生産性を支える、安定した、包摂的、持続可能かつ強靱なマクロ経済環境の上に築かれる。この点につき我々は、APEC財務大臣の取組、特に、より財政的に統合された、透明性のある、強靱かつ連結したAPECという目標の達成に寄与する「セブ行動計画の実施に係る新戦略」を歓迎する。

我々は、10月に、より安定的で公正な国際課税制度に関する歴史的合意に達したことを歓迎する。我々は、APEC地域における租税確実性の促進及び課税回避や課税逃避への対処への我々のコミットメントを強く再認識する。

構造改革も経済回復を推進する重要なツールとなる。我々は、包摂的で、強靱で、持続的かつイノベーションフレンドリーであることを目指した、成長に焦点を当てた改革における協働をもたらす「構造改革のためのAPEC促進アジェンダ（EAASR）」を歓迎する。

パンデミックは、いかにサービス分野の構造改革が、経済成長及び経済包摂の強力な成功要因となり得るかを浮き彫りにした。我々は、地域内でのサービス競争力の向上及びサービス市場へのアクセスのための、より開かれた、予見可能な環境の実現において、APECが一様でない進捗を遂げたことに留意する。我々は、2025年までの「APECサービス競争力ロードマップ（ASCR）」の完全な実施を目指し、中間評価に対応するための取組を加速させる。

我々は、我々のエコノミー間で、デジタル導入や変革の顕著な加速を目の当たりにした。この巨大な成長の潜在能力を持続させるため、我々は、「APECインターネット及びデジタル経済に関するロードマップ（AIDER）」の実施を加速し、デジタルインフラを開発し、新しい技術の開発と適用を推奨し、デジタル格差を縮小することを含む、開かれた、公平かつ包摂的なデジタルビジネス環境に向かって取り組む。また我々は、デジタルの連結や包摂の支援のための、関連する国内政策及びプラクティスに関する構造改革の実施及び情報共有の向上に向け邁進する。我々は、地域におけるデジタルシステムやツールの相互運用可能性の重要性を認識する。また我々は、データの流通の円滑化のために協力するとともに、デジタル取引における消費者とビジネスの信頼を強化する。

貿易は、全ての人々の開発及び将来の繁栄の柱であるべきである。現在の非常な混乱の中で、WTOを中核とするルールに基づく多角的貿易体制は、経済回復において重要な役割を果たしうる。我々は、MC12の成功と具体的な成果を挙げることを確保するため、建設的に関与していく。

我々は、自由で、開かれた、公正で、無差別で透明性があり、かつ予見可能な貿易・投資環境を支援するルールを制定するに当たっての、WTOの役割をより強化するため協力する。このアプローチは、我々の長きにわたるWTOへのコミットメントの中核にある。

我々は、特に、WTOの全ての機能の改善のために必要な改革を通じ、即応的で、意義のある、活性化したWTOの形成に共に取り組んでゆく。第12回WTO閣僚会合（MC12）より示された機会を活用し、WTOが21世紀の我々のエコノミーに恩恵をもたらすことを確保するための取組を推し進めるために、我々のエコノミーは、より広範なWTO加盟国と協働する。

我々は、市場主導による地域における経済統合を進める。我々は、人々及びビジネスに利益をもたらす地域の貿易協定の締結、批准、実施及び改訂に向けた進行中の取組を支持する。これに関連して、我々は、質の高い包括的な地域的取組に貢献するために、リマ宣言の実施に則したAPECアジア太平洋自由貿易圏（FTAAP）のアジェンダを前進させる。我々は、ABACがFTAAPの実現を重要な経済的な優先事項とみなしていることにも留意する。

我々は、困難な状況下であっても物品の流通が続くことを確保する取組を強化する。APECの、強靱なサプライチェーン、質の高いインフラ開発及び投資、そして港湾協力は、この取組の必要不可欠な要素である。我々は、物理的、制度的及び人と人との連結性をさらに改善するため、「APEC連結性ブループリント」の実施を続ける。我々は、税関協力の強化と国境プロセスのデジタル化及びペーパーレス貿易の導入の促進のために行われているAPECの取組に励まされている。この取組は、WTO貿易円滑化協定の履行に向けたAPECの取組の加速に寄与する。

我々は、我々の回復のための取組に、汚職、詐欺、荒廃及び不正による深刻な脅威が及ばないことを確保するよう努める。我々は、汚職違反者及び彼らの資産の安全な逃避先を否定し続ける。我々は、権限ある当局間の、効果的で、実際的かつ適時の協力にコミットしている。我々は、汚職防止及び汚職との闘いの基礎として、透明性、説明責任及び高潔性を促進する。

持続可能性及び包摂性への我々のコミットメント

2021年、世界は気候変動の影響により生じる、

未曾有の課題に立ち向かい続ける。我々は、気候変動に強い将来の世界経済への移行のための喫緊かつ具体的な行動の必要性を認識するとともに、ネット・ゼロ又はカーボン・ニュートラルのコミットメントを評価する。我々は、我々の経済及び環境政策が相互に支え合うことを確保するために協働することにコミットする。

　APECは、化石燃料への依存度を低減する持続可能なエネルギー移行の一環として、再生可能エネルギー及びその他の環境上適正な技術の適用のための地域の能力強化について一定の成果を挙げている。これに関連して、我々は、地域におけるエネルギー強靱性、アクセス及び安全保障を支援するための協働を継続する。我々は、安定的なエネルギー市場及びクリーンエネルギーへの移行支援の重要性を認識する。

　これを基に、我々は、気候変動に対処するためのアイディア及び能力構築のインキュベーターとしてのAPECの役割を活用することにコミットする。我々は、関連するAPECのワークストリームにおける気候変動に関する行動をより統合してゆく。

　我々は、誰一人取り残されないように、全ての人々の豊かさ及び安全、そして彼らの公平な経済への参画を支援する必要がある。中小企業、女性及びその他の未活用の経済的潜在力を持つ人々への新型コロナウイルス感染症の過分な影響を認識し、我々はまた、より包摂的な経済回復を実現するための行動をとっている。「女性と包摂的成長のためのラ・セレナ・ロードマップ」は、女性のエンパワーメントを前面に打ち出しており、APEC全体で非常に多くのイニシアチブが進行している。我々は、ロードマップの完全かつ加速的な実施を支持する。APECは、未活用の経済的潜在力を持つその他の集団の経済的エンパワーメントに、特別な注目を払ってきた。本年は、先住民族や地方及び遠隔地に住む人々等も含まれている。我々は、グローバル市場へのアクセス改善を含め、彼らの経済的機会へのアクセスを確保するため、これらの関連分野における協力を引き続き深め、経済関係者の非公式経済から公式経済への移行を奨励する。

　我々は、中小零細企業を含む我々の全ての企業へ、彼らがこの危機を乗り越えるため、前例にないレベルの支援を行ってきた。我々は、起業に対する構造上の障壁への対処及び能力構築の強化を通じ、中小零細企業へのデジタル・エンパワーメントの支援を続ける。また、我々は、労働市場参加及び仕事の未来に対するパンデミックの影響に対応するための取組を深化させる。

デジタル連結性及びイノベーションは、包摂的で、強靱かつ持続可能な回復に向けた我々の取組全般にわたり極めて重要である。我々は、デジタル技能の促進、革新的な業務方法の採用の推奨、デジタルツール及びデジタルインフラへのアクセス拡大及び中小零細企業やスタートアップによる新規及び新興の技術とデジタルエコシステムの活用確保を通じ、デジタル格差を縮小し続ける必要がある。

　我々は、「2030年に向けた食料安全保障ロードマップ」を歓迎する。これは、全ての人への、十分で、安全で、栄養があり、入手しやすく、手の届く価格の食料を提供するという我々の目標に向けたAPECの取組の指針となる。我々は、食品ロスや食品廃棄の削減に向けた取組を支持する。また、我々は、違法・無報告・無規制（IUU）漁業と闘うためのAPECロードマップを実施するための具体的な措置をとり続ける。

今後の展望

　昨年我々は、我々の今後20年の取組の指針となる「APECプトラジャヤ・ビジョン2040」を採択した。我々は、ビジョンの実施の鍵となるアオテアロア行動計画を採択する。これは、我々の地域が重大な困難に直面している中、APECに新たなモメンタムをもたらす。これは、我々が個別のアプローチを共有し、可能な分野では協働し、新たな課題に対処するためのアイディアに意欲的かつオープンであることへの確信を示している。

　アオテアロア行動計画は生きた文書となることを企図されている。我々は、我々の進捗を監視し、5年ごとに更新を行う。これらは全て、全ての人々と未来の世代の繁栄のために、2040年までに、開かれた、ダイナミックで、強靱かつ平和なアジア太平洋共同体を実現するという我々のビジョンを追求するためである。

　我々は、2021年APEC閣僚会合及び貿易、構造改革、食料安全保障、保健、女性と経済、中小企業及び財政分野での2021年分野別担当大臣会合の成果を歓迎する。

　我々は、ニュージーランドが2021年APECを主催したことに感謝するとともに、タイの主催する2022年APECを楽しみにしている。

ハウミ・エ、フイ・エ、タイキ・エ（マオリ語）
共に参加し、共に取り組み、共に成長する

附属書：アオテアロア行動計画

第四章

2021年OECD閣僚理事会第一部 閣僚声明（仮訳）
共通の価値：グリーンで包摂的な未来の構築

2021年OECD閣僚理事会第一部に際し、2021年5月31日及び6月1日、我々[1]は、議長国の米国並びに副議長国の韓国及びルクセンブルクのリーダーシップの下に集まり、「共通の価値：グリーンで包摂的な未来の構築」のテーマの下、新型コロナウイルス（COVID-19）への対応及び回復に向けた優先事項について議論した。

これに関して、閣僚理事会は、

- 競争中立性に関する理事会勧告を採択[2]し、
- デジタル環境における児童に関する改訂理事会勧告を採択[2]し、また、これに先立ちブロードバンド接続に関する改訂理事会勧告を理事会が採択したことを歓迎し、
- OECD気候行動に係る国際プログラムを開始し、
- 知見共有のための臨時フォーラムを含む、新型コロナウイルスのパンデミック期における安全な国際的移動のためのOECDイニシアティブを歓迎し、OECD加盟国及び非加盟国により任意の手段として必要に応じて利用される新型コロナウイルスのパンデミック期におけるより安全な国際的移動のための枠組み青写真を歓迎し、
- OECD住宅政策ツールキット統合報告書を歓迎し、
- 更新されたOECD若者アクション・プラン及び政府の若者支援戦略促進のためのOECD勧告の策定提案を歓迎し、
- 強力、強じん、グリーンかつ包摂的なコロナ後の回復を注視するOECDダッシュボードの開発に関する進捗報告を歓迎し、
- 閣僚に対する事務総長のグローバル関係報告書を歓迎し、
- OECDスタンダード・セッティング・レビューに関する5か年報告書（2016-2021）を歓迎し、
- 異なるシステム間で職業教育・研修スキルをいかに評価するかを探求する取組を歓迎した。

我々は、OECDの38番目の加盟国としてコスタリカを歓迎した。

また、OECDにおいてリーダーシップが移行する。これに関し、我々は、退任するアンヘル・グリア事務総長の過去15年にわたる卓越した尽力及び功績に感謝した。我々は、マティアス・コーマン新事務総長を歓迎し、今後共に仕事ができることを楽しみにしている。

我々は、2021年閣僚理事会第二部のために、10月7-8日に再会することに合意した。

1) オーストラリア、オーストリア、ベルギー、カナダ、チリ、コロンビア、コスタリカ、チェコ、デンマーク、エストニア、フィンランド、フランス、ドイツ、ギリシャ、ハンガリー、アイスランド、アイルランド、イスラエル、イタリア、日本、韓国、ラトビア、リトアニア、ルクセンブルク、メキシコ、オランダ、ニュージーランド、ノルウェー、ポーランド、ポルトガル、スロバキア、スロベニア、スペイン、スウェーデン、スイス、トルコ、英国、米国、EUの閣僚及び代表。
2) 文書への加入国・地域と共に

──── 2021年OECD閣僚理事会第二部 閣僚声明（仮訳）────
共通の価値：グリーンで包摂的な未来の構築

2021年OECD閣僚理事会第二部の機会に、我々[1]は、2021年10月5日から6日まで、議長国の米国並びに副議長国の韓国及びルクセンブルクのリーダーシップの下、閣僚理事会第一部の対話を継続するため、「共通の価値：グリーンで包摂的な未来の構築」のテーマの下に集った。

1. OECDの強みは我々の共通の価値にある。60年前の設立以来、OECDは、市場に基づく経済原則、開かれた自由で公正なルールに基づく多角的貿易体制、政府の透明性及び説明責任、法の支配、ジェンダー平等、人権の保護及び環境の持続可能性の促進にコミットする、志を同じくする38の民主主義国の共同体に成長した。理事会は、閣僚級で集い、こうした共通の価値の表れとして、「OECD設立60周年ビジョン・ステートメント」を採択し、OECDの基準及び成功事例（グッド・プラクティス）の遵守を促進する我々の対外関与を導くための「グローバル関係戦略」を採択した。OECD拡大の検討において、我々は、志を同じくするというライクマインデッドな性質を保持していくことにコミットし、また、加盟国は、共通の価値による高い基準に基づいて加盟拡大の議論を開始するかどうか決定する。

2. 我々は、新型コロナウイルス（COVID-19）のパンデミックにより引き起こされた保健、経済及び社会的危機を終息させ、全ての人々のためのグリーンかつ包摂的で強じんな回復を実現すること以上に差し迫った優先課題はないと考える。我々は、主にACT-アクセラレータ及びCOVAXファシリティを支援し、また、開発途上国を含め、ワクチン生産能力を向上させることにより、全世界で公平なワクチン接種の取組を進め、新型コロナウイルスに打ち勝つことにコミットする。新型コロナウイルスから回復する際、人口の半分を占める女性と少女が、貿易及び経済成長が作り出す機会に完全に参画し、貢献し、またその恩恵を受けることを阻害する、経済的・社会的障壁を取り除かなければならない。我々はOECDに対し、マネジメントにおいて、また基準及び政策提

言策定において、女性及び少女が完全に包摂されるべくモデルを作ることを求める。我々は、最新のIPCC報告書で強調されているように、気候変動により呈される我々の経済及び社会に対する脅威に対処するため、我々の回復計画をパリ協定の目標と整合的なものとするための野心的かつ効果的な行動をとることにコミットする。気候危機は死活問題である。

3. 我々の共通の価値は、我々が新たな課題に適応する際の土台となる。科学技術の進歩は、生産性、成長及び生活水準の向上の最も重要な原動力の一つである。こうした進歩による利益が公平に分配され、リスクが適切に管理されるよう、責任を持って効果的なガバナンスを行なわなければならない。新たに出てきた技術について、我々の共通の価値を反映した基準を策定また強化する必要性を認識する。また、我々の経済及び社会を新たに形作るイノベーションに適応していかなければならない。我々は、「AI（人工知能）に関するOECD原則」の実施並びに信頼性のある自由なデータ流通（DFFT）及び個人データへの信頼性のあるガバメント・アクセスに関する高次原則のあり得べき策定の促進を通じた取組を含め、包摂的なデジタル経済を前進させるために協働することにコミットする。我々はOECDに対し、データ・プライバシー及び知的財産権を尊重し、利用者、特に若者の安心及び安全を確保し、偽情報に対抗し、民主主義の原則及び人権を保護する技術の利用を促進することを求める。

4. 我々は、OECD内外において、貧困を撲滅し、誰一人取り残さず、環境を保護し、全ての人々の生活及び将来の展望を向上させるための共通の努力を再確認する。我々は、開発途上国が直面する具体的な課題を認識する。我々は、公的部門及び民間部門の双方に対し、新型コロナウイルスのワクチン、治療及び診断への公平なアクセスを確保することを強く促す。我々は、国連の「持続可能な開発のための2030アジェンダ」及び「持続可能な開発目標（SDGs）」を達成するための我々の

---

1) オーストラリア、オーストリア、ベルギー、カナダ、チリ、コロンビア、コスタリカ、チェコ、デンマーク、エストニア、フィンランド、フランス、ドイツ、ギリシャ、ハンガリー、アイスランド、アイルランド、イスラエル、イタリア、日本、韓国、ラトビア、リトアニア、ルクセンブルク、メキシコ、オランダ、ニュージーランド、ノルウェー、ポーランド、ポルトガル、スロバキア、スロベニア、スペイン、スウェーデン、スイス、トルコ、英国、米国、EUの閣僚及び代表。

コミットメントを確認する。我々は、「質の高いインフラ投資に関するG20原則」及び我々の共通の価値を反映するその他の成功事例（ベスト・プラクティス）の実践を通じ、透明性があり、説明責任を果たし、包摂的な方法で行われる質の高いインフラへの投資を支援する。

5. 我々は、この10年を気候に関する行動の10年とするため、全ての者による意欲的な取組を促す。我々は、各国が決める取組の強化及び長期戦略の提出を期待する。我々は、グラスゴーでのCOP26において良い成果を達成することを決意する。我々は、引き続き気温上昇を1.5℃に抑えることを射程に入れ、十年間で大幅な排出削減を行うことにより、2050年までに温室効果ガスの排出を実質ゼロにすることを目標として緊急に行動するとのコミットメントを確認する。この文脈において、我々は、COP26までに、OECD開発援助委員会（DAC）及び公的輸出信用アレンジメントの取組を通じて、我々の政府開発援助及び公的輸出信用がパリ協定の目標に沿う形となるような、力強い成果に達することにコミットする。我々は、「OECD気候行動に係る国際プログラム（IPAC）」の下で作成された予備的なダッシュボードを歓迎し、我々の進捗を確認するための気候行動モニターの策定を歓迎する。我々は、生物多様性の損失及び森林減少を食い止め、逆転させることを含め、我々の気候目標を達成するため、公的及び民間投資を動員することにコミットする。既存のイニシアティブを基礎として、気候移行ファイナンスの原則に関するものを含む、持続可能な資金への統合的なアプローチを促進するため、環境、社会及び政府のリスクがOECDのワークストリーム全体でどのように対処されているかについての分析を期待する。我々は、特に後発開発途上国及び小島嶼開発途上国のために、気候変動に強じんなインフラへの投資、データ及び知見の改善並びに適応行動の拡大を含め、気候変動の悪影響に適応するよう努める。

6. 我々は、新型コロナウイルスによるパンデミックの影響から回復していく中で、誰一人取り残さずに経済成長を促進するという、我々の共通の価値に基づき、より持続可能かつ公平で、包摂的にして強じんな未来を構築するよう努める。我々は、OECDに対し、女性、若者、先住民及び不利な立場にあるグループの完全な包摂に留意しつつ、経済成長の恩恵を広げるような証拠に基づく分析及び政策提言を期待する。―また、個人間、あらゆる規模の企業間、地域と都市、特に遠隔地域と農村地域の間のデジタル格差を含む格差の橋渡しを期待する。我々はOECDに対し、細分化されたデータ収集及び分析を通じた作業を含め、

ジェンダー主流化における成功事例（ベスト・プラクティス）をモデル化することを求める。

7. 我々は、国際労働基準を堅持するコミットメントを再確認し、強制労働及び児童労働の使用を強く非難する。我々は、良好に機能する労働市場のための社会対話の重要性を強調する。我々は、大企業、中小企業及び社会的企業における、新しく、より持続可能な就労に向けて、高齢労働者及び失業者を含む労働年齢人口の再教育及びスキル向上を継続する必要性を強調する。我々が、全ての人々に利益をもたらす貿易及び投資の取組を進める際に、労働者を適切な社会的保護により保護するよう努めていく。我々は、WTOを中心とするルールに基づく多角的貿易体制を強化し、経済的強制に反対する。また、強化された競争、中小企業のグローバル・バリューチェーンへのより良い統合及び国際貿易に対する不必要な障壁の撤廃を通じ、グローバルな競争条件の公平化にコミットする。これは、消費者に裨益し、経済成長及びイノベーションを促進していく。我々は、WTO改革の達成及び第12回WTO閣僚会議の成功を楽しみにしている。我々は、グローバルな不法貿易と闘い、関連のOECDの基準に沿って、人権及び国際労働基準に関する責任ある企業行動及び企業のデュー・ディリジェンスを確保するために一層努力していく。コロナウイルス関連の混乱に対処し、より強じんで持続可能なサプライチェーンを可能にしていく中で、我々は、経済に対する循環的かつ資源効率的なアプローチを促進していく。我々は、回復を支えるためには、良好なコーポレート・ガバナンス及び良好に機能する資本市場が重要であることを認識する。我々は、「G20/OECDコーポレート・ガバナンス原則」の見直しを楽しみにしている。

8. 我々は、OECD事務局に対し、経済のデジタル化に伴う課税上の課題に対応する2つの柱からなる解決策についてグローバルな合意を促す取組を行っていることについて、感謝する。こうした改革は、国際課税制度が目的に適う手助けとなり、我々がより良く回復する中で、多国籍企業が公平に負担することを確保する。我々は、国際課税制度に確実性と長期的安定をもたらすOECDの継続的な取組を支持する。

9. 我々は、「強力、強じん、グリーンにして包摂的なコロナ後の回復を注視するダッシュボード」、「統合されたメンタルヘルス、スキル及び労働政策に関する勧告の実施に関する報告書」及び「ジェンダーに配慮した公共ガバナンスのための政策枠組み」を歓迎する。理事会は、閣僚級で集い、「データへのアクセス及び共有の促進に関す

る勧告」[2]、「競争法執行の透明性及び手続の公平性に関する勧告」[2]及び「イノベーションを活用するための迅速な規制ガバナンスへの勧告」を採択する。

10. 我々は、OECD事務局に対し、パンデミックにおいても、OECDがデータ分析及び成功事例（ベスト・プラクティス）に基づく政策助言の中心におかれるよう努力していることに感謝し、また、非市場経済圏により呈されるものを含む共通の課題に対処するためのG7、G20、APEC及びその他国際フォーラムとの多国間議論及び協力のプラットフォームとしてのOECDを維持するためのOECD事務局の貢献に感謝する。我々は、OECD経済産業諮問委員会（BIAC）、労働組合諮問委員会（TUAC）及びその他の関係するステークホルダーとの継続的かつ建設的な協力を更に評価する。我々は、事務総長を支持し、また事務総長の共通の価値に対するコミットメント並びに多様性及び透明性のあるOECDが加盟国に対する適切な対応と説明責任を確保するための事務総長が行っている取組を支持する。我々は、OECD設立60周年を祝い、グリーンで包摂的な未来を構築することを楽しみにしている。

第四章

---

2) 文書への加入国・地域と共に

我が国の経済外交 2021-22

2022 年 2 月 25 日　第 1 刷発行

定価(本体 2700 円＋税)

編　者　外 務 省 経 済 局

〒100-8919　東京都千代田区霞が関 2-2-1
電話 03-3580-3311(代表)
外務省 HP : http://www.mofa.go.jp/mofaj/

発 行 者　柿　﨑　　　均

発 行 所　㈱日本経済評論社

〒101-0062　東京都千代田区神田駿河台 1-7-7
電話 03-5577-7286　FAX 03-5577-2803
E-mail : info8188@nikkeihyo.co.jp

装丁＊渡辺美知子　　　　　　印刷・製本／シナノ印刷

【生物多様性】

- 2030年までに生物多様性の損失を止めて反転させるという世界的な任務を支える「G7・2030年自然協約」を採択。
- 同協約に基づき、国内の状況に応じて、2030年までにG7各国の陸地及び海洋の少なくとも30％を保全又は保護することや、海洋プラスチックごみへの取組強化などにコミット。

ジェンダー平等

- 2026年までに、低・低中所得国において4,000万人の女子の就学、2,000万人の女子が10歳又は初等教育修了までに読解力習得。
- 教育のためのグローバル・パートナーシップ（GPE）に対し、G7として、今後5年間で計27.5億ドルをプレッジすることを発表。

グローバルな責任及び国際的な行動

【中国】

- 非市場志向の政策や慣行に対処するための共同のアプローチについてG7で引き続き協議。
- 気候変動、生物多様性を始めとした共通の地球規模課題について協力。
- 特に新疆や香港との関係で人権や基本的自由を尊重するよう中国に求めることを含め、G7の価値を推進していく。

【北朝鮮】

- 朝鮮半島の完全な非核化並びに全ての関連する国連安保理決議に従った北朝鮮の違法な大量破壊兵器及び弾道ミサイル計画の検証可能かつ不可逆的な放棄を求める。
- 全ての国に対し、関連する全ての国連安保理決議及びこれら決議に関連する制裁の完全な履行を求める。
- 北朝鮮に対し、全ての人々の人権を尊重し、拉致問題を即時に解決することを改めて求める。

【ミャンマー】

- ミャンマーにおけるクーデター及び治安部隊による暴力を最も強い言葉で非難。拘束された人々の即時解放を求める。
- ASEANの中心的役割を想起しつつ、「5つのコンセンサス」を歓迎し、迅速な履行を求める。必要な場合はG7が結束して追加的措置を検討することを強調。
- 人道状況を深く懸念。

【インド太平洋】

- 包摂的で、法の支配に基づく自由で開かれたインド太平洋の維持の重要性を改めて表明。
- 台湾海峡の平和と安定の重要性を強調するとともに、両岸問題の平和的解決を促す。
- 東シナ海及び南シナ海における状況を引き続き深刻に懸念し、現状を変更し、緊張を高めるあらゆる一方的な試みにも強く反対する。

【ロシア】

- ロシアとの安定した予測可能な関係への関心を改めて表明し、相互利益となる分野がある場合には引き続き関与していく。ロシアに対して、不安定化を招く行動や悪意のある活動を止め、国際的な人権に関する自らの義務を果たすよう改めて求める。

【食料安全保障】

- G20、国連食料システムサミット、COP26及び東京栄養サミットにおける食料・栄養に関する強いコミットメントを奨励。

【開発金融】

- 開発途上国のインフラのニーズを満たし、より良い回復を図るため、開発途上国との連携を強化することで一致。具体的な方策を検討するため、タスクフォースを設立し、今秋に報告を求める。
- 持続可能な回復・成長を支援するため、G7の開発金融機関（DFIs）及び国際機関がアフリカの民間部門に今後5年間で少なくとも800億ドルを投資することを確認。
- G20及びパリクラブの債務措置の実施につきコミットメントを改めて強調。
- 公正で開かれた貸付慣行を支持するとともに、全ての債権者がこの慣行を遵守することを求める。
- 6,500億ドルのSDR（IMFの特別引出権）の新規配分を支持。SDRを融通する様々な選択肢を探求し、世界合計で1,000億ドルという野心に達するとの目標に向け、G7財務大臣・中央銀行総裁に詳細の検討を指示。

結語

- 新型コロナウイルスに打ち勝つ世界の団結の象徴として、安全・安心な形で2020年東京オリンピック・パラリンピック競技大会を開催することを改めて支持。

── G7コーンウォール・サミット首脳コミュニケ（骨子） ──

前文

- 新型コロナウイルス感染症に打ち勝ち、より良い回復を図ることにコミット。
- 国際協力、多国間主義及び開かれ、強靱で、ルールに基づく国際秩序に基づき行動。

保健

- 2022年までのパンデミック終息という目標を設定。
- 途上国に対するワクチンを供与する多国間枠組みであるACTアクセラレータ及びCOVAXファシリティへの支持を再確認。日本とGaviが共催した「COVAXワクチン・サミット」の成功を歓迎。
- 資金及び現物供与を通じて来年にかけてワクチン10億回分の供与に相当する支援にコミット。
- ユニバーサル・ヘルス・カバレッジの達成を含む「カービスベイ保健宣言」を承認。
- ワクチン等の世界的な開発の加速化の目標の歓迎。
- 新型コロナ対策及び将来の健康危機への備えと対応のための国際保健システム強化。

経済回復及び雇用

- 必要な期間、経済への支援を継続。回復が確かなものとなれば、財政の長期的な持続可能性を確保する必要。
- 経済成長及び回復の中心にあるのは、グリーン及びデジタル分野での変革。
- 重要鉱物及び半導体のような分野で、サプライチェーンの強靱性に係るリスクに対処するためのメカニズムを検討し、ベスト・プラクティスを共有。
- 国際課税について、G7の歴史的なコミットメントを承認。7月のG20財務大臣・中央銀行総裁会議での合意を期待。

自由で公正な貿易

- 農業や衣類部門などにおける、国家により行われるものを含むあらゆる形態の強制労働について懸念。G7貿易大臣に対し、協力のあり方の特定を指示。
- 不公正な慣行から保護するためのルールの強化、交渉機能及び紛争解決制度の適切な機能を含め、WTOにおいて、より広範な加盟国と協働。

将来的な先端領域

- 開かれた社会を支えグローバルな課題に対処する上での技術の役割を議論する「未来技術フォーラム」を開催。
- データ保護の課題に対処しながら価値あるデータ主導型技術の潜在力を活用するため、信頼性のある自由なデータ流通（DFFT）ロードマップを承認。
- 身代金目的のサイバー攻撃（ランサムウェア）の犯罪ネットワークによる脅威の高まりに緊急に対処。
- 科学、技術、工学及び数学（STEM）の分野で、女性と女児の更なる参画を推進。開かれた相互主義的な研究協力のためのG7「研究協約」を採択。

気候変動・環境

【総論】
- 遅くとも2050年までのネット・ゼロ目標及び各国がそれに沿って引き上げた2030年目標にコミット。国内電力システムを2030年代に最大脱炭素化。

【化石燃料・石炭火力】
- 国際的な炭素密度の高い化石燃料エネルギーに対する政府による新規の直接支援を、限られた例外を除き、可能な限り早期にフェーズアウト。
- 国内的に、NDC及びネット・ゼロのコミットメントと整合的な形で、排出削減対策が講じられていない石炭火力発電からの移行を更に加速させる技術や政策の急速な拡大。
- 排出削減対策が講じられていない石炭火力発電への政府による新規の国際的な直接支援を年内に終了することに今コミット。

【気候資金】
- 途上国支援のため、2025年までの国際的な公的気候資金全体の増加及び改善に各国がコミット。